中央民族大学国际教育学院主办
Sponsored and Edited by College of International Education, Minzu University of China, Beijing

中国知网(CNKI)全文收录
Collected by CNKI

Chinese Language Globalization Studies
汉语国际传播研究

（总第 13 辑）

主编　刘玉屏
Chief Editor: Liu Yuping

《汉语国际传播研究》编辑委员会

顾　问	陆俭明　赵金铭　李宇明　崔希亮　吴应辉
主　编	刘玉屏
副主编	央　青　张海威
编　委	（按姓名汉语拼音排序）

白建华　曹秀玲　邓守信　冯胜利　郭　熙　何文潮
靳洪刚　李宝贵　李　泉　李晓琪　梁　宇　刘　骏
刘乐宁　孟长勇　孟柱亿　陶红印　王建勤　王觉非
吴丽君　吴英成　吴勇毅　姚道中　俞志强　袁博平
张宝林　张　博　张和生　张西平　张晓慧　张　英
周洪波　周小兵　周质平　朱　勇　朱永平

执行编辑　刘玉屏　央　青　陈天序　袁　萍

目　录

汉语国际传播发展问题研究

国际中文教育中的循证研究与实践 …………………… 冯丽萍　韩　笑　张了原　1
中文国际传播安全发展：意蕴价值、风险分析与应对策略 ………… 李宝贵　李　辉　12

汉语国际传播国别问题研究

多哥中文教育发展研究 ………………… 沈　荭　宋楚伊　VODJI KOFFI IGOR　22
中东欧国家孔子学院发展的现实基础与路径选择 ………………………… 宁　芳　34
吉尔吉斯—俄罗斯斯拉夫大学发展个案研究
　　——兼谈对汉语国际传播的启示 …………………………………… 李晓东　45

教学模式和教学设计研究

后疫情时代基于教学实践的国际中文线上教学反思 ……………………… 陈　晨　52
韩国公立小学课后汉语班分层合作型教学设计初探 ……………………… 金始炫　61
后方法背景下"声义形用"四位一体汉语词汇教学模式探究 ………… 尹春梅　谷　陵　77

国际中文教育人才培养研究

汉语国际教育硕士专业区域化课程设置研究 …………… 杨漱晗　李乾超　陈　晨　89
国际中文教育博士专业学位设置与培养的思考 ………………… 邵　滨　富　聪　104

中文教学资源和教学大纲研究

中国文学走出去的重要路径
　　——外向型文学分级读物的编写与出版 ……………………… 朱　勇　胡琬莹　115
南非国际中文教育资源建设发展报告 …………………………… 陈　宏　李佳悦　123
国际中文教育领域大纲出版历程及热点趋势研究 ……………… 何洪霞　邵　滨　133

国别中文学习者研究

后疫情时代美国大学中文学习者的留学需求 ……………………… 肖　峰　144
非目的语环境下伊朗学生汉语学习策略使用研究 ……………… 何　枫　萨　拉　151

补白

赵金铭《国际中文教育十三讲》出版 ……………………………………… 21
崔希亮《语言学概论》（增订本）出版 …………………………………… 33
张宝林《汉语中介语语料库建设研究》出版 ……………………………… 51
《全球华语研究文献索引》出版 …………………………………………… 60
周小兵等《汉语教材词汇研究》出版 ……………………………………… 122

CONTENTS

Research on the Development of Chinese Language Globalization

Evidence-based Research and Practice in International Chinese Language Education
.... Feng Liping, Han Xiao, Zhang Liaoyuan 1

The Security Development of the International Dissemination of Chinese Language:
Implication Value, Risk Identification and Countermeasures ...... Li Baogui, Li Hui 12

Country-specific Research on Chinese Language Globalization

A Report on the Development of Chinese Language Education in Togo
.... Shen Hong, Song Chuyi, Vodji Koffi Igor 22

The Realistic Foundation and Path Choice of Confucius Institutes in the Central and
Eastern European Countries .... Ning Fang 34

A Case Study of the Development of Kyrgyz-Russian Slavic University: Implications for
the International Dissemination of Chinese Language .... Li Xiaodong 45

Research on Teaching Models and Design

Reflection on International Online Chinese Teaching Based on Teaching Practice
in the Post-epidemic Era .... Chen Chen 52

A Preliminary Study on the Layered Cooperative Teaching Design of After-School
Chinese Language Class in Korean Public Primary Schools .... Kim Sihyun 61

A Study of the Quartet Chinese Vocabulary Teaching Model of "Sound, Meaning,
Form and Usage" in the Post-Method Era .... Yin Chunmei, Gu Ling 77

Research on International Chinese Language Teachers

Research on Curriculum of Master of Teaching Chinese to Speakers of Other Languages:
A Perspective of Regionalization .... Yang Qiuhan, Li Qianchao, Chen Chen 89

Establishment and Cultivation of Professional Doctorate in International Chinese
Language Education .... Shao Bin, Fu Cong 104

Research on Chinese Teaching Materials and Syllabus

The Approach to Chinese Literature Going Abroad: Publication for
　　Export-Oriented Graded Literature ················Zhu Yong, Hu Wanying　115
A Report on the Construction and Development of International Chinese Language
　　Education Resources in South Africa ················Chen Hong, Li Jiayue　123
Hot Topics and Trends of Standards Research in International Chinese Language
　　Education ················He Hongxia, Shao Bin　133

Country-specific Research on Chinese Language Learners

Post-COVID Study Abroad Needs of US College Learners of Chinese ··········Xiao Feng　144
A Study on the Use of Chinese Language Learning Strategies among Iranian Students in
　　Non-Target Language Environment ········Kharkanghamsari Nasim, Almasieh Sara　151

Book News

Thirteen Lectures on International Chinese Education by Zhao Jinming Has
　　Been Published ················21
Introduction to Linguistics (Expanded Edition) by Cui Xiliang Has
　　Been Published ················33
Research on the Construction of Chinese Interlanguage Corpus by Zhang Baolin Has
　　Been Published ················51
Index of Global Chinese Language Research Literature Has Been Published ················60
A Study on the Vocabulary in Chinese Textbooks by Zhou Xiaobing *et al.* Has Been
　　Published ················122

国际中文教育中的循证研究与实践[*]

冯丽萍 韩 笑 张了原

提 要 循证是教育领域在实践、研究、决策等多个层面关注的重点,学界对循证教育的核心、特征、要素、范式等进行了讨论。循证研究依据不同学科的内容和特点有不同的操作,文章以汉语国际教育专业硕士研究生实践能力的研究为例,探讨了循证研究中提出问题(ask)、查找证据(access)、严格评价(appraise)、恰当应用(apply)、后效评价(assess)的5A范式在国际中文教育领域的具体应用。文章建议国际中文教育领域的证据提供者与证据使用者在证据的采集、分析、提供、应用方面应该更加重视证据的可靠性与多元性,通过数量更多、规模更大、精度更高、效度更强的科学证据的支持,助力国际中文教育的高效发展。

关键词 国际中文教育;循证研究;循证实践

Evidence-based Research and Practice in International Chinese Language Education

Feng Liping, Han Xiao, Zhang Liaoyuan

Abstract Evidence-basing is the foci in the field of education at multiple levels of practice, research, and policy making, and the core, characteristics, elements, and paradigms of evidence-based education have been discussed in academia. Evidence-based research has different operations according to the contents and characteristics of different disciplines. This paper takes the study of the practical competence of master's degree in international Chinese language education as an example and discusses the application of 5A paradigm (ask, access, appraise, apply and assess) in the field of international Chinese language education.

---

* 本研究得到"世界汉语教学学会全球中文教育主题学术活动资助计划"(项目编号:SH20Y20)的支持。

【作者简介】冯丽萍,女,北京师范大学国际中文教育学院教授、博士研究生导师,研究方向为汉语认知研究、汉语第二语言学习与教学研究。

韩 笑,女,中央民族大学国际教育学院副教授,研究方向为汉语习得与认知加工研究。

张了原,女,北京师范大学国际中文教育学院在读博士研究生,研究方向为汉语习得与认知加工研究。

The article suggests that evidence providers and evidence users in the field of international Chinese language education should pay more attention to the reliability and diversity of evidence in the collection, analysis, provision, and application of evidence, which could boost the efficient development of international Chinese language education through the support of scientific evidence with more, larger-scale, higher-precision, and stronger validity.

Key words International Chinese language education, evidence-based research, evidence-based practice

〇、研究背景

循证（evidence-based）教育较早由剑桥大学 David Hargreaves 教授于 1996 年提出，由于教育研究领域长期存在的科学性与效益不足等问题，这一理念提出后便成为 21 世纪以来教育研究与实践领域普遍关注的主题，（杨文登，2010；邓敏杰等，2019）循证教学、循证实践、循证研究、循证决策等成为教育领域的重点。

循证教育的核心是体现教育的理性品质和科学精神，强调基于最佳证据开展实践，主张教师在教育过程中将专业智慧与最有效的证据整合起来采取教学决策，提倡教师经验、专业智慧与最佳证据的有机整合；（彭桂芳、崔友兴，2021）其目的是提升教学的科学化和理性化水平，促进学习者的有效学习和个性化发展，（崔友兴，2018）实现教学效果最大化、效率最优化。证据是循证研究与教育实践的核心要素，循证教学实践的有序运行离不开最佳证据的支撑。最佳证据应具备以下特征：切合特定的教学问题和教学情境，与解决所需问题最为匹配、级别最高的研究证据；基于同类问题的大量、反复研究，包括可测量、可视化的量化数据和描述性、表现性的质化证据；遵循严格的科学规范、可信度高与实效性强的证据；其目的是尽可能地接近事实的真相，揭示问题的症结并提出相应的解决方案，为改进教学提供客观真实的证据，从而提升教育教学质量，促进学生发展。（杨文登，2010；彭桂芳、崔友兴，2021）

教学是一个由教师、学习者通过教与学交互构成的系统。在教学过程中，教师将科学研究的证据和自身的经验、意识、观念、智慧等有机整合，形成支撑教学分析、决策和实践的证据，并基于证据不断推进和优化教学活动；学生基于学习材料、学习情境、自身的学习方式与学习风格等进行合理规划，因此循证教学强调来自不同主体、不同视角、不同层面的综合证据。循证研究中不仅注重教学结果，采用多元评价的方式采择来自学习者、教育者、教学内容、教学进程、教学环境等各方面的证据，关注学习者知识、能力、情感、态度和价值观的整全性发展；也更强调教学过程，特别是教学过程中学习者的投入、参与、合作、互动和体验。（崔友兴，2019；彭桂芳、崔友兴，2021）

随着中国语言与文化交流范围的扩大、学习人数的增多、整体格局的改变，国际中文教育进入提质增效的新阶段，从具体课堂教学方法的选择到人才培养模式的设计、顶层策略方针的制定，都更加需要有效证据的支持，因此本文将以循证研究的范式为依据，以国际中文教师教育与人才培养的研究为主题，探讨循证研究在国际中文教育领域的具体应用。

一、基于循证实践 5A 范式的汉语国际教育专业硕士实践能力测评研究

在循证医学、循证教育实践领域，一般遵循 5A 范式开展研究，即：提出问题（ask）、查找证据（access）、严格评价（appraise）、恰当应用（apply）、后效评价（assess），（袁丽等，2020）我们将以这一范式为框架，以汉语国际教育专业硕士实践能力测评为主题进行研究。

（一）基于实践提出问题

在国际中文教育领域，研究者们关注的包括理论问题与实践问题、基于实践的问题或面向实践的问题等多种不同类型，不论何种类型，其研究目标都应与满足教育实践需求相匹配。例如，理论研究应回答教育理论中存在什么问题、需要何种理论、该理论可回应和服务于实践中的哪些问题；如果是面向实践的研究，研究结果应回答解决了实践中的哪些问题、如何改进或优化教学实践、应用方式与效果如何等问题。在汉语国际教育专业学位人才培养方面，"高层次、应用型、国际化"是培养目标中的关键词，而实践能力是专业硕士能力结构中的核心要素，因此，无论是汉语国际教育专业指导委员会的指导意见，还是各培养院校的具体方案，都将实践能力的培养作为重中之重，在校课程中的见习、模拟等实践训练，专业实习中的教学实践等，培养院校、指导教师、学生本人在人力、时间与精力方面的投入都占极高的比重。但是，实践能力的内涵与具体表现如何？现有的培养目标、内容、途径是否合理？培养质量是否与专业能力、职业发展和社会需求相匹配？这些问题决定着该专业硕士培养模式的总体目标与持续发展，但回答这些问题的前提是基于有效的工具体系对汉语国际教育专业硕士的实践能力进行有效测评，为该专业人才培养质量的分析与评价提供有效证据，为此，建构有效的测评体系成为有待解决和探讨的实践问题。

（二）查找证据

证据是循证研究中最重要的因素，为保证循证研究中强调的有效证据的质量，我们通过以下六个步骤建构实践能力的测评体系。

1. 分析已有研究基础

实践能力的研究涉及多个学科，为保证研究基础全面、扎实，我们首先根据文献所涉及的

领域，对心理学、管理学、教育学、语言学、哲学等学科的论文和著作进行收集与筛选；为保证文献质量，分析的期刊论文主要来自中国社会科学引文索引（CSSCI）；为保证不遗漏重要文献，我们在中国知网（CNKI）进行逐条检索，纳入一些相关度较高的非 CSSCI 刊物的文献作为补充。考虑到相关研究的前沿性和检索的充分性，我们将检索时间限定为 1999—2019 年。然后，依据关键词和标题进行文献检索，去除重复文献、非研究类等不相关文献后，共收集到 CSSCI 期刊论文 322 篇、非 CSSCI 期刊论文 44 篇及硕士、博士学位论文 31 篇（硕士学位论文 14 篇，博士学位论文 17 篇），该范围保证了研究依据涵盖关于实践能力早期的研究基础和目前的最新成果。为了直观呈现已有研究基础、合理确定研究框架，我们采用文献计量分析软件 Citespace 对文献从综合角度和共被引作者角度进行了分析。

综合分析中实践能力研究的时间进展图（timeline）表明：早期实践能力的研究主要与高校教育、创新精神培养及实践教学问题的讨论相关，之后关注到实践特色强的专业如体育、新闻专业学生的实践能力，并逐渐将专业实践能力作为一个独立维度进行讨论，但相关研究主要集中于本科人才培养层面。突发主题（citation bursts）分析结果显示，专业实践能力和研究生教育在 2012—2017 年的五年中成为学界讨论的热点。通过共被引作者分析，我们得到了该领域被引作者的详细信息。中介中心性（centrality）大小反映的是文献的重要性，中心性越高，文献越重要。分析结果显示：刘磊、傅维利、吴志华三位高被引学者所著的高引文献，从教育学、心理学角度对实践能力的内涵、构成及培养策略进行了系列研究。上述研究基础的分析表明：实践能力是人才培养领域一个重要的研究主题，在概念、结构、方法等方面都具有较好的研究基础；但以往的研究主要集中在本科层次和建设历史较长的实践型专业，对于硕士层次，尤其是汉语国际教育这样近年来应运而生的新专业的实践能力的综合研究还很缺乏，有必要从多维视角和研究生人才培养层面对实践能力做进一步深入研究。基于此，我们在实践能力结构的初拟中将以高引作者所在团队的研究成果作为主要参考，并形成以下研究框架：核心概念的内涵——实践能力一级维度——各维度的二级能力项——各能力项的三级指标——各指标的主要行为特征——基于行为特征的问卷，以保证实践能力结构的建构既有扎实的理论体系，又可与具体实践表现相对接。

2. 确定核心概念

概念的清晰和明确是决定实践能力结构框架的关键基础，为此，我们对实践能力结构研究中涉及的概念进行了全面、详细的梳理。首先查阅以往相关研究及权威专业词典中的概念界定，提取其中的关键词句，然后依据出现频率、内容分析和本研究的核心研究问题进行判定。具体操作如下：（1）出现频率高、逻辑清晰、与本研究问题一致的关键词句入选；（2）出现频率低的关键词句一般不入选，若某一关键词句频率较低是由于刚刚得到关注，同时与本研究问题一致，则纳入概念分析。按照上述方法，确定实践能力的概念为"能力是个体解决实际问题的生理和心理特征的综合，是一个复杂的能量系统"。在确定关键概念内涵的基础上，我们结合研究对象及其实践特点明确操作方法，对实践能力概念中关键特征的范围做进一步限定，具体示例如表1所示。

表1 "实践能力"操作概念界定示例

关键特征	本研究中的具体界定
个体	汉语国际教育专业硕士研究生,既包括在读的硕士研究生,也包括从事本专业相关工作的毕业生。
实际问题	根据《国际汉语教师标准》(2012)和各校培养方案,表现为汉教硕士在实践过程(主要指实习与工作过程)中遇到的问题,由专业性质决定,主要包括汉语教学、中华文化传播、跨文化交际与专业发展等方面的具体问题。
生理特征	完成上述与本专业相关的实践活动、解决实际问题所必须具备的生理条件,如健康的体魄,肢体运动能力,即个体的意识能够支配自身肢体顺利完成身体运动与相应动作。
心理特征	完成上述与本专业相关的实践活动、解决实际问题所必须具备的心理条件,如认知能力、操作能力和社交能力等。

3. 确定实践能力结构体系的维度

能力维度是决定实践能力结构框架的基础。在以往研究中,刘磊(2007)采用质性研究的方法,"在调查取证的基础上将既定理论与事实材料相结合,运用逻辑归纳的方法构建实践能力的结构要素。深入分析30位实践能力突出个体的成长经历和身心特征来探索并构建实践能力的构成要素以揭示实践能力的本质和结构";李晴虹(2016)则将质性研究和量化研究相结合,"首先采用质性研究,选取典型代表性个案进行访谈,获得本土概念并构建概念模型;然后采用问卷调查,获得科学的测量与验证"。将上述实践能力结构体系进行对比,并参考傅维利、刘磊(2012)等的研究成果,我们将汉语国际教育专业硕士实践能力结构的一级维度初步确定为实践动机、一般实践能力、情境实践能力、专业实践能力,它们分别体现参加实践的动机、从事各种实践能力都需具备的能力、在特定具体实践环境下所需的能力、从事具有专业特色的实践活动所需的能力。确定一级维度后,我们继续对各维度所包含的二级能力项进行分析。

4. 确定实践能力各维度下的能力项

目前学界对二级维度所体现的具体实践能力进行整体研究的成果较少,因此,在该步骤,我们主要通过文献分析、专家咨询、综合分析的方法进行研究。以情境实践能力维度下二级能力项的确定为例,具体步骤如下:(1)通过文献分析得到以往研究中涉及的子维度;(2)对已有研究中讨论的能力项进行内容分析、梳理并整合,初步得到实践能力各维度的二级能力项;(3)对初步分析结果进行多轮次专家咨询和讨论;(4)综合各方面分析结果,确定二级能力项。以解决问题的能力为例,将文献中涉及的内容总结为发现问题、分析问题、设计解决计划、分配调控资源、行动与监控、评估、反思七个能力项。依据上述步骤和方法,我们将情境实践能力划分为情境感知力、匹配分析力、统筹规划力、决策力、执行力、应变力和反思力七个指标,这七种能力涵盖了实践者解决情境问题的全过程。与李晴虹（2016）的研究中质性材料的分析结果相比对，上述能力在其研究结果中出现的次数分别为10、20、25、10、35、28、18次，也证明了上述能力在解决具体实践问题中的重要性和常用度。在专业实践能力维度，由于学界已有相对完整的维度划分，我们主要通过相关文献的对比分析进行优化，确定二级能力项。参考行业标准《国际汉语教师标准》（2012）、全国汉语国际教育硕士专业学位研究生培养院校中可查到明确培养方案的49所院校（其中一批20所、二批19所、三批10所）的培养方案，从人才实践能力培养与专业岗位需求两方面综合确定专业实践能力。具体流程如下：分析、梳理各校人才培养方案的具体内容——将《国际汉语教师标准》中建构的能力框架和指标体系与各校人才培养方案中提取出的指标内容进行双向对比分析——初步确定专业实践维度的能力项结构——通过咨询、访谈优化结构，得到专业实践能力维度的二级能力项。

通过上述不同研究方法，初步确定了汉语国际教育专业硕士实践能力结构的4个一级维度和15个二级能力项，其中实践动机2个能力项、专业实践能力5个能力项、一般实践能力5个能力项、情境实践能力3个能力项。

5. 确定各能力项的指标

能力项的确定为结构体系中具体指标的分析提供了基础，下一步我们主要采用文献分析的方法提取和筛选各能力项的具体指标。以专业实践能力指标体系为例，首先将《国际汉语教师标准》和49所高校人才培养方案对照分析，在此基础上进行优化。基本原则如下：(1)指标之间边界清晰、不交叉；(2)指标内部内容明确，内容相同或相似的予以合并；(3)人才培养方案中没有开设单独的课程且实际教学中难以分离的内容所涉及的指标予以合并；(4)人才培养方案中没有、但在教学实践中非常重要的内容予以保留并单列指标；(5)对实际测评时难以单独测评的指标进行整合。通过上述方法与步骤，共得到42个能力指标，其中实践动机维度5个指标、一般实践能力维度13个指标、情境实践能力维度7个指标、专业实践能力维度17个指标。

6. 提取各指标的典型行为特征

指标行为特征是关联实践能力结构体系与实际测评的中间环节，只有行为特征明确、具体，才能保证答卷人理解和评判的准确性以及测评结果的有效性。以实践动机为例，该维度分为内生动机和外生动机两个能力项，外生动机下又分为压力和外部回报两个能力指标。在测评中，如果问卷题目设计为"我是出于压力而参加专业实践"，那么答卷人对于压力的理解可能是不同的，基于该研究得到的证据也很难有效服务于人才培养模式与途径的改进，因此有必要对各能力指标的具体内涵予以明确。我们以实践动机维度的外生动机中压力指标为例说明具体操作步骤：(1)以各指标名称为关键词进行文献检索，分析已有研究中各指标包含的行为特征；(2)若检索到的文献数量较少（少于10篇），则扩大检索范围，采用与该指标名称相关的关键词以及上位指标名称为关键词进行补充检索；(3)若检索到的文献数量较多（10篇以上），则通过逐篇分析对文献进行筛选，合并相似文献，然后对入选文献进行穷尽式分析；(4)按照所提取出的关键词的出现频率、与实践能力结构中各概念的关系对内容进行取舍，初步确定各指标的行为特征；(5)对汉语国际教育专业硕士、学业和实践指导教师进行访谈，依据访谈结果对初步确定的各指标的行为特征进行检验和补充。例如，外生动机指标下提取出"周围同学都参加了专业实践""学分结构和学院要求""找不到其他的实践机会"三个典型行为特征。

（三）评价

以上通过文献分析、专家咨询、访谈等量化与质性多种方法的综合运用，针对有待解决的实践问题，初步制定了汉语国际教育专业硕士实践能力结构，该结构包括：4个一级维度、15个二级能力项、42个三级能力指标、95个行为特征。这些行为特征如何转化为可测评的问卷？该问卷在测评专业硕士实践能力方面的信度和效度如何？根据上述实践能力的结构体系及各指标的内涵与行为特征，参照自评问卷编制的基本原理，我们初步编制了由132个题目构成的问卷。行为特征转化为问卷的具体步骤为：根据行为特征，例如所分析的内在动机"希望通过实践活动实现自我价值"，采用自评量表的方式进行表述，"我认为从事汉教专业的实践活动可以让我实现自我价值"。问卷采用肯定陈述的方式，请答卷人用1—7的量表方式进行自评。问卷的初步试测及专家咨询结果显示主要问题如下：问卷长度偏长；不同维度间有些指标的内涵有交叉；问卷中应适当增加反向表述试题，以引导答卷人认真阅读；为保证答卷人的理解同质性，专业实践能力中的部分题目应适当增加示例。为此，我们对所有维度和指标、内涵特征又逐条进行了审核，为解决题项间内容交叉的问题，最终确定将原有的一般实践能力和情境实践能力合并，指称为"一般实践能力"，与"专业实践能力"相对，前者是指完成各种实践任务时都应具备的通用能力，后者是指完成汉语国际教育专业实践任务时所需的特定能力。以此为基础，对部分指标进行了合并，减少了题目数量，最终确定了一份包含3个维度、100个题目的问卷，其中实践动机14题、一般实践能力35题、专业实践能力51题，问卷中反向试题比例为18%。

依据该问卷，我们依据高校类型、招生时间、高校区域进行抽样，在招收汉语国际教育专业硕士的不同类型高校回收了376份问卷，删除随意作答等无效问卷后，共346份问卷的数据参与分析。信度分析显示问卷题目总体信度Cronbach's α系数为0.965，实践动机信度Cronbach's α系数为0.858，一般实践能力信度Cronbach's α系数为0.939，专业实践能力信度Cronbach's α系数为0.951，说明该问卷的总体信度和各维度的一致性较好，能够较稳定地对实践能力进行测评。然后，我们将得分在前27%和后27%的答卷人分别作为高分组和低分组，采用独立样本t检验，对题目的区分度进行分析。结果显示题目4"我认为从事汉教专业的实践活动是非常重要的"区分作用边缘显著（$p=0.051$），说明该题目的区分度不强，予以删除。其他题目的检验结果在两组答卷人之间均存在显著差异，因此进入下面的问卷效度分析。首先通过探索性因子分析检验问卷的结构效度。根据探索性因子分析的要求，对各维度问卷结果进行Bartlett's球形检验和KMO检验，在数据结果显示适合进行因子分析的条件下，按以下标准抽取因子和取舍题目：(1)抽取特征值大于1的因子。(2)经最大方差的正交旋转，使每个观测值在少数因子上有较大负荷。(3)删除在两个因素以上负荷均较高且近似的条目。(4)反向表述的题目结果差异较大，且通过访谈答卷人发现此类题目对评定形成了较大干扰。按照上述程序得到的各部分的结果：

实践动机：KMO统计量为0.894，Bartlett's球形检验$p<0.01$，适合进行因子分析。因子分析结果显示：实践动机部分可提取两个主成分，成分1在参加实践的"兴趣、目标"等因素上有较高的载荷，命名为"内部动机"；成分2在外界压力、获得回报等方面有较高的载荷，命名为"外部动机"。题目12"参加汉教专业的实践活动能让我得到肯定与赞赏，获得荣誉，所以我愿意参加"因载荷值较小而删除，因此实践动机部分提取"内部动机"和"外部动机"两个主成分，共12题。两个主成分共同解释总变异的贡献率为62.942%。

一般实践能力：KMO统计量为0.925，Bartlett's球形检验$p<0.01$，适合进行因子分析。因子分析结果显示：一般实践能力可提取五个主成分，成分1在理解、获取信息并进行分析方面载荷较高，命名为"分析问题能力"；成分2在实践过程中做好安排、调整策略方面载荷较高，命名为"解决问题能力"；成分3在与团队成员合作、明确自己在团队中的责任方面载荷较高，命名为"合作能力"；成分4包括了知识学习与反思能力的两个题目，命名为"学习能力"；成分5中的题目以反向表述题为主，这可能与答卷人的效能感有关，对该因子中的题目逐题分析，若已有正向表述题目的，则删除；若没有相应正向表述且在成分结构上需要的，进行适当调整备用。根据因子分析结果重新调整后，"人际沟通"与"团队合作"能力归为"合作能力"，"分析问题"与"信息处理"能力归为"分析问题能力"；此外，领导力、组织管理能力、机体运动能力的指标因因子载荷较低而删除，五个主成分共同解释总变异的贡献率为72.621%。

专业实践能力：KMO统计量为0.910，Bartlett's球形检验$p<0.01$，适合进行因子分析。分析结果显示，该维度的能力共提取出六个主成分，分别为语言交际能力、语言教学知识、语言教学技能、文化知识与文化教学能力、多元文化与跨文化能力、专业发展意识与能力。与原结构相比，一个较大的区别是"跨文化交际"能力从原有的"文化与跨文化交际"中独立出来，这应该与专业硕士实践中的交际环境和对象有关，他们或者赴海外实习，或者在班级中接触不同国家的学生，因此，能够适应不同国家的课堂文化、具有多元文化意识是决定其实践能力的重要方面；此外，这也说明对于汉语国际教育专业硕士来说，具备中华文化知识和教学能力与良好的多元文化意识和跨文化交际能力之间并不存在必然的联系，二者是不同维度的知识与技能。六个主成分共同解释总变异的贡献率为71.224%。

依据探索性因子分析的结果，我们将问卷长度缩减为70题，并对原问卷中部分题目的表述进行了修改。删除或修改的题目主要包括：(1)原反向表述的题目，若题项内容需保留，全部修改为正向表述，例如原"我对本专业的学术动态与研究成果关注不多"是专业发展中需保留的题项，将表述改为"我经常关注本专业的学术动态和研究成果"。(2)原问卷中从不同角度对某指标进行表述、内容有交叉的题目，删除成分提取中载荷值较低的题项，保留载荷值较高的题项。例如,在"分析问题能力"中,原题目"在面对实践任务时,我能够判断出每个解决方案是否可以达到预期目标"与题目"在面对实践任务时,我能够对多个解决方案进行综合考量,并优选出最佳方案"具有一定交叉,且因子分析结果中前者载荷值较低,因此删除前者,保留后者。(3)原问卷中表述较为宽泛、因子分析结果中可归入多个主成分的题目,若题项内容已在其他题目中有所体现,该题目删除。如"我具备从事汉教专业实践活动所需的语言学基本理论与知识",原设计中的"语言学"本指普通语言学理论,但答卷人多数理解为不同的语言学知识,与其他题目中的"语音、汉字、词汇、语法等语言学知识"形成交叉,故删除该题项。

以探索性因子分析结果编制的问卷为基础,我们在不同类型的高校中发放问卷,收回480份,初步的问卷数据清理发现,有些答卷人对反向表述题的回答与相应正向表述的结果一致,说明未认真阅读题目;有些答卷人随意作答,高频选择某些选项。删除上述无效问卷后,以436份有效问卷的结果对问卷进行验证性因子分析(confirmative factor analysis,CFA),通过检验和拟合模型,评价问卷的结构效度。依据CFA的结果,对部分题项再次进行了修正,例如"在完成实践任务的过程中,我能够以积极的态度面对各种变化"原归属在"合作能力"主成分中,意味着"积极心态、少负面情绪"在团队合作中的重要性,但归入"解决问题"能力维度后,模型的拟合程度更好,这从另外一个角度说明,积极心态的作用不仅表现在有利于团队合作,同时也表现在有助于团队或个体解决问题的效果(调整后各维度指标计算结果见下表)。通过上述试测、分析与修订、探索性与验证性因子分析的结果,我们确定了汉语国际教育专业硕士实践能力结构,并以调整后的问卷为基础对汉语国际教育专业硕士实践能力的现状进行调查和分析。

表2 验证性因子分析数据结果

结果类型	实践动机	一般实践能力	专业实践能力	参考值
X^2/df	2.96	2.52	2.99	<5适合,<3良好
TLI	0.904	0.906	0.891	>0.9
CFI	0.909	0.916	0.903	>0.9
SRMR	0.046	0.043	0.045	<0.5
RMSEA	0.082	0.081	0.077	<0.1适合,<0.05良好

(四)应用与后效评价

依据上述问卷对专业实践前的学生、刚刚完成专业实践的学生、毕业后入职一年的学生分别进行了专业实践能力的自评。问卷分析结果发现:实践前的学生内生动机最高(6.18),而已实习的在校生的内生动机有所下降(5.60);经过实践后,学生在语言交际能力、教学技能、文化传播技能方面的自评成绩有显著提升，在专业知识、一般实践能力方面的提升不明显，在专业发展方面的自评成绩有所下降；但入职毕业生在一般实践能力和专业实践能力的自评成绩均最高，硕士期间通过专业实践所获得的能力在其入职后的工作中具有重要作用。然而，自评结果是否能有效反映学生的实际能力？这些不同实践阶段的学生在不同维度上为何存在差异？实践过程对其能力的形成有哪些作用？在校学习期间所获得的实践能力对其入职后的胜任力有哪些作用？针对这些问题，我们首先以实习后在读学生的实践环节评价为外部效标与自评结果进行了分析，显示二者高度相关。然后又选择不同实践阶段的学生进行了访谈。访谈分析发现实践后内生动机降低的主要原因为：学生在实践前对专业实践的理解和定位有偏差、实习期间的不愉快经历和无助感、实习期间的指导不足、回校后的学业尤其是就业压力等方面。基于实习后学生、新入职毕业生和用人单位主管访谈的内容分析，对实践能力培养相对集中的建议为：做好专业规划，实习前应建构扎实的专业知识体系；多途径及时、全面获取信息，提升分析问题和解决问题能力；对专业实践的"实践"特色与功能应有准确、全面的定位，以实践为依托全面提升个人能力；在各学业阶段均应注重反思意识和反思能力的培养；对于培养院校和实习机构来说，应探索多样化、差异化的培养模式；建立完善的实践指导机制；注重从课上到课下的拓展延伸，尤其是利用课外活动进行实践能力的定向精准培养。

以上我们以汉语国际教育专业硕士实践能力结构的构建、测评与应用为例，论证了循证实践 5A 范式在国际中文教育人才培养研究中的具体应用。除证据采择的规范性、严谨性之外，循证实践中还非常注重实践情境的特定性。例如，汉字学习策略是教师、学习者普遍关注的内容，很多研究者通过问卷、访谈等方式考察了不同国别汉语学习者的汉字学习策略。然而，随着汉语学习在海外的发展，在母语环境中学习的中小学生人数逐渐增多，他们在汉语学习环境、外语学习经验、思维方式与认知能力等方面都与成人存在较大差异，了解这一群体的汉字记忆策略可为有针对性地开展汉字教学提供必要的依据。基于这一实践需求，我们以澳大利亚一所中学的汉语和汉字课程为对象，通过 17 周的追踪调研，采集了学习者基于提示和内省的汉字记忆策略，并通过将这些策略与随堂测验、后续巩固测验、期中和期末测试的综合成绩关联分析，探讨了重复练习法、笔画记忆法、符号记忆法、形音义关联记忆法、部件记忆法、汉字间关联记忆法在不同学习阶段的发展轨迹，以及各种方法随汉字类型、记忆效果而变化的适用条件。（冯丽萍、国佳，2018）这些条件与海外母语环境、澳大利亚文化背景、中学生、汉语听说读写技能综合要求等特定情境相匹配，可为相同或相似条件下的汉字教学与学习提供有效证据。为了保证证据服务于实践的有效性，循证研究中特别注重证据的多元性，提倡实践者或决策者基于不同研究之间形成的证据链，通过对来自不同层面和视角的证据进行采择，做出决策。例如，知识点是教学、学习、测评中的重要材料，也是课堂教学中师生交互的基本单元。在实际的课堂教学中，师生之间以知识点为单元进行交互式教与学的形式与内容、过程与结果、行为与情感、认知机制与神经基础之间构成一个复杂的系统，最佳证据的形成也有待于不同途径的研究结果之间的相互印证。

二、结语

国际中文教育从最初的对外汉语教学所具有的任务属性拓展至当前的学科、事业等多重属性,(宁继鸣,2018;吴应辉、梁宇,2020)在国际化、多元化的整体背景下,国际中文教育也更加需要科学证据的支持。随着研究成果的积累、研究技术的发展,教育教学领域的研究范式与方法更加多样,从基于自然主义的观察、问卷、访谈,到目前快速发展的认知神经科学、教育神经科学研究,使国际中文教育领域的证据提供者与证据使用者在证据的采集、分析、提供、应用方面更加有证可循,通过数量更多、规模更大、精度更高、效度更强的科学证据的支持,助力国际中文教育的持续、高效发展。

参考文献

崔友兴(2018)循证教学研究的现状、问题与展望,《海南师范大学学报》(社会科学版)第1期。
崔友兴(2019)论循证教学的内涵、结构与价值,《教师教育学报》第2期。
邓敏杰、张一春、范文翔(2019)美国循证教育的发展脉络、应用与主要经验,《比较教育研究》第4期。
冯丽萍、国 佳(2018)澳大利亚初学汉语的中学生汉字记忆方法与线索研究,《民俗典籍文字研究》第22辑。
傅维利、刘 磊(2012)个体实践能力要素构成的质性研究及其教育启示,《华东师范大学学报》(教育科学版)
　　第1期。
李晴虹(2016)全日制硕士专业学位研究生实践能力结构的研究,华南理工大学硕士学位论文。
刘 磊(2007)培养学生实践能力论纲,辽宁师范大学博士学位论文。
宁继鸣(2018)汉语国际教育:"事业"与"学科"双重属性的反思,《语言战略研究》第6期。
彭桂芳、崔友兴(2021)论循证教学理念的内涵、生成与表达,《当代教育与文化》第3期。
吴应辉、梁 宇(2020)交叉学科视域下国际中文教育学科理论体系与知识体系构建,《教育研究》第12期。
杨文登(2010)循证实践:一种新的实践形态?,《自然辩证法研究》第4期。
袁 丽、胡艺曦、王照萱、陈彬莉(2020)论循证课例研究的实践:教师教育的新取向,《教师教育研究》第4期。

中文国际传播安全发展：
意蕴价值、风险分析与应对策略*

李宝贵　李　辉

提　要　安全问题事关中文国际传播发展全局。中文国际传播面临着诸多不安全因素，其原因既有来源于国际社会对"中国崛起"的误解、文化中心主义的不利影响、刻板印象造成的主观臆断和文化冲突带来的理解鸿沟，又存在中文国际传播本土化道路未能走实、跨文化传播方式缺乏巧劲、尚未建立突发事件中文应急与治理机制、资金来源渠道有待拓展等问题。对此应着力加强防范：一是增强生存发展的风险防范意识，二是建立健全安全危机预警系统，三是着力提高防范风险的能力。

关键词　中文国际传播；安全发展；意蕴价值；风险识别；应对策略

The Security Development of the International Dissemination of Chinese Language: Implication Value, Risk Identification and Countermeasures

Li Baogui, Li Hui

Abstract　Security concerns the sustainable and high-quality development of international dissemination of Chinese language, which is faced with many unsafe factors. The reasons include the misunderstanding of China's rise by the international community, the negative influence of cultural centralism, the subjective judgment caused by stereotypes

---

*　本研究获国家社科基金一般项目"新时代配合支持更多国家将中文纳入国民教育体系的理论建构与实现路径研究"（项目编号：22BYY154）、2021年度教育部中外语言交流合作中心国际中文教育研究课题重大课题"新时代国际中文传播体系研究"（项目编号：21YH03A）、2022年度国家语委重点项目"中华语言文化国际传播的挑战与对策研究"（项目编号：ZDI145-37）的经费资助。

【作者简介】李宝贵，男，辽宁师范大学文学院、国际教育学院教授，博士，博士研究生导师，研究方向为国际中文教育、中文国际传播和语言规划与政策等。

李辉，女，辽宁师范大学国际教育学院博士研究生，研究方向为国际中文教育。

and the understanding gap caused by cultural conflicts, along with the problems such as the failure of the localization of Chinese language dissemination, the lack of skillful means of Trans-cultural dissemination, the lack of Chinese emergency response and management mechanism, and the limited sources of funds. Therefore, some suggestions are proposed for risk prevention, such as strengthening the awareness of risk prevention, establishing and improving the early-warning system of safety crisis, and improving the ability of risk prevention.

Key words international dissemination of Chinese language, security development, implication value, risk identification, countermeasures

中文国际传播是中外文明交流互鉴的重要渠道，已为满足世界各国人民学习中文的热切需求、增进国际社会对中国语言文化的深入了解、加强我国和世界各国的教育文化的密切交流与互动做出了卓越贡献。然而，在见证中文国际传播快速发展的同时，必须清醒地认识到，在"百年未有之大变局"的背景下，中文国际传播正面临诸多不安全因素，这将影响其安全发展。党的十八大以来，习近平总书记基于复杂多变的国际环境，在系列讲话中系统论述了国家安全和风险防范问题。中文国际传播是国家文化安全的重要组成部分，新形势下，中文国际传播如何规避风险、安全有序发展，为世界认识、理解与认同中国营造良好氛围是当下亟须解决的关键问题。

一、中文国际传播安全发展的意蕴价值

《现代汉语词典》（第7版）将"安全"定义为"没有危险；平安"。Levy（1995）指出，安全是指主体存在的一种不受威胁、没有危险的状态。换言之，安全是事物生存不存在外部攻击的现实或潜在的威胁的状态。（谢雪屏，2007）习近平（2019a）强调，国家安全是安邦定国的重要基石，文化安全能为国家安全保驾护航。陆俭明（2018）提出，确保中文能稳步而健康地走向世界是国家安全的语言战略实施中的基础性建设工作之一。中文国际传播能否实现安全发展，直接涉及国家安全的文化层面，应当与整个国家的安全战略相一致，为国家安全战略的实施贡献力量。（张维佳、王龙，2014）

中文国际传播安全发展是指在经济全球化、文化多元化背景下，如何克服和消除诸多给中文国际传播生存与发展带来威胁的不利因素的威胁的概念与命题。中文国际传播安全发展以中文教学与文化交流的健康、可持续发展为核心，管理方式、运作模式、功能拓展等高质量发展为保障，具有以下三个特性：一是整体性，即中文国际传播安全发展是由中文教学、管理模式、运作模式和功能拓展等各个要素构成的有机整体，这些要素相互依赖、相互联系、相互制约，任何一个要素遭遇风险都会使中文国际传播安全发展系统遭遇威胁。二是时变性，中文国

际传播安全发展不是一成不变的,会随着时空的变化而变化,生存和发展环境的变化会导致安全程度发生变化,由安全转变为不安全,或转危为安。三是可调控性,中文国际传播会随着影响要素的发展变化使其处于不同的安全程度,要多措并举减少或消除隐患和危险,变不安全因素为安全因素,促进各个环节朝健康可持续方向发展。

中文国际传播实现安全发展具有重要价值。安全发展是中文国际传播健康可持续发展的根本前提,是中文国际传播高质量发展的重要保障。面临复杂多变的国际环境,中文国际传播进程中可以预见和难以预测的风险因素正在不断累积并逐渐显露。安全是中文国际传播生存发展的基本前提,保障中文国际传播的安全才能实现健康可持续发展。没有安全发展作为保障,其他一切都是纸上谈兵。只有消除来自外部和内部的诸多不安全因素,不断为中文国际传播注入新鲜血液,才能焕发其生机与活力,促进中文国际传播的健康可持续发展。

二、中文国际传播的风险识别

目前,中文国际传播正处于发展的重要机遇期、关键期,也是风险频发的高峰期。不仅面临系列矛盾和挑战,还存在不少困难和问题。其不安全因素主要表现为:

(一)某些国家对孔子学院发展设障导致中文传播受阻

孔子学院是中文国际传播的重要平台,近年来在海外发展受阻。个别西方国家对中国在中文教学方面的支持怀有戒心,不时滥用干预学术自由、进行意识形态渗透等借口打压孔子学院(课堂),利用签证问题给公派中文教师和中文教学志愿者制造麻烦等。(郭晶、吴应辉,2021)霸权国家对中文国际传播的发展十分忌惮,通过抹黑、舆论误导等方式,大肆宣扬"中国威胁论",并从多个领域对中国围追堵截。(朱瑞平,2021)也有国家质疑孔子学院在当地"水土不服",认为孔子学院在教学内容、运营方式等方面未能与当地相适应,等等。尤其是新冠疫情全球流行,某些别有用心的西方媒体竟将病毒标签化,借疫情污名化中国,恶意制造舆论误导民众,煽动反华情绪,孔子学院海外发展也因此受阻。因而,一些孔子学院不得不面临关闭的窘境。

(二)国际性突发事件给中文国际传播带来严峻挑战

近年来,国际性突发事件频发,如地震、海啸、病毒感染、恐怖主义袭击、领土争端引起的国际摩擦等。尤其是新冠疫情的全球暴发与蔓延威胁着全人类的生命,也让国际社会发展受到重创,国际民间交往也因此受阻,这对中文传播提出了挑战。更新教学模式、教学方法和教学资源等,是线上中文教学要破解的新问题。若未得以有效解决,这便是中文传播可持续发展面临的不安全因素。

（三）世界语言文化的激烈竞争导致中文国际传播承压

当今世界，语言与文化的传播已成为增强国家文化软实力、提升国际竞争力的重要战略举措。（李宝贵、史官圣，2018）很多国家通过建立语言传播机构传播本国的语言和文化，以此提升国际影响力，如英国文化协会、德国歌德学院、法国法语联盟、意大利但丁学会、西班牙塞万提斯学院等。中文作为世界上使用人数最多的语言，在国际社会的使用场域却很有限。（李宝贵、李辉，2021）如从网络文本覆盖率来看，世界前 10 位"语言网民"，英语网民数量第一，中文网民数量第二，且与英语网民数量迅速接近。但网络文本覆盖率排名前 20 的语言中，中文只排名第 10。（李宇明，2020）世界语言文化的激烈竞争是中文国际传播安全发展必须要面对的现实问题。

（四）中文教学自身发展短板造成中文国际传播滞缓

中文国际传播的发展需要强大的内驱动力，若内驱动力不足，则难以形成强大的发展动力，从而引发发展停滞甚至倒退的风险。（朱瑞平，2021）中文教学是中文国际传播的中心和核心内容，但目前"三教"问题仍不足以满足海外中文教学的需要。时任国家汉办主任许琳（2009）曾指出，应从跨文化的角度，要在教师、教材和教学法三方面实现理念上的创新，着力破解"汉语难学"的瓶颈问题。教师面对不同文化背景的中文学习者，教学内容基本相同，侧重"语"、忽视"文"的教学，一本教材多国通用，对学生提出"为什么"的问题，教师以"汉语就这么说"答之，等等，阻碍了当地的中文教学。当下，"教师教什么""教材编写如何体现国别化""教法何以实现创新型、在地化发展"仍是国际中文教学面临的突出问题。另外，中文本土教师匮乏，满足不了海外中文教学的需要，也是面临的风险之一。

（五）海外中文供需差动明显导致中文传播不尽人意

中文供需差动明显是指中文教育的供给与中文学习者的需求之间产生差距。世界一些国家的中文学习者就业渠道不畅通，未能在中文学习中获得充分的学习成就感是国际中文教育安全发展的隐患。如据国际在线报道，到 2017 年年底，意大利有 279 所学校开设了中文课程，更有不少学生在高校中选择了中文相关的专业。从 2011 年到 2017 年，平均每年有 3 665 名中文专业毕业生，但 55% 的人在毕业一到三年内无法找到工作，而找到工作的毕业生中，71% 的人对自己的就业状况并不满意，或很少有机会使用中文。（靳松，2018）学习中文后能够解决就业问题是很多海外中文学习者强有力的学习动机，中文专业就业渠道畅通能够让中文学习者有更多的获得感和幸福感。然而目前海外中文专业就业质量偏低对中文国际传播安全发展构成威胁。

三、中文国际传播风险分析

经历快速发展的中文国际传播所面临的风险既有外源风险,也有源自自身发展瓶颈的内源风险。

(一)外源风险原因剖析

第一,国际社会对"中国崛起"的误解。一方面,受美国刻意渲染的"中国威胁论"以及在"尊重和保护学术自由"包装下蓄意将孔子学院污名为"文化间谍"和"政治渗透工具"等不利因素的影响,西方国家对我国的"理解赤字"和"信任赤字"不断放大。加上部分高校经过多年的发展和积累,与国内院校建立了多层面的互动与合作,认为已达到设立孔子学院的预期目标,部分地区的个别高校选择关停孔子学院。

第二,文化中心主义的不利影响。"文化中心主义"是指以自己的文化为中心,用自己的文化价值判断其他的文化。文化中心主义具体到西方则表现为"西方中心论"。受这种论点的影响,西方人与生俱来地认为西方文化的价值高于其他一切非西方文化的价值,认为"西方的文化是优等的文化,东方的文化是低等的文化"。(杜鑫,2011)实际上,不同国家、民族的思想文化"只有姹紫嫣红之别,而无高低优劣之分"(习近平,2019b)。西方社会天生有一种文化优越感,认为自己的文化优于一切文化,对本民族文化持"唯我独尊"心态,而对汉语、对中国文化则不屑一顾。

第三,刻板印象造成的主观臆断。刻板印象主要是指人们对某一类事物固定的看法,并把这种看法推而广之,认为不同时空的这类事物都具有此特征,而忽视个体差异。西方某些国家对"大国崛起"的思维定势为大国强盛后必将在世界称霸。而与其他大国不同,中国的崛起将走全球治理、惠及全世界的和平、发展、共赢之路。因而,他们以固有的思维审视语言文化传播机构孔子学院,声称"孔子学院是意识形态传播工具,干涉学术自由",对孔子学院功能进行主观臆断定位。

第四,文化差异带来理解鸿沟。不同文化背景的人在文化接触中会产生矛盾与冲突,这是文化差异使然。同文化圈中的语言文化传播一般较为顺畅,但异文化圈中的传播却磕磕绊绊。中文在东南亚大部分国家的传播发展迅速,但是在西方国家屡遭阻碍。巨大的中西文化鸿沟造成了西方国家对中国语言文化观、价值观的误解与偏见,如何跨越文化差异的鸿沟,增进彼此理解与认同是国际中文教育当下要克服的障碍。

(二)内源风险原因剖析

第一,中文国际传播本土化道路未能走实。一种语言文化要想真正融入当地、在当地顺利传播必须入乡随俗,必须走本土化道路。目前中文国际传播本土化教学进程还比较缓慢,主要体现在:其一,对本土师资队伍的培育不够。教师是汉语教学的核心,是否能实现教师队伍本土化是汉语融入当地的关键,但囿于各种因素,当地从事汉语教学的本土教师比例还很低,而且现有本土教师从事汉语教学的能力仍较为薄弱,对本土师资,尤其是优秀师资的培养任重而道远。其二,本土教材建设不尽人意,教材是否具有针对性决定了"教"与"学"的成效。如存在没有针对课型选用合适的教材、未能针对学生年龄特点选用相应的教材、针对本土的自编系列化教材罕见等,这些问题一直是中外双方致力解决但仍难以实现的难题。其三,教学方法还未能真正体现"三贴"原则,即贴近当地民众思维、贴近当地学习习惯和贴近当地学习方式。总之,中文国际传播发展尚未做到因国制宜、因区制宜、因人制宜,当地化进程迟缓是阻碍其"落地生根"的最大因素之一。

第二,跨文化传播方式缺乏巧劲。中文国际传播安全、可持续发展需要和谐的传播氛围,因而语言传播过程需要不断提升跨文化传播能力。目前文化传播主体态势仍停留在硬传播阶段,学界已大力提倡改变传播方式,应由"硬传播"过渡到"软传播",(黄也平,2013)强调强势传播和柔性传播应"刚柔并济"等。(李建军、刘会强、刘娟,2014)但当下中文传播方式的转变尚需实践的磨砺和智库支持。传播能力不足主要表现在对传播受众了解不足、传播主体不够多元、传播策略不巧、传播渠道单一等方面。

第三,尚未建立健全突发事件中文应急与治理机制。面对新冠疫情突显出语言应急研究的缺失,李宇明(2020)强烈呼吁,突发公共事件防控中应重视语言应急,但目前国家出台的相关法律与条例缺乏"语言应急"的内容。而学界于新冠疫情暴发前关于语言应急与治理的研究也少之又少。目前中文应急与治理服务初步提上研究与实践日程。防患于未然,有备无患。中文国际传播应有应对突发事件的语言应急预案,在紧急事件突发时才能充分发挥中文的服务功能与作用,凸显中文价值才能激发当地民众对中文的重要性的认识,才能深入推进中文传播在当地的发展。

第四,资金来源渠道有待拓展等。足够的资金保障是中文国际传播安全发展的关键因素之一。目前中文国际传播的自主创收渠道还未得到有效拓展,真正实现中文国际传播资金来源的民间化,才能逐渐打消某些国家的疑虑。

四、中文国际传播安全发展的应对策略

对化解风险,既要有防范风险的先手,也要有应对和化解风险挑战的高招;既要打好防范和抵御风险的有准备之战,也要打好化险为夷、转危为机的战略主动战。(习近平,2019c)当下,必须站在全局、战略的高度寻求中文国际传播安全防控施治路径,攻坚克难,化险为夷,在积极有序的创新发展中保证中文国际传播发展的安全。

(一)增强生存发展的风险防范意识

习近平总书记在强调规避经济风险时指出,要坚持底线思维,增强忧患意识,提高防控能力,着力防范化解重大危险。(习近平,2019d)在我国发展身处复杂国际环境的今天,坚持底线思维、增强忧患意识、防患于未然同样也是中文国际传播海外生存与发展有效应对风险的必然要求。如,孔子学院规模扩张迅速之时应深思快速发展会带来什么风险,会出现什么最棘手的局面?主动进攻式的强势传播会面临什么危险?教学方法与教学策略的采用是否会使学习者产生抵触情绪?在孔子学院教学与各项活动的开展之前不仅要看到积极的一面,更要想到不利的方面,要有风险防范意识,不盲目乐观,做到有备无患,这样遇事才能处变不惊,牢牢把握主动权。

(二)建立健全安全危机预警系统

危机预警系统是实现预测和报警等功能的系统。(张兴凯,2005)安全危机预警有利于对具体事件的危机进行前置、主动管理,有助于防范危险的发生。对中文国际传播管理建立安全危机预警系统能够防患于未然,保证其安全发展。第一,敏锐辨识风险,不仅要从中文国际传播的外部环境如在海外的认同度、接受度,也要从自身发展的全球布局、办学职能、运行机制、经费来源、传播策略等方面全方位认知威胁中文国际传播安全发展的不安全因素,对这些因素进行预测、研判;第二,精准追溯危险源,对不安全的状态进行预警并对其进行精细分析,科学诊断导致风险产生的可能因素;第三,通过适当的预警方法对潜在的风险进行预先干预,针对获得的风险信息及源头建立防控措施。以孔子学院在当地开展文化交流活动为例,首先,应在活动前思考所开展的活动是否会导致政府对孔子学院"别有用心"的怀疑或民众的抵触情绪,对孔子学院中文教学及文化活动的进一步开展有哪些阻碍作用,计划采用的开展方式有无与当地的法律法规、习惯风俗相悖离致使其适得其反;接着,分析危险源,是因为传播内容与当地存在文化冲突还是因为刻板印象导致的误解等;最后,基于危险源对潜在风险进行深谋远虑,寻求规避措施。

(三)着力提高防范风险的能力

阻碍中文国际传播安全发展内源、外源风险都是当下亟待规避的问题,但更应引起注意的是,由中文国际传播自身抵抗和治愈能力不足而导致内源风险,进而招致外部质疑,一旦内外源风险发展到一定程度后发生共振效应,那么中文国际传播的运行就会遭遇更大的危险。因此,当下必须加强中文国际传播风险防控能力,积极主动、防微杜渐,实现其安全发展。

第一,增强跨文化传播能力,提高受众的安全感与接受度。我国国家形象长期以来一直处于被西方国家"他塑"的不利境地。新形势下,必须大力增强孔子学院等语言传播机构的沟通和传播能力,努力消除国际社会对中文国际传播的偏见和误解,引发受众情感共鸣。一要明确传播内容，汲取传统文化精华的基础上重在展现当代文明，精选优质大众文化产品进行传播，引起各国人民情感共鸣。二要精准分析传播受众，针对不同文化背景、风俗习惯及宗教信仰各异的传播受众要选择因地制宜的传播内容，因人而异的传播方法，以保证传播效果。三要创新传播方式，做好现场报道，破除国外群体的"刻板印象"。如借助当地媒体的力量进行"他传"和报道；积极开创自建媒体，扩大传播范围，提升传播效果等。四要巧用传播策略，注重隐性传播，从小事物小事件上入手，创制有亲和力和可信度的亲近性文本，增强情感认同；采用柔性传播，积极调动非政府组织等各类民间组织和民间力量，注意吸收当地华人华侨的力量，发挥侨商的独特作用进行民间交流，避免卷入意识形态及政治纷争。

第二，寻求本土化发展道路，提升中文学习者的获得感与成就感。中文国际传播充分融入当地文化、走特色化中文传播道路，当地民众对中国的接受与认同也将水到渠成。本土化发展模式的构建应采取多维视角：其一，培养优质的本土教师。一方面要配合当地壮大本土专职教师队伍，保证教师数量；另一方面要建立健全师资培训机制，促进本土教师专业发展，确保中文教学质量。其二，加强本土教材建设。应凝聚中外骨干教师力量，组建一支优秀的教材编写队伍，充分发挥中外优势，充分考虑国别与区域特点，编写出具有针对性和实用性的品牌教材。其三，教学方法要因地制宜。教学方法的设计应充分考虑当地中文学习者特点，对接学习者个性化需求，不断调整授课方式和策略，提高学生应用中文的能力。其四，助力中文学习者拓展就业渠道。掌握中文能够谋求一份好职业是海外汉语学习者重要学习动机之一，孔子学院应充分发挥平台作用，寻求与企业和当地政府的多方位合作，为中文学习者提供就业机会，使中文成为当地民众的刚需。总之，中文国际传播必须融入当地，构建本土发展新模式，使中文学习者拥有获得感、成就感与幸福感，自然也保证了自身的发展安全。

第三，开启文化双向交流模式，汇聚多方力量维护中文国际传播的安全发展。文化差异是文化传播中的根本障碍，应以语言交流为纽带，以文明互鉴为平台，深化文明互鉴与民心相通，为构建人类命运共同体做出新贡献。首先，充分发挥交流平台作用，加强东西文明互鉴。一是孔子学院可为中外社会组织、高校与企业等提供交流的平台，以更开阔的视野、更多元的形式开展更广泛的民间人文交流；二是重视当地知识分子作用，要开辟各种形式学界交流，赢得他们对中国价值观的理解与认同，进而通过他们影响民众，实现民心相通。其次，为中外培养文化交流使者提供条件，建立良性互动生态。一是通过设立奖学金吸引外国青年来华学习交流，着力培养并借力"知华友华"人士，消解、消除国际社会对中国的误解，进而促进中文国际传播的本土化发展。二是为中国学生争取海外学习的机会，了解当地语言与文化，在互学互鉴中建立良性互动生态。最后，增进与当地文化传播机构的合作，借鉴经验增进理解。孔子学院应积极寻求与当地文化传播机构的合作，这不仅有益于彼此语言文化传播的顺畅进行，而且有利于共同推进两国各领域的深入交流。总之，文化双向交流一定要强调民间化，依托社会组织、科研机构、高校与企业等，利用各种平台，以更开阔的视野、更多元的形式开展更广泛的民间人文交流，淡化政府行为，有效避免误解。

第四，以创新推动走内涵式发展之路，有效服务国家当前发展战略。创新是引领发展的第一动力，实施创新驱动发展战略，是应对发展环境变化、把握发展自主权、提高核心竞争力的必然选择。（毛强，2017）中文国际传播要想规避生存发展的威胁，同样需要不断探索新方法、新路径，在守正的基础上创新转型，有效整合他系统，主动服务国家战略，实现安全、可持续发展。一是重点突破中文教育的改革创新。中文教学是国际中文教育发展的主攻方向，要以受众需求为导向，开设特色课程，开展数字化建设，建立先行示范孔子学院。二是主动服务"一带一路"建设，带动国际中文教育自身可持续发展。一方面要基于"一带一路"的语言人才需求设置"外语+专业"的应用型课程，另一方面应根据当地"一带一路"建设的需要定向培养供需对路的中文人才。三是寻求多元化伙伴合作，不仅要与中资企业建立紧密合作关系，拓展资金来源渠道，还要建立与当地政界、商界、学术界和媒体的良好关系，赢得他们对国际中文教育的理解与认同，进而通过他们影响民众，全方位助力中文教育融入当地、安全发展。

综上所述，我们不但要重视中文国际传播的发展问题，更要重视其安全问题。安全是发展的前提，没有安全这一基本条件，为中文国际传播设计再好的规划也无法实现。中文国际传播只有把握发展规律，立足风险防范的前提来规划，不断提升自身的安全系数，才能在转型和创新发展中得到有效的保障。同时，发展又是安全的保障，只有高质量发展，中文才能真正发挥钥匙的作用，语通中文，心联世界！

参考文献

杜　鑫（2011）试析孔子学院跨文化传播中的障碍，《新闻世界》第8期。

郭　晶、吴应辉（2021）大变局下汉语国际传播的国际政治风险、机遇与战略调整，《云南师范大学学报》（哲学社会科学版）第1期。

黄也平（2013）软传播：新世纪中国"国家传播"的方式选择，《吉林大学社会科学学报》第4期。

靳　松（2018）中文职业发展论坛在罗马举行，助意大利中文学习者圆"中国梦"，中央广电总台国际在线，http://news.cri.cn/2018-12-16/45ab99ea-1537-b940-7a13-3414ee56a1e7.html，8月11日。

李宝贵、李　辉（2021）中文国际传播能力的内涵、要素及提升策略，《语言文字应用》第2期。

李宝贵、史官圣（2018）但丁协会与孔子学院的比较及其启示，《辽宁师范大学学报》（社会科学版）第1期。

李建军、刘会强、刘　娟（2014）强势传播与柔性传播：对外传播的新向度，《东北师大学报》（哲学社会科学版）第3期。

李宇明（2020）中文怎样才能成为世界通用第二语言，《光明日报》1月4日。

陆俭明（2018）关涉国家安全的语言战略实施中语言文字基础性建设问题，《浙江大学学报》（人文社会科学版）第3期。

毛　强（2017）创新是引领发展的第一动力，中国共产党新闻网，http://theory.people.com.cn/n1/2017/0714/c40531-29404232.html，8月6日。

习近平（2019a）安邦定国，习近平这样论述国家安全，人民网，http://legal.people.com.cn/n1/2019/0415/c426440-31030682.html?tdsourcetag=s_pcqq_aiomsg，8月10日。

习近平（2019b）不同国家文化无高低优劣之分，中国新闻网，http://www.chinanews.com/cul/2014/09-

25/6627730.shtml，9月25日。

习近平(2019c)习近平就防范化解重大风险提要求：既要有先手，也要有高招，中国共产党新闻网，http://theory.people.com.cn/n1/2019/0122/c40531-30584911.html，8月12日。

习近平(2019d)坚持底线思维，增强忧患意识，《光明日报》3月3日。

谢雪屏(2007)国家安全及若干相关概念的学术梳理，《福建师范大学学报》(哲学社会科学版)第5期。

许　琳(2009)破解"汉语难学"的瓶颈问题——北京语言大学国际汉语教学研究基地揭牌，《北京语言大学报》4月18日。

张维佳、王　龙(2014)国家安全战略视阈下汉语国际传播的路径选择，《国际汉语教学研究》第4期。

张兴凯(2005)安全生产危机预警初探，《中国安全生产科学技术》第1期。

朱瑞平(2021)论汉语国际传播的风险规避策略，《云南师范大学学报》(哲学社会科学版)第1期。

Levy, M.A.(1995) Is the environment a national security issue?, *International Security*,20(2).

赵金铭《国际中文教育十三讲》出版

　　北京语言大学赵金铭教授新著《国际中文教育十三讲》由商务印书馆出版。该书从作者近年来公开发表的国际中文教育学术论文中精选13篇进行了精心编排。内容涉及学科研究多个领域，诸如国际中文教育学科发展、学科理论、教学理论、教学模式、教学方法、语言要素教学以及区域汉语教学、跨文化交际等各个分支。

　　全书共十三讲，由对汉语作为第二语言教学的历史回顾开篇，到对学科本旨的阐述；从宏观角度探讨学科发展的来龙去脉，到阐明学科的科学体系与学科的根本宗旨。在教学与研究方面，从"语文分开"教学模式的论证，到汉语教学"本位"问题的阐释，再到对汉语本体音节、词汇和语法教学的研究，以及对文化教学的认识，从微观层面论述了国际中文教育领域的诸多核心问题。书中还从更加广阔的角度论述了汉语教学的国际化、本土化，并从语言类型的视角探讨了区域汉语教学。最后，以阐释国际中文教育资源体系的特色与构建作结，具有指引性、前瞻性。全书关注纵横70年的学科发展历程，注重阐释学科的内涵发展，关注研究的新进展和新思路，史论结合，体现了作者对国际中文教育的学术思考。本书是国际中文教育专业、语言学及应用语言学专业硕、博研究生的重要参考书，也可供相关从业人员参考。

多哥中文教育发展研究*

沈 苰　宋楚伊　VODJI KOFFI IGOR

提　要　20世纪80年代起,中国和多哥就在教育领域展开合作。中多双方一直致力于推动文化合作,多哥的中文教育因而呈现市场规模大、毕业生就业率高、高等教育阶段普及、跨境流动性高等特点。但是,受具体国情的影响,多哥的中文教育目前仍存在许多不足:教学设备、教材、师资力量短缺;缺乏制定课程大纲意识,教学管理松散;专业设置不够成熟;等等。文章就多哥教育情况、中文教育发展现状等方面进行研究与分析,在顶层设计和教学方面提出相关建议。

关键词　多哥;中文教育;孔子学院

A Report on the Development of Chinese Language Education in Togo

Shen Hong, Song Chuyi, Vodji Koffi Igor

Abstract　Since the 1980s, China and Togo have cooperated in the field of education. China and Togo have been committed to promoting cultural cooperation, and Togo's Chinese education have since showcased the characteristics of large market scale, high employment rate of graduates, popularization at higher education stage and high cross-border mobility. However, due to Togo's specific national conditions, there are still some deficiencies in Chinese education, such as the lack of teaching equipment, teaching materials and teachers, the lack of consciousness of making curriculum outline, and the immature subject design. Suggestions for the development of Chinese language education were put forward from the

---

* 本研究得到国家社科重大招标项目"汉语国际传播动态数据库建设及发展监测研究"(项目编号:17ZDA306)、教育部中外语言交流合作中心国际中文教育2020年度课题重大委托项目"国际中文教育教学资源白皮书"(项目编号:20YH12E)、北京市高精尖学科北京语言大学中国语言文学建设项目"汉语国际教育发展系列年度报告"(2019,2020)等的支持。

【作者简介】沈苰,女,博士,重庆大学副教授,研究方向为文化与价值观传播、职业教育。
宋楚伊,女,重庆大学汉语国际教育专业硕士研究生,研究方向为汉语国际教育。
VODJI KOFFI IGOR,男,多哥籍,重庆大学汉语国际教育专业孔子学院奖学金硕士研究生。

perspectives of top-level design and teaching.

Key words　Togo, Chinese language education, Confucius Institute

〇、引言

多哥地处西非,首都洛美,人口约为790万(2020年),面积56 785平方公里,与贝宁、布基纳法索、加纳相邻,以农业、磷酸盐和转口贸易为三大支柱产业,是联合国公布的世界最不发达国家之一。①作为一个饱经历史风雨洗礼的国度,多哥曾遭受德国、法国殖民统治,现在法语仍是多哥的官方语言。直到1960年,多哥才正式脱离了殖民统治,宣布独立。这是多哥的社会语言环境比较复杂的原因之一。

随着中国经济社会快速发展和"一带一路"倡议的深入实践,"汉语热"成为多哥乃至整个非洲的一个现状和趋势。从2005年12月第一所孔子学院——肯尼亚内罗毕大学孔子学院的成立,到2021年3月10日,非洲共设立了62所孔子学院和48个孔子课堂,②非洲大陆成为国际汉语教学极具发展前景的地区。

中国和多哥于1972年9月19日建交,而两国之间的合作最早可追溯到1964年水稻方面的技术合作,到2022年已经持续了58年。③为发展两国友好关系,加强两国在文化领域的密切合作,中国和多哥于1981年公布并实施了《中华人民共和国政府和多哥共和国政府文化协定》,以促进两国在文化、教育、卫生、体育、出版、新闻、广播、电影及电视等方面进行交流与合作。④在两国政府的共同努力下,2019年多哥来华培训学员共计52人,其中27人参加基层医务人员培训班,25人参加了中小学管理能力提升研修班。⑤这些都建立在语言沟通的基础上。在此背景下,多哥的中文教育从无到有,在全国范围内逐渐发展起来。

"国之交在于民相亲",人文交流对深化中非之间的合作具有基础性作用。2009年,孔子学院在多哥正式建立,标志着中多双方的人文交流迈上了一个新台阶。洛美大学孔子学院是责任共担、合作共赢的中非教育共同体,它的诞生标志着汉语语言教学和中国文化传播正式地进入了多哥高等教育层面;洛美大学中文系在洛美大学孔子学院的支持与帮助下于2019年正式成立。虽然多哥洛美大学孔子学院成立已有十余载,但是由于本国历史、经济等方面原因,

---

①　中华人民共和国驻多哥共和国大使馆经济商务处,http://tg.mofcom.gov.cn/article/ddgk/202006/20200602978219.shtml。
②　中国国际中文教育基金会官网,https://www.cief.org.cn。
③　中华人民共和国外交部官网,https://www.fmprc.gov.cn。
④　中华人民共和国一条约数据库网,http://treaty.mfa.gov.cn/web/detail1.jsp?objid=1531876565556。
⑤　中华人民共和国驻多哥共和国大使馆经济商务处,http://tg.mofcom.gov.cn/article/jmxw/201910/20191002904994.shtml。

孔子学院的发展与欧美等发达国家相比仍有明显差距。多哥的教育分为一到五级,大致对应国内的幼儿园、小学、初中、高中和大学。其中小学共有5 019所,入学率为88%;初中686所,升学率为22%;高中105所,升学率为19%。成人识字率仅有65%(男子70%,女子34%)。[①]基于这些数据不难发现,多哥人受教育程度偏低,整体教育水平落后。洛美大学孔子学院的发展面临机遇和挑战,孔子学院对于帮助多哥中文教育发展起到至关重要的作用。

一、多哥中文教育发展的背景

(一)多哥的政治经济、社会文化与中多关系

首先,中多两国之间在政治、经济、外交等方面往来密切。中国一直坚持务实合作、平等互利的原则,关注和支持非洲国家改善民生、谋求发展的事业。中国在长期实践中形成了具有中国特色的援助方式,包括援建成套项目、提供物资、开展技术合作、实施南南合作援助基金项目、派遣援外医疗队、开展志愿服务、提供紧急人道主义援助等。[②]同时,多哥在外交上坚持一个中国原则,十分重视两国之间的传统友谊。这些都促进了多哥的中文教育发展。精通中文的本地人能够更好地和中国人展开合作、促进沟通和交流;中资企业的入驻,为当地年轻人提供了更多的就业机会。这极大激发了多哥当地年轻人学习中文的兴趣,使孔子学院在生源数量和质量上都有所保障。

其次,多哥对中国的治理模式有诸多借鉴,熟悉中国社会体系和社会治理方法能够帮助多哥年轻人较为快速地了解中国国情,有效降低了他们的抵触情绪,提高了他们对中国实际情况的接受程度。中多建交以后,中国政府和多哥政府也通过相关的教育政策鼓励更多的多哥人来华留学,这无疑也促进了多哥中文教育的发展。

再次,1884年至1960年,多哥一直都是法国的殖民地,深受法国文化的影响,既有非洲人民的热情好客,又不乏彬彬有礼和优雅。同时,多哥是一个多宗教国家,70%的民众信仰拜物教、20%的民众信仰基督教、10%的民众信仰伊斯兰教。(中非发展基金研究发展部,2020)这样多元的社会文化使得多哥人对待各种外来文化持开放包容的态度,接受度较高,学习热情也很高。这有利于中文教育在多哥的发展。

最后,多哥的人口结构偏年轻化,跨境发展意愿强。他们学习的动力很强,能够主动接受外来的新鲜事物,渴望到国外去探索未知领域、汲取精华。孔子学院为他们提供了学习中文、

[①] 中国外交部,https://www.fmprc.gov.cn/web/gjhdq-676201/gj_676203152_677316/1206_677534/1206xo_677536/。

[②] 《新时代的中国国际发展合作》白皮书(全文),中华人民共和国商务部网,http://mg.mofcom.gov.cn/article/jmxw/202101/20210103030003.shtml。

实现梦想的平台。中文学习成为多哥社会的一种"新时尚"。

（二）多哥的教育体系、语言政策和外语教育政策

多哥历史上曾是法国殖民地，多哥的教育体系几乎继承了法国的教育体系传统。整个教育体系主要包括以下五级：(1)幼儿园（École préprimaire ou maternelle），入学年龄为2岁或3岁。(2)小学（École primaire），学制为六年。分为三个学段，即预科课程（cours préparatoire）、初级课程（cours élémentaire）和初中课程（cours moyen），每个学段两年。其中预科课程又分为两个阶段：第一年预科课程（cours préparatoire première année）和第二年预科课程（cours préparatoire deuxième année）。每个阶段又分为三个小周期，每次小周期结束要进行班级考试，全都合格后可以升到上一个阶段。整个预科课程持续2年，共进行6次考试。多哥只有小学教育属于义务教育，1992年颁布的《多哥共和国宪法》（Constitution de la République Togolaise）第三条规定"法语是全国官方语言，主要用于政治（行政、议会等）、教育、媒体和商业领域"①，法语正式进入了多哥的国民教育体系中，多哥人必须从小学开始学习法语，老师在教学过程中也必须使用法语。法语就在这个时期不断巩固了自身官方语言的地位。(3)中学（Enseignement secondaire），学制为4年。这个阶段的语言课程都带有很强的历史痕迹，例如学生从中学正式开始学英语、德语。在中学，学生可以自由选择理想学校，学校也提供专业技术教育。中学阶段分为四个学段，包括中学一年级（Sixième/6e）、中学二年级（Cinquième/5e）、中学三年级（Quatrième/4e）和中学四年级（Troisième/3e）。② 在中学阶段，多哥政府鼓励学生学习外语，但是尚未推广中文教育。(4)高中（Enseignement du troisième degré），学制为3年。共有三个学段，包括高中一年级（Seconde/2e）、高中二年级（Première/1e）、高中三年级（Terminal/Tle）。高中一年级的课程以6个月为分界划分为两个周期，共有两次考试，学生会根据成绩选小专业。高中二年级会分为四个班，分别是以语言类课程和文学课程为主的A4班、以物理化学数学为主的C班、以数学为主的D班以及专门教授秘书、会计等专业的G班。虽然除了G班的学生外，其余学生都可以上所有的公共课，但是不同的学生会根据自己所在班级的要求进行考试，对主要科目的要求是必须达到及格线。在多哥高中教育阶段，政府支持学生选择英语、德语和意大利语等外语。高中毕业的考试分两次进行，第一次是在高中二年级进行的测试考试（Probatoire ou BAC1）；第二次是高考，在高中毕业后进行，名称为Baccalauréat deuxième partie。(5)高等（LMD），多哥的高等教育分为本科（Licence）、硕士（Master/Maitrise）和博士（Doctorat）。其中本科3年制，硕士和博士都是2年制。

根据法国语言总代表团的说法，多哥人口中30%说法语，但法国外交部的说法是37%（2007年），在世界各地的语言规划网站中统计以法语为母语的人数为176 432人，占比2.4%

---

① 多哥共和国官网，https://www.republiquetogolaise.com。
② 多哥沿用法国的教育体系，按照降序排列。

(2017)。根据多哥高等教育和研究部的数据,95%的二年级学生和92%的五年级学生在家讲母语。多哥除了英语、法语外,主要方言有埃维语(EWE)和卡布列语(KABYE)。《1975年5月6日关于多哥教育改革的规范第75-016号法令》(*L'ordonnance n°75-016 du 6 mai 1975 sur la réforme de l'enseignement*)第七条规定:"新学校的课程设计要能够根据第一编规定的目标对多哥公民进行全面培训。因此,考虑到国家长久的发展,学校必须引进包括多哥民族语言和非洲其他国家的语言等新学科。"① 因而法语虽然作为多哥的教学语言,在家里会使用法语进行交流的小学生所占比例却很低。

多哥非常重视英语、德语等外语教育。《1990年8月14日第13/METFP号法令》(*L'arrêté n°13/METFP du 14 août 1990*)规定"从1990—1991学年开始,英语在技术教育中属于义务教育,英语课在技术学校是必修课。为此,1992年开始,下列考试必须包括英语考试:职业资格证书(CAP)、职业教育证书(BEP)和技术教育职业证书(BP)"。《1975年7月16日第29/MEN号法令》(*L'arrêté n° 29/MEN du 16 juillet 1975 portant organisation du concours du CAP-allemand avec un certificat d'aptitude pédagogique et des épreuves écrites et orales*)组织了德语职业资格证书考试,并规定如果要教授德语必须通过此考试,以此来保证德语高水平师资力量。在《世界语言规划:多哥》中提出,根据政府法令,高中生必须接受第二语言教育,所以他们必须在英语、阿拉伯语、德语和西班牙语之间做出选择(Jacques LECLERC)。《1989年3月16日第89-46PR号法令》(*Décret n°89-46 PR du 16 mars 1989 portant création et statuts du Centre de recherches et d'études de langues : «village du Bénin»*)宣布设立"贝宁村",为教师提供暑期和进修课程,从而促进语言学习,主要是提高老师教授法语、英语、德语、阿拉伯语以及多哥民族语言的能力。② 由此可见,多哥极其重视维持法语作为官方语言的重要地位。根据李宇明、王春辉(2019)的分类,多哥还注重发展英语、德语、阿拉伯语等国际和地区通用语。

阿毕纳·耐希当(2019)提及多哥拥有丰富的磷矿资源,占出口收益的40%以上。这自然就吸引了众多国家的投资者,为了适应新形势下的跨文化交流,多哥也在不断推进语言教育。正所谓教育是发展之本,中国通过援建学校、培养师资力量、扩大奖学金规模等方式,提升了多哥的教育发展水平,让多哥青少年可以享有更优质的教育资源。

多哥一直对中文教育及其相关投入持欢迎态度,但目前仍没有明确的法令保护和推行中文。虽然中文教育的推行力度和深度远不如英语和德语,但是多哥也在不断完善相关政策。在2010年1月发布的《教育部计划2010—2020》(*Le Plan Sectoriel de l Education 2010-2020*)提到国家就热点职业进行入职前培训,并确定符合这些标准的人员,扩大职业培训的前景。③

---

① 世界各地的语言规划网,https://www.axl.cefan.ulaval.ca/afrique/togo.htm。
② 同①。
③ REPUBLIQUE TOGOLAISE.PLAN SECTORIEL DE L'EDUCATION 2010-2020.https://www.google.com/url?sa=t&source=web&rct=j&url=http://www.unesco.org/education/edurights/media/docs/741e28b2cc504d44e777248687d10628824a0116.pdf&ved=2ahUKEwjgnYuCwYfvAhUlUlQgYKHXB1CfcQFjAEegQIDhAD&usg=AOvVaw0EFYBFkBhxHsisDAlyqODa.

这份计划提到了职业教育,不难预见未来中文在职业教育领域或有很大的发展空间。多哥人重视法语、德语有深厚的历史渊源,而多哥将中文教学纳入外语教学原则体系之中则是一种"自由选择",这种自由选择源自中国的友好形象和中文自身魅力的影响。但目前中文教育建设在整个多哥教育体系中尚不成熟,因此要加强多哥教育体系中的中文教育建设,还需要培养更多优秀的高级中文人才,帮助和推动多哥政府不断出台相关的中文教育政策。

二、多哥中文教育发展的现状

在非洲,中文教育已经被纳入一些国家的国民教育体系,如埃及、南非、肯尼亚、毛里求斯、喀麦隆等均在小学阶段开设了中文课程。在多哥,中文在基础教育阶段虽有所缺失,但是在高等教育阶段,中文教育一直在发展进步。孔子学院的发展以非洲新一代年轻人为教学对象,结合当地具体国情,因地制宜,支持帮助大学创办中文专业,共同培育高级中文人才,成为中文教育的主力军与规划者。截至目前,中国公司在多哥签订承包工程劳务合同额共计近1亿美元,中资企业的优先录取,让中文学习成为一种潮流。首都洛美的一些私立大学也开始设立汉语入门课程,由孔子学院的本土教师授课。

多哥共有两所公立大学,位于首都洛美的洛美大学,还有地处多哥北部的卡拉大学。孔子学院建在洛美大学,卡拉大学只有一个中文教学点,开启两年,学习者人数极少,疫情之下可能关闭。

(一)洛美大学孔子学院中文教学历史与发展

1.孔子学院的创立为多哥中文教育发展奠定基础

非洲洛美大学孔子学院成立于2009年,由当时的校长 AHADZI NONOU KOFFI 和当时驻多哥大使杨敏先生共同推动建立。孔子学院由洛美大学和四川外国语大学共同合作建立,历任外方院长有著名的文学家 KOUTCHOUKALO TCHASSIM 和洛美大学经济管理学院教授 MAMAN TACHIWOU ABOUDOU,历任中方院长为苟志光、胡登金、周平、朱玉珊。孔子学院以教授中文和推广中国文化为宗旨,致力于为多哥基础教育阶段和高等教育阶段的中文教学培训师资力量,为多哥各个阶层民众开设更加多元、多领域的中文课程,举办相关活动,为多哥学生来华留学提供相应的帮助。孔子学院招生没有年龄和学历限制,高中毕业的学生或是零基础的成年人都可以申请进入孔子学院学习中文。在孔子学院成立十周年庆祝大会上,经商处胡平参赞代表中国驻多哥使馆致辞,表示孔子学院对加深中多两国人民之间的友谊和了解,发挥着重要和独特的桥梁作用,中国使馆将一如既往支持孔子学院的发展,让学生拥有更多的学习和交流机会。同时,中国驻多哥大使馆也为洛美大学孔子学院设立"大使奖学金",旨在表彰当地品学兼优的中文专业学生,增进中多友谊,激励更多的学生努力学习中文。

洛美大学是多哥规模最大的大学，洛美大学孔子学院的成立具有相当大的号召力。2009年成立之初，孔子学院就有80名注册学员，2014年为300名，2019年为600名。(Kohnert、Dirk，2019)而2011年报名学习中文的零基础学生有50名，2017年有155名，2018年有230名，往后不断提升。从数据整体来看，前期学员人数保持稳定，自2016年起开始快速增加，这也和近年来中多两国不断加强合作有关。同时，低门槛的鼓励政策在一定程度上推动了多哥中文教育的发展。

洛美大学孔子学院的建立不仅标志着多哥中文教育的开端，也为后来洛美大学以及其他私立院校中文系的建立奠定了坚实的基础。

2. 孔子学院教学发展为多哥中文教育带来无限生机

（1）课程设计：孔子学院"汉语入门"课程采取白天、晚上授课，时间为8个小时。中文课程是按级别教授的：第一级（初级）、第二级、第三级、第四级、第五级和第六级（高级）。每个级别对应一个学期的课程，班数根据学期和学习者的人数而有所不同。如果学生要从较低级别升至较高级别，平均需要10/20学分。该平均值可以通过期中和期末两次考试获得，这些考试都包括笔试和口试。在学士学位课程中，考试是相同的，只是所有教学单位的平均分数要求为10/20。课程是按照学期设计的，每学期对应一个级别：Ⅰ、Ⅱ、Ⅲ、Ⅳ、Ⅴ和Ⅵ。Ⅰ和Ⅱ级课程的授课时间是上午8：30至10：30，Ⅲ级课程的授课时间则安排在下午3：00至5：00。由于参加Ⅰ级课程的学生人数多，会分为两个小组。其中，第一小组在上午8：30至10：30上课，第二小组的上课时间是下午3：00至5：00。洛美大学孔子学院计划在白天和晚上分别为每个级别安排四节两个小时的课程。课程内容涉及普通汉语、视听、实践、基础汉语和中国文化。Ⅴ级课程安排在周一、周三和周四的下午3：00至5：00。星期五专门用于文化活动。学期中会组织一次考试，分为两天，第一天专门用于写作，第二天用于非学位考试。洛美大学孔子学院用的教材主要有两种：一种是针对零基础的《当代中文》；另一种是针对有一定汉语基础的《长城汉语》，共有六册。不过从2020年起，教材换成有配套口语练习的《发展汉语》，并以《商务汉语》《旅游汉语》作为辅助教材。

2011年孔子学院开设了入门汉语、基础汉语、实用汉语等不同汉语水平的培训班共6个。同时，孔子学院有针对性地开设了3个汉语教学班，包括外交部的官员班，2014年有20人入学；为洛美大学大学生提供的汉语教学班，两年内共有488名学生；为学院的工作人员教授中文的专项班。以上都是孔子学院根据实际情况进行的多样性教学。

（2）文化活动：中国文化的教学大多以文化活动的形式进行，例如中国电影放映、书法教学、武术培训。培训旨在培养学习者的书面技能，包括写作能力、语法能力和口语能力，例如学会用中文清楚地介绍自己、用中文清晰地表达自己的想法。由于孔子学院的教学对象不限年龄，甚至因为在西非的影响力不断提升，近年来也吸引了不少周边国家或地区例如加纳、贝宁、尼日利亚的学生。不仅如此，孔子学院每年会组织汉语夏令营和冬令营以及赴中国"旅学"

活动。除此之外，参加者还会游览一些城市的名胜古迹来体验中国文化。

近几年，孔子学院更加注重中国文化的展示。例如，2011年下半年中国文化课的内容是学跳中国传统舞；2013年四川外国语大学与多哥洛美大学孔子学院举办了蛇年新春联欢会；2014年1月29日，洛美大学孔子学院举办了马年新春联欢活动；2014年2月16日，旅多华人华侨联合会在洛美举行了欢庆元宵佳节活动；2015年3月，洛美大学举办一年一度的文化周暨高等教育论坛；2015年12月，孔子学院走入洛美西非天主教大学成功举办文化交流活动；2016年1月23日，洛美大学孔子学院与中国驻多哥使馆、经商处、华联会、中资企业以及多哥乒协组织开展了"第一届中多迎春乒乓球友谊赛"；2017年举办"包饺子不露馅"活动；2020年9月，中国驻多哥大使馆主办、多哥洛美大学孔子学院承办了"庆祝中华人民共和国成立71周年"系列中文比赛；设立洛美中文日等，这些活动都展示了洛美大学孔子学院不断将中国文化以一种积极的方式在多哥进行传播。不仅如此，伴随着孔子学院建设的完善，洛美大学孔子学院不断扩大在多哥的"朋友圈"，提高自身的知名度和影响力。

以上这些活动，既可以帮助多哥青年切身体会中国文化，也是孔子学院教学内容不断丰富发展的标志。

（3）师资力量：截至2019年，洛美大学孔子学院有20名志愿者和2名本土教师。（易洪英，2019）从2019年至2021年只增加了2名中国籍志愿者，招聘了1名本土教师。目前在洛美大学任教的有6名志愿者和3名本土教师。任教的志愿者都拥有汉语国际教育硕士学位，3位本土教师也精通汉语。所有的课由中方志愿者和本土教师承担。中国籍教师们主要负责上午和下午的课程。本土教师承担晚上的课程。教学仍然采用传统的翻译法。

（4）HSK考试与奖学金等：洛美大学孔子学院从建立之初就致力于发展多元化的中文教育，增加中文教育的丰富性和吸引力。2015年开始组织汉语水平考试。一般每年组织HSK3级至HSK5级笔试、口试，考试时间一般和中国统一，都在12月份。相应课程由经验丰富的教师教授，有时课外也由某些非营利性协会的中国籍志愿者进行辅助教学，晚上的课程由在中国接受过培训的当地教师负责。2016年开始推荐孔子学院奖学金生并选派优秀学生赴中国参加孔子学院夏令营。据统计，2019年全年多哥在华留学生总数为478名，其中奖学金生145名。[①] 2017年开始，洛美大学孔子学院在多哥的卡拉大学增设了一个教学点。卡拉位于多哥北部，是多哥第二大城市，更是多哥军队的大本营，对多哥来说至关重要。2017年10月在卡拉大学外语学院开设汉语学分课程，并择期开设汉语专业，突破多哥北方地区汉语零输出的局面。2018年启动多哥赛区汉语桥比赛，同年，洛美大学中文本科专业获批，2019年正式开始招生，主要教学任务由洛美大学孔子学院承担。

---

① 中华人民共和国外交部官网，https://www.fmprc.gov.cn/web/gjhdq_676201/gj_676203/fz_677316/1206_677534/sbgx_677538/。

(二)洛美大学中文专业的设置与发展

洛美大学的前身叫贝宁高等学院,成立于1965年。1970年改名贝宁大学,贝宁大学有五个学院:文学学院(EDL)、行政与法律职业研究生院(ESACJ)、经济与管理技术研究生院(ESTEG)、科学学院(EDS)和医学院(EDM)。2001年3月改名洛美大学(Université de Lomé)。①

2016年下半年,中文正式成为洛美大学学分课程;2019年11月,洛美大学开设中文系,迎来首批21名大学生。在此之前,洛美大学仅将中文作为选修课进行教授,缺乏专业性,也很难追踪学习者的学习进度。中文系开设后,毕业生高于平均水平近一倍的就业薪资,吸引了更多多哥年轻人。中文系本科课程主要包括汉语语言课、文化课、翻译课。为了增强实用性、培养应用型多语种翻译人才,中文系还开设秘书、汽摩、农业、医疗等特色课程。这标志着西非国家多哥的首个大学中文专业正式启动,也标志中文教育正式进入高等教育阶段,中文在多哥的影响力日益增强。由于洛美大学此前仅设置中文选修课程,该专业的启动也意味着多哥高校的汉语教学从学分选修迈向专业教育。课程主要采取"中文+翻译"的方案,在保证实用性的同时兼顾培养学生对汉学研究的兴趣。②上课时间主要安排在周一至周五白天。对此,多哥高等教育与科研部部长阿帕戛纳表示,洛美大学中文专业的设立将成为多中教育科研、文化推广和校际交流合作的平台,必将对进一步促进多中及非中交流发挥积极作用,拉近两国人民的距离。设立中文系不仅满足了学生们获得正式中文专业学历的意愿,同时也契合近年来中非深化合作的现实需求。

上课过程中教师大多主张使用沉浸式方法进行教学,因为这样有利于学生中文语感的培养。但是,因为洛美大学的本土中文教师师资力量薄弱,洛美大学中文系的基础阶段语言技能课程,如精读、阅读、语音、口语、听力等课程的教授,主要还是由孔子学院承担。洛美大学计划用五年时间过渡到基本由本土中文教师承担基础课程教学的局面。中方也将有计划地向本土教师提供培训机会,同时,合作学校四川外国语大学将不定期派遣具备博士学位的教师到孔子学院授课,让本土教师能够观摩学习。此外,孔子学院也将和洛美大学合作,鼓励优秀的多哥中文专业硕士研究生投入到教学中来。

总的来说,虽然洛美大学孔子学院发展速度较慢,但目前也取得了一定的成果,并且在很大程度上满足了学习者学习汉语的多样化需求,同时也传播了中国文化,推动了两国经济文化等事业的发展。尽管目前看来,其发展过程中遇到的问题不少,但在双方政府的支持与各方工作人员的努力下,总体发展前景良好。

---

① 多哥洛美大学网,https://en.univ-lome.tg/about-us/history。
② 中国一带一路网,https://www.yidaiyilu.gov.cn/xwzx/hwxw/114406.htm。

三、多哥中文教育发展的特点、存在的问题及建议

（一）多哥中文教育的特点

第一，孔子学院带动大学中文专业发展。洛美大学孔子学院出身的学生专业素养过硬，在西非地区的社会认可度较高，因此洛美大学孔子学院被认为是全西非最优秀的孔子学院。洛美大学在孔子学院帮助下开设中文系，标志着多哥的大学汉语教学已经从可选学分课程转变为汉语专业教育。大部分西非国家跟西非中资企业一样，都希望能聘用洛美大学毕业的学生。孔子学院也设定了一个宏伟目标——自上而下，支持大学培育高层次优秀本土师资，帮助多哥政府逐步把汉语课程纳入多哥国民教育体系。

第二，多哥中文教育促进经济发展。2020年，中国全面建成小康社会圆满收官，中国历史性地彻底摆脱了绝对贫困，中国的成功经验给非洲带来借鉴和鼓舞，加之中非自20世纪50年代已开始减贫合作，中国愿意在基础设施、农业技术合作、"一带一路"倡议下的产能合作以及人力资源培训等方面，为非洲最终战胜贫困贡献力量。[①] 据统计，自2018年起，中国与多哥的双边贸易增幅开始变大，2018年进出口总额同期增加9%，进口增加99.2%，而2019年则分别为8.28%和23.79%。[②] 多哥总统福雷已将自己的国家推荐为"一带一路"倡议在西非地区发展的支点，这意味着，多哥乃至整个非洲对运用中文进行交际的需求会越来越大。新时代中文教育肩负着更重要的任务——不仅促进中多文化交流，同时也为多哥乃至整个西非地区的经济发展贡献力量。

第三，高等教育阶段中文普及且辐射面广。在多哥和周边国家，中文已经进入大学教育体系，中文课多以选修课、公共课为主，受众面广。此外，学生跨境流动性大。由于多哥地理环境优越、中文教学资源丰富，吸引了大批来自周边国家的学生前来学习中文，生源国别等具体情况趋于多元化。

（二）多哥中文教育存在的问题

多哥乃至整个非洲中文教育受经济制约，面临的问题大同小异，诸如教学条件落后、教学资源短缺、教材不符合本土需要、缺乏系统性和针对性的师资培养培训；本土教师在备课过程中缺乏制定课程大纲的意识，教学过程不够严谨规范；专业设置还不够成熟，对学生管理较为松散，以学生的兴趣作为导向，衔接性较差；文化活动虽然频繁，但文化教学系统性差，学生

---

① 《中国的脱贫效应为何能辐射到非洲和欧洲？》，中非合作论坛网，http://www.focac.org/。
② 《2020年对外投资合作国别（地区）指南—多哥》，中国一带一路网，https://www.yidaiyilu.gov.cn/zchj/zcfg/159165.htm。

重视语言学习而忽略文化学习；教学过程受制于客观条件，教师很难利用多媒体等信息技术辅助教学。这些情况都导致多哥的中文教育很难往更深层次发展。

（三）多哥中文教育发展建议

在顶层设计方面，大学应和孔子学院一道有计划地培养高学历优质人才，打造一支高水平的本土师资队伍；组成专业团队，结合当地的国情和文化，帮助多哥制订有可行性的符合规律的教学大纲，并贯彻实施；外派教师与当地中文教师共同编写本土化教材。同时，驻多哥使馆可以定期举行赴华留学生开放日活动，加强宣传力度，吸引更多优质生源。

在师资建设方面，大学孔子学院应该借助大学的资源，对志愿者进行语言与专业培训，提高他们在法语区教学的水平；志愿者在进行教学活动时要总结法语国家传授中文的特点，寻找规律，同时主动融入当地文化，提高学生学习兴趣；建立与本土教师交流沟通的意识，为本土教师提供帮助。孔子学院还可以和当地华人社团合作，借助华人华侨力量，共同讲好中国故事，挖掘培养"超本土教师"。截至2015年，在多华人华侨共2 000人左右，[①]（吴应辉，2016）这些华人华侨当中就有人可能成为"超本土教师"的"预备队"。

在与中资企业合作方面，一方面孔子学院帮助企业培养订单式人才，企业投资帮助高校改善教学环境、教学设施和教师待遇。另一方面，随着中国"走出去"企业的增多，外派人员的外派时间一般都较长，因为孩子的教育问题，无法让孩子和家人一起随迁，时间久了，既照顾不到家庭也难遣思乡之情，会影响到"走出去"企业的可持续发展，非洲中国国际学校的建设应该提上日程；加之定居多哥的华侨越来越多，子女受教育的情况也应该得到高度重视。孔子学院可以此推动当地华文教育发展，促进当地华人华侨对中华文明的传承与传播。随着高铁等技术传入非洲，需要更多的本土居民从事相关工作，推广职业中文教育势在必行。多哥与西非多个国家接壤，可以将合作方和学生扩展到周边国家，形成比较系统、完善的教育合作体系，达成多方共赢的局面。推动"职业技能＋中文"教育发展，增大中文的实用性和受众率，吸引更多专业的学生来学习中文。

优化汉语国际传播资源配置，优先支持发展中国家，（郭晶、吴应辉，2021）进一步加大中国与多哥国家媒体的合作，增强宣传力度，提高中文的经济影响力与文化吸引力。近几年多哥来华留学多集中在长沙理工大学、四川外国语大学、广东药科大学、山东农业大学、对外经贸大学等，培训项目多为教育、医疗、制造业等，可以依照多哥本身制订的发展计划，根据不同院校的特长，配套培训具体项目，多元化地支持基础教育、发展高等教育、推动职业教育。正如《中国对非洲政策文件》中强调"中国将秉持真、实、亲、诚的对非政策方针，推动中非友好互利合作实现新的跨越式发展"，中文教育始终与多哥站在一起，支持多哥的发展。

---

① 中华人民共和国驻多哥共和国大使馆经济商务处，http://tg.mofcom.gov.cn/。

参考文献

阿毕纳·耐希当(2019)制定务实可行的发展计划,张慧雯译,《中国投资》(中英文)第22期。

郭晶、吴应辉(2021)大变局下汉语国际传播的国际政治风险、机遇与战略调整,《云南师范大学学报》(哲学社会科学版)第1期。

李宇明、王春辉(2019)论语言的功能分类,《当代语言学》第1期。

吴应辉(2016)国际汉语师资需求的动态发展与国别差异,《教育研究》第11期。

易洪英(2019)多哥洛美大学孔子学院汉语教学现状调查报告,四川外国语大学硕士学位论文。

中非发展基金研究发展部(2020)非洲国别投资环境概况——多哥,《中国投资》(中英文)第Z9期。

Jacques LECLERC(2006) L amenagement linguistique dans le monde: le TOGO[J/OL]. https://www.axl.cefan.ulaval.ca/afrique/togo.htm.

Kohnert & Dirk(2019) Togo-2019:Politique intérieure, affaires étrangères, le développement socio-économique[J/OL]. https://www.ssoar.info/ssoar/bitstream/handle/document/66714/ssoar-2020-kohnert-Togo_-_2019_Politique_interieure.pdf.

崔希亮《语言学概论》(增订本)出版

北京语言大学崔希亮教授新著《语言学概论》(增订本)由商务印书馆出版。

语言学概论是汉语国际教育专业本科必修课程。作为"商务馆对外汉语专业本科系列教材"之一的《语言学概论》,于2009年出版发行,被国内多所高校选作教材。近年来,语言学快速发展,取得了很多新的研究成果,鉴于此,作者历时近两年对《语言学概论》进行了增订。增订本吸取当代语言学研究的最新成果,全面系统地介绍了语言学各个领域的知识和理论。增订本基本延续了原书的整体框架:除"引言"外,包括"语言和语言学""语言与社会""语言与认知""语音""语法""语义""词汇""文字""语言的产生和发展""语言的类型和谱系"等,增加了"言语行为"一章,同时在其他章节的内容细节上增加了很多说明性陈述和实例。很多问题在阐述上作了一些修改,增加了一些例子。在"语言与认知""语言与社会""语言与文化"方面增加了比较多的例子。在"语义"一章增加了"歧义"一节。在"语法"这一部分更加重视命题意义之外的情态意义。全书力求深入浅出,在理念上既体现出学术性,又注重实用性,尽量用实际的例子来阐释理论问题。

本书可以作为汉语国际教育专业、外国语言文学专业、汉语言文学专业本科教材,也可供国际中文教育专业、语言学及应用语言学专业硕、博研究生和相关专业教师参考。

中东欧国家孔子学院发展的现实基础与路径选择[*]

宁 芳

提 要 国际中文教育发展对"一带一路"建设具有重要的助力作用,中东欧地区作为唯一整体被纳入"一带一路"框架的区域,孔子学院在中东欧国家已经实现了全域覆盖,具有区域聚集性明显、学院数量持续上升、办学质量稳步提升、影响力逐年扩大、项目效果显著等特征,同时也存在分布不均衡、功能发挥有限、"三教"问题突出、本土化程度不高等问题。基于发展现状与主要问题,中东欧国家孔子学院应从优化布局、聚焦需求、强化师资、文化融合、平台建设等方面发力,实现内涵式、多元化、特色化发展,促进中文在中东欧国家乃至"一带一路"国家间的传播,助力"一带一路"建设与发展。

关键词 中东欧;孔子学院;国际中文教育;路径选择

The Realistic Foundation and Path Choice of Confucius Institutes in the Central and Eastern European Countries

Ning Fang

Abstract The development of international Chinese language education plays an important role in the development of the Belt and the Road. The Central and Eastern European region is the only whole area which is incorporated into the framework of the Belt and the Road. The Confucius Institutes have covered all the Central and Eastern European Countries and have some remarkable features, such as high regional aggregation and continuous rising trend. However, there are still some problems, such as the uneven distribution of Confucius Institutes in different regions, the inadequate performance of the Confucius Institutes' functions, the concerns about teaching materials, teaching model

---

* 本文系教育部中外语言交流与合作中心项目"一带一路"沿线中东欧国家中文教育比较研究(项目编号:20YH21C)阶段性成果,2021年国际中文教育研究课题重点项目(项目编号:21YH05B)阶段性成果。

【作者简介】宁芳,女,博士,辽宁师范大学国际教育学院副教授,研究方向为国际中文教育、汉语国际教育政策与制度研究。

and teachers, and the low localization level of the Confucius Institutes. For the purposes of the connotative development, diversification development and specialized development, some suggestions are put forward, such as optimizing distribution, focusing on the demand, teacher training, culture integrating and constructing the management platform, aiming for the development of international dissemination of Chinese language in the countries along the Belt and the Road.

Key words　The central and eastern European countries, Confucius Institutes, international Chinese language education, path choice

〇、引言

2012 年，中国与中东欧 16 国开启了"16+1 合作"；2013 年，习近平主席提出"一带一路"倡议；2017 年，共建"一带一路"倡议在中东欧 16 国实现全覆盖；2019 年，希腊正式加入"中国—中东欧国家合作"机制，"16+1 合作"升级为"17+1 合作"。在"一带一路"倡议和"17+1 合作"推动下，中东欧国家国际中文教育稳步向前，但也面临着一些挑战，需要高度重视和有效应对。孔子学院是开展国际中文教育的重要载体，对中东欧国家孔子学院发展现状、问题与后续发展路径的探析，既有助于中东欧国家孔子学院内涵式发展，也有利于推进中文教育国际化发展，更有效地发挥中文教育在服务"一带一路"建设中的重要作用。

本文所述"中东欧"即为"17+1 合作"中的阿尔巴尼亚、爱沙尼亚、保加利亚、波兰、波黑、黑山、拉脱维亚、捷克、立陶宛、克罗地亚、罗马尼亚、北马其顿、塞尔维亚、斯洛伐克、斯洛文尼亚、匈牙利、希腊 17 国。

一、中东欧国家孔子学院发展的总体状况

中东欧国家是孔子学院发展颇为突出的区域，自 2006 年 9 月中东欧国家第一所孔子学院落户波兰后，孔子学院、孔子课堂如"雨后春笋"般在中东欧国家相继开设，目前建立的孔子学院和孔子课堂累计 84 个。

（一）数量持续上升，速度趋于平缓

中东欧国家孔子学院及孔子课堂总量呈逐年稳步上升趋势。其中，孔子学院 2006—2013 年发展迅猛，此阶段建设数占中东欧孔子学院总量的 73% 左右，仅 2013 年就建成 6 所孔子学

院。截至 2019 年年底，中东欧孔子学院累计建立 36 所。2007 年，中东欧国家第一个孔子课堂"布拉格中华国际学校孔子课堂"设立。在"一带一路"倡议影响下，中东欧国家孔子课堂进入发展高峰期，2014—2018 年设立的孔子课堂数约占中东欧地区孔子课堂总数的 85%。截至 2019 年年底，中东欧国家累计设立孔子课堂 48 个。中东欧国家孔子学院、孔子课堂数量增长趋势如图 1 所示。

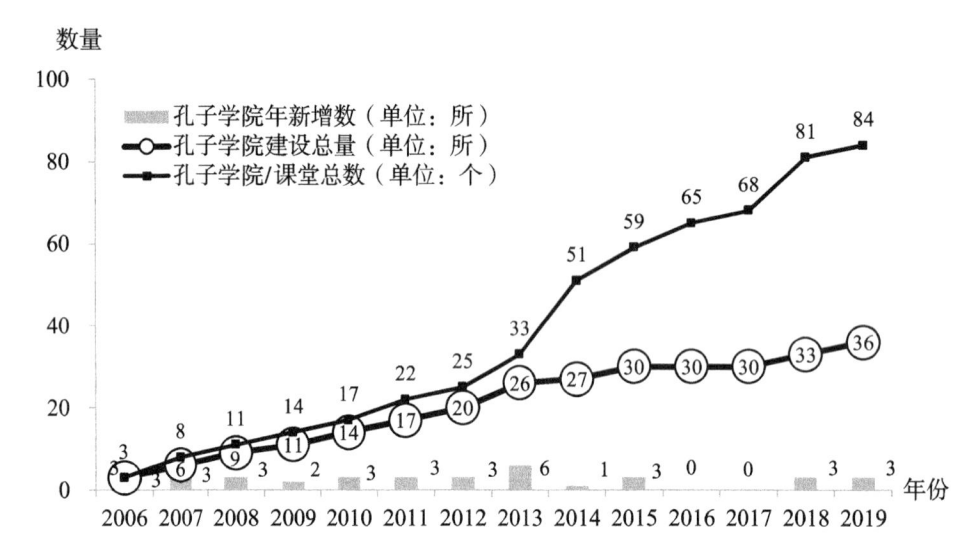

图 1　中东欧国家孔子学院/孔子课堂数量增长趋势图

（二）区域全面覆盖，空间聚集性显著

孔子学院在中东欧地区 17 个国家已实现全域覆盖。地处中东欧地区中部的波兰、斯洛伐克、匈牙利、罗马尼亚 4 国孔子学院总量为 18 所，占中东欧国家孔子学院总量的 50%，可以说，中东欧国家孔子学院具有显著的区域聚集性，呈现"中间重两头轻"的分布特征，充分利用这种聚集性特征，有助于推动中文教育在中东欧国家由孔子学院高聚集性区域向外部不断扩散，促进中华文化与中东欧国家多种文化的融合，进一步提升该区域中文教育发展水平。

表 1　中东欧国家孔子学院建设情况[①]

序号	中东欧国家	孔子学院名称	中方合作高校	成立时间
1	爱沙尼亚	塔林大学孔子学院	上海财经大学	2010 年
2	拉脱维亚	拉脱维亚大学孔子学院	华南师范大学	2011 年

---

① 本文图表数据来源：中国国际中文教育基金会官网及孔子学院总部/国家汉办 2006 年至 2018 年《孔子学院年度发展报告》。

续表

序号	中东欧国家	孔子学院名称	中方合作高校	成立时间
3	立陶宛	维尔纽斯大学孔子学院	辽宁大学	2010年
4	波兰	克拉科夫孔子学院	北京外国语大学	2006年
5		波兹南密兹凯维奇大学孔子学院	天津理工大学	2008年
6		弗罗茨瓦夫大学孔子学院	厦门大学	2008年
7		奥波莱孔子学院	北京工业大学	2008年
8		格但斯克大学孔子学院	中国社会科学院大学	2015年
9		华沙理工大学孔子学院	北京交通大学	2019年
10	捷克	帕拉茨基大学孔子学院	北京外国语大学	2007年
11		布拉格金融管理大学孔子学院	中国计量大学	2018年
12	斯洛伐克	布拉迪斯拉发孔子学院	天津大学	2007年
13		考门斯基大学孔子学院	上海对外经贸大学	2015年
14		马杰伊贝尔大学商务孔子学院	东北财经大学	2019年
15	匈牙利	罗兰大学孔子学院	北京外国语大学	2006年
16		塞格德大学孔子学院	上海外国语大学	2012年
17		米什科尔茨大学孔子学院	北京化工大学	2013年
18		佩奇大学中医孔子学院	华北理工大学	2014年
19		德布勒森大学孔子学院	天津外国语大学	2019年
20	斯洛文尼亚	卢布尔雅那大学孔子学院	上海对外经贸大学	2010年
21	罗马尼亚	锡比乌卢奇安·布拉卡大学孔子学院	北京语言大学	2007年
22		布拉索夫孔子学院	沈阳建筑大学	2012年
23		克卢日巴比什-博雅依大学孔子学院	浙江科技学院	2011年
24		布加勒斯特大学孔子学院	中国政法大学	2013年
25	克罗地亚	萨格勒布大学孔子学院	上海对外经贸大学	2011年
26	塞尔维亚	贝尔格莱德孔子学院	中国传媒大学	2009年
27		诺维萨德大学孔子学院	浙江农林大学	2013年
28	波黑	萨拉热窝大学孔子学院	西北师范大学	2013年
29		巴尼亚卢卡大学孔子学院	天津职业技术师范大学	2018年

续表

序号	中东欧国家	孔子学院名称	中方合作高校	成立时间
30	黑山	黑山大学孔子学院	长沙理工大学	2015 年
31	保加利亚	索非亚孔子学院	北京外国语大学	2006 年
32		大特尔诺沃大学孔子学院	中国地质大学（武汉）	2012 年
33	北马其顿	圣基里尔·麦托迪大学孔子学院	西南财经大学	2013 年
34	阿尔巴尼亚	地拉那大学孔子学院	北京外国语大学	2013 年
35	希腊	雅典商务孔子学院	对外经济贸易大学	2009 年
36		亚里士多德大学孔子学院	上海外国语大学	2018 年

（三）质量稳步提升，影响力不断扩大

办学质量提升："示范孔子学院"是全球孔子学院建设的标杆，截至 2019 年年底，全球有 50 余所"示范孔子学院"，而中东欧国家就有 3 所，占示范孔子学院总量的 6%。"先进孔子学院（课堂）"是对孔子学院办学质量、影响力、基础设施等方面的综合衡量，如表 2 所示，中东欧国家有多所孔子学院获此殊荣。

表 2　中东欧国家历年先进孔子学院（课堂）

年份	先进孔子学院（课堂）
2007 年	匈牙利罗兰大学孔子学院
2011 年	罗马尼亚克卢日巴比什-博雅依大学孔子学院
2013 年	匈牙利罗兰大学孔子学院
2014 年	罗马尼亚锡比乌卢奇安·布拉卡大学孔子学院
2016 年	斯洛文尼亚卢布尔雅那大学孔子学院、波兰克拉科夫孔子学院
2017 年	保加利亚索非亚孔子学院、罗马尼亚布加勒斯特大学孔子学院
2018 年	斯洛伐克布拉迪斯拉发孔子学院
2019 年	塞尔维亚诺维萨德大学孔子学院

区域影响力扩大：随着孔子学院和孔子课堂建设的不断推进，中东欧国家孔子学院注册学员持续增多，双向留学人数激增。2015 年注册会员 3.3 万人，2016 年 3.7 万人，2017 年接近 4 万人，2018 年突破 5.2 万人。据保加利亚孔子学院统计，保加利亚中文学习人数近 3 000 人，中文课程报名人数太多，出现了供不应求的局面。截至 2018 年年底，中国与中东欧国家

双向留学人员达12 000人。其中,中东欧国家来华留学生总人数超过5 500人,年均增长率为21%。(陈玉娟,2020)

(四)项目效果显著,特色化办学突显

开展精品项目:以孔子学院为平台,中国与中东欧国家积极开展丰富多彩的教育文化交流活动,如"汉语桥"中文比赛、孔子新汉学计划、中东欧国家孔子学院夏令营等项目,在中东欧国家学习者中广受欢迎。到2018年,参与上述活动的中东欧国家学习者累计47万余人,2019年达到51万余人。其中,始于2016年的中东欧国家孔子学院夏令营是中东欧国家最大规模的来华体验项目,为中东欧国家了解中国搭建了优质平台。

发展"汉语+"特色办学:《孔子学院发展规划(2012—2020年)》把"坚持科学定位、突出特色"作为孔子学院发展的一项基本原则。为适应多样化需求,中东欧地区兴办以中医、商务、茶艺等教学为特色的孔子学院。匈牙利佩奇大学中医孔子学院、斯洛伐克医药大学中医孔子课堂以中医药学为特色,利用授课、讲座、义诊及交流互访等活动传播中医学知识与健康文化;(陈华晴、陈君,2020)塞尔维亚诺维萨德大学孔子学院充分发挥中方合作机构浙江农林大学学科优势,坚持"汉语+茶文化"特色办学,茶文化课程和专题节目受到塞尔维亚国家、省市级电视台关注报道,已累计培养300多名会中文、懂茶文化的本土人士。

转换教学模式:疫情期间,中东欧国家孔子学院迅速转换教学模式,实现了"线下课堂"与"线上课堂"融合。匈牙利塞格德大学孔子学院大学教学点使用"钉钉",中小学使用Skype和Google Classroom等软件进行网络教学;希腊亚里士多德大学孔子学院采用"实景直播课堂"模式,使用单独的投影系统和授课平台系统,实现多种音像设备协同;罗马尼亚锡比乌卢奇安·布拉卡大学孔子学院成立了线上教学筹备小组,按计划完成了线上教学工作,并举办"线上教学分享会"分享相关调研结果及资源。

二、中东欧国家孔子学院发展的突出问题

作为中国与中东欧国家间中文教育和人文交流的重要桥梁,中东欧国家孔子学院在"一带一路"建设中的贡献越来越突显,办学质量、区域影响力不断提升,但也存在诸多亟待解决的问题。

(一)国别发展不均,人口匹配度低

"一带一路"沿线国家孔子学院数量分布不均匀,(刘宝存、张永军,2019)这种不均匀既存在于区域之间,也存在于同一区域内不同国别之间。波兰、匈牙利、罗马尼亚、斯洛伐克孔

子学院数量分别为6所、5所、4所、3所,而其余13个国家孔子学院数均少于2所,波罗的海区域三国仅有3所孔子学院,中东欧不同国家间孔子学院发展差异显著。

除了数量不均衡外,中东欧国家孔子学院在空间分布密度上也存在较大差异。"孔子学院分布密度"考察的是特定地区或国家孔子学院分布疏密程度,(郭晶、吴应辉,2018)由孔子学院数量和该国人数计算得到,数值越大单个孔子学院覆盖的人数越多。由图2可知,中东欧国家孔子学院分布密度严重不均,如波兰已建立6所孔子学院,其孔子学院分布密度为每6.3千万人设有1所孔子学院,分布密度过高。由此看出,中东欧国家孔子学院建设较突出国家仍具有设立新孔子学院或课堂的需求。

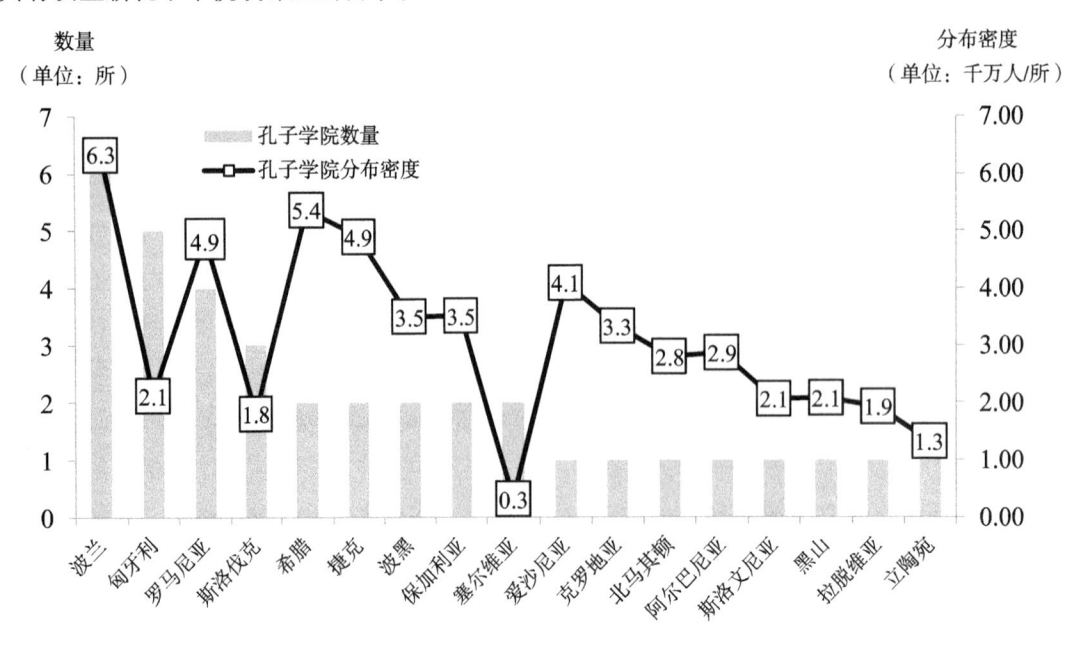

图 2 中东欧国家孔子学院数量与分布密度

(二)办学模式单一,功能发挥有限

随着中东欧国家中文教育的不断发展,办学层次已由大学延伸至大中专、中小学、幼儿园等阶段。该区域孔子学院一般下设多个教学点,以中文语言培训和传播中国文化为主,与大学传统学院相比,更多的是发挥语言学习中心作用。在合作创办模式上,孔子学院主要有中外高等学校合办、外国社团机构与中方高校合办、外国政府与中国高校合办、中外高校联合跨国公司合办四种模式,(詹海玉,2017)而中东欧国家孔子学院基本属于中国高校和外国高校合办模式,双方政府、社团机构、公司企业等机构未作为参与合作主体,社会资源未有效配置,信息反馈机制不灵活,难以掌握和满足中国—中东欧合作建设实际需求。

（三）"三教"问题突出，本土化程度低

一是中文教师规模有限。孔子学院中文教师由公派教师、志愿者、本国教师组成。从教师总量看，中东欧有 7 国孔子学院中方教师不足 10 人；从教师队伍构成看，本土教师严重不足，如立陶宛仅为 2 人；从学制年限看，中方教师任期一般小于两年，（穆正礼等，2017）中文必修班学制五年，频繁更换教师导致孔子学院中文教学人力成本过高、教学连续性不强；从语言媒介看，中方教师与学生存在非母语沟通障碍，课堂教学以英语为媒介语，学习者易出现语义、理解偏差。

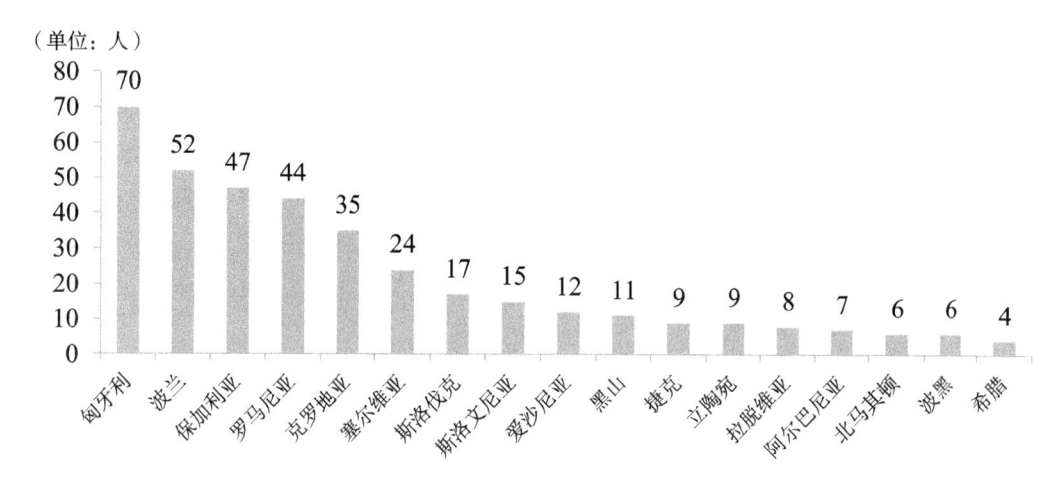

（单位：人）

国家	人数
匈牙利	70
波兰	52
保加利亚	47
罗马尼亚	44
克罗地亚	35
塞尔维亚	24
斯洛伐克	17
斯洛文尼亚	15
爱沙尼亚	12
黑山	11
捷克	9
立陶宛	9
拉脱维亚	8
阿尔巴尼亚	7
北马其顿	6
波黑	6
希腊	4

图 3 中东欧国家孔子学院中方公派教师与志愿者总人数分布图

二是中文教材建设差异明显。从教材数量上看，各国差异明显，如波兰已形成较完整的中文教材体系，波黑中文教材种类繁多，而斯洛文尼亚教材数量匮乏，至今未出版本土化中文教材；从教材适应性上看，认可度不高、契合度不够，教材与部分学生中文零基础水平差距过大；从教材内容上看，实用性不强。教材缺乏练习语境，相关词汇使用范围有限，内容陈旧，如斯洛伐克孔子学院使用的教材已出版三十多年。

三是多种教学法融合不足。语言教学需要多种教学理论并存，多种教学模式共现，各种教学方法各有所用。（赵金铭，2010）中东欧国家孔子学院存在教学方法运用刻板、教学模式单一、课堂设计形式不灵活，课后练习趋于模板化、传统教法与信息技术融合度低的问题。除波兰、匈牙利、保加利亚、罗马尼亚等国家孔子学院教学方法运用较为全面外，中东欧其他国家孔子学院未实现多种教学方法融合使用，学员学习中文的兴趣未得到有效激发。

三、中东欧国家孔子学院未来发展的路径选择

百年未有之大变局及百年不遇疫情叠加冲击,给孔子学院开展国际中文教育带来了新机遇、新挑战,基于孔子学院发展的现实基础,中东欧孔子学院要从优化布局、需求导向、强化师资、文化融合、共享机制等方面进行调整,实现内涵式、多元化、特色化发展。

(一)加强顶层设计,优化孔子学院布局

建立健全中东欧国家中文教育相关制度。中东欧国家孔子学院要加强与所在国教育部门的沟通,系统梳理其中文教育及语言政策、中文教育建设情况、实际需求,尽量在合法性地位、配套政策及实施方案上做出具体制度安排与落实细则。充分利用中外合作协议、备忘录、声明公报等形式,(李宝贵、尚笑可,2018)规范和深化双方在中文教育领域各阶段的合作。

稳步扩大特色孔子学院发展规模。在与中国经贸往来、政治互信较密切、孔子学院分布密度较高的中东欧国家适当增加孔子学院数量,借鉴该区域示范孔子学院成功经验,做到开办一所,就办好一所,实现孔子学院由"量"到"质"的成长。

拓宽中东欧孔子学院合作模式。积极探索孔子学院市场化运作,重视市场调研、品牌宣传,培育中文学习市场,吸纳外国社团机构、跨国公司与企业参与中东欧国家孔子学院建设,发挥使馆、中国企业、各类学校、民间友好协会、当地华人作用,构建由上至下、相互配合的中文教育传播格局。

探索中文教育学科规划。科学的学科规划是国际中文教育发展的前提,也是孔子学院实现可持续发展的基础。国际中文教育具有教育学、心理学、新闻传播学的综合学科交叉属性,(陆俭明,2017)在现有一级学科隶属上,属于文学大类。2021年"交叉学科"成为我国第14个学科门类,"国家安全学"成为该门类下的一级学科,可尝试将"国际中文教育"列为"国家安全学"一级学科下文化安全的二级学科。

(二)突出需求导向,提升服务质量

聚焦当地实际发展需求。中东欧孔子学院要拓展和深化服务当地需求的相关职能,产生新的衍生功能,向特色化发展方向转变,适应所在国的多样化需求。

有效契合"一带一路"倡议中的"五通"。"一带一路"建设涵盖基建、能源、航空、铁路、信息、贸易、文化等众多领域,中东欧国家孔子学院中文教学应以"五通"建设对人才的多元化需求为导向,探索订单式人才培养模式。

搭建"广博+专业"的中文教育体系。"广博"指增加体验式课程,如中国传统文化、传统节日及中东欧国家政治经济、宗教信仰、文化禁忌、风俗习惯等相关知识和体验课,"专业"指

增加语言知识相关课程，如现代汉语、语言学理论、中文与中东欧国家语言比较分析研究等，将专业知识与职业知识结合，强化学生专业技能。

（三）加强师资培养，增强专业化能力

加强综合型中文教师培养与选拔。分类提升教师专业化能力，增强教师中外文学及外国文化素养，提升第二语言教学能力、中华文化传播能力、国民外交能力、跨文化沟通和适应能力。

加强志愿者教师岗前职后培训。增强志愿者的胜任力，注重教学实践能力、政治文化区域性差异等方面的培训。

推进教师培养本土化。国际中文教育变化趋势之一就是教师本土化。（赵杨，2021）要吸收赴华回国留学生充实到中东欧中文师资队伍，选拔和利用当地优秀本土教师利用假期到中国进修学习，接受语言技能培训。

（四）多元文化融合，推进教材本土化

实行多方参与制。中文教材编写应贯穿"为谁而编，为什么而编"的核心思想，解决教材的通用性、层次性、地域性等问题。（刘云杉、雷庆，2018）鼓励中国与中东欧本土学者联合开发编写体现孔子学院所在国母语特色的中文课程教材。中方在中文本体系统、教学法、文化蕴涵、文学知识等方面起主导作用，中东欧各国在语言对比、文化对比、学习心理、习惯异同等方面提供辅助，结合当地经济、生活、文化背景和民族性格，根据学习者不同人群、基础、学习需求，定制教学内容、教学量、学制、学时，提供多元化、可选择、有参考价值的中文教材。（李泉，2012）

采取"多元化"编写模式。经济富足、发达程度高的国家，可采取合作编写模式；经济条件有限、没有能力组织编写教材的国家，可选择当地现有教材进行"本土化"改编。

（五）搭建区域平台，促进共享共建

搭建中东欧国家孔子学院中文教育联盟。在区域孔子学院中外语言交流与合作中心基础上，针对中东欧国家孔子学院中文教育建立协调发展指导机构与平台，整合和共享中文教育资源。

搭建中东欧国家孔子学院大数据资料库。形成包括中东欧国家孔子学院在线教师标准、教学评估标准、网络中文学习者和学习行为研究、数据挖掘技术研究、面向碎片化学习中文微技能、中东欧国家中文教育精品课程、考试题库等资源整合体。

推广"互联网+"教学模式。充分利用移动终端与网络开展中文教学，以"网络孔子学院"方式协同推进，促进传统课堂教学与网络化、数字化、信息化等现代信息技术深度融合。利用云平台进行教学资源的共享与管理，帮助学生利用碎片化时间进行中文的阶段性学习、临时性学习、终身性学习。

四、结语

中东欧孔子学院在促进中国与中东欧国家间中文教育和人文交流双向输出、中国与中东欧国家友好关系发展、"一带一路"建设中起到了重要作用。习近平(2021)在中国—中东欧国家领导人峰会上的主旨讲话中指出,在新冠疫情、世界经济政治格局剧烈变化的新形势下,中国将更加积极参与双边、多边和区域合作,为中国—中东欧国家合作开辟更广阔空间。这给孔子学院开展国际中文教育带来了新机遇。中东欧国家孔子学院要以"一带一路"倡议和"17+1合作"机制为导向,基于孔子学院建设现实基础,结合中东欧地区发展与人民实际需求,持续助力"一带一路"建设,推动互联互通合作,开创国际中文传播与发展新格局。

参考文献

陈华晴、陈 君(2020)新世纪以来匈牙利汉语教育改革的新进展及启示,《华北理工大学学报》(社会科学版)第4期。

陈玉娟(2020)"一带一路"背景下中东欧来华留学生跨文化身份的建构,《高教学刊》第20期。

郭 晶、吴应辉(2018)孔子学院发展量化研究(2015—2017),《云南师范大学学报》(哲学社会科学版)第5期。

李宝贵、尚笑可(2018)"一带一路"背景下汉语国际传播的新机遇、新挑战与新作为,《辽宁师范大学学报》(哲学社会科学版)第2期。

李 泉(2012)《对外汉语教材通论》,北京:商务印书馆。

刘宝存、张永军(2019)"一带一路"沿线国家孔子学院发展现状、问题与改革路径,《西南大学学报》(社会科学版)第2期。

刘云杉、雷 庆(2018)汉语国际传播助力"一带一路"策略研究,《国家行政学院学报》第6期。

陆俭明(2017)认清汉语教学的学科性质 积极培养称职的汉语教师,《国际汉语教学研究》第4期。

穆正礼、罗红玲、蓝玉茜等(2017)"一带一路"背景下的人才需求及人才培养模式——基于中国—中东欧国家合作大数据的分析报告,《海外华文教育》第7期。

习近平(2021)习近平在中国—中东欧国家领导人峰会上的主旨讲话,http://china.cnr.cn/gdgg/20210209/t20210209_525411913.shtml。

詹海玉(2017)"一带一路"背景下的孔子学院发展策略探讨,《河北师范大学学报》(教育科学版)第6期。

赵金铭(2010)对外汉语教学法回视与再认识,《世界汉语教学》第2期。

赵 杨(2021)汉语国际教育的"变"与"不变",《天津师范大学学报》(社会科学版)第1期。

吉尔吉斯—俄罗斯斯拉夫大学发展个案研究
——兼谈对汉语国际传播的启示*

李晓东

提 要 俄罗斯作为俄联邦国家中的大国,在部分俄联邦国家建立斯拉夫大学是提升其在俄联邦地区影响力及巩固俄语地位的一项重要举措。通过吉尔吉斯—俄罗斯斯拉夫大学的发展个案研究,可以看出该大学不仅引领了吉尔吉斯高等教育的发展,为当地人才培养做出了贡献,同时也符合俄罗斯政府的利益,巩固了俄语的地位,提升了俄罗斯在吉尔吉斯斯坦的软实力。该案例对汉语国际传播有所启示:第一,高等教育"走出去"是汉语国际传播的有效途径;第二,高等教育国际化推动汉语国际传播的路径,需从理念、模式和目标等方面进行合理规划。

关键词 吉尔吉斯—俄罗斯斯拉夫大学;汉语国际传播;高等教育国际化

A Case Study of the Development of Kyrgyz-Russian Slavic University: Implications for the International Dissemination of Chinese Language

Li Xiaodong

Abstract As the dominant country in the Russian federation, the establishment of Slavic universities in some Russian federation countries is an important measure for Russia to enhance its influence in the Russian federation and to consolidate the status of Russia. A case study of the development of Kyrgyz-Russian Slavic University reveals that the university not only led to the development of higher education, but also contributed to the talent training of Kyrgyzstan, which conformed to the interests of the Russian government, strengthened the

---

* 本文系新疆师范大学博士科研启动基金项目"基于数据库的中亚孔子学院发展研究"(项目编号:XJNUBS202024)阶段性成果。

【作者简介】李晓东,男,博士,华北理工大学外国语学院讲师,研究方向为国际汉语教学和国际汉语传播。

Russian status, and enhanced the influence of the Russia in Kyrgyzstan. The implications of this case for the international dissemination of Chinese language are that higher education going abroad is an effective path for the international dissemination of Chinese language, and that the path could be expounded from different perspectives such as the concept, model and target.

Key words Kyrgyz-Russian Slavic University, international dissemination of Chinese language, the globalization of higher education

〇、引言

1991年苏联解体后,分解成15个国家,其中最大的是俄罗斯。俄罗斯继承了原苏联的主要社会资源,包括教育资源。俄罗斯拥有原苏联56.6%的高等学校,55.7%的教师和55.3%的大学生,可以说,原苏联高等教育的精华都集中在俄罗斯。(蒋妙瑞,1993)作为独联体中的大国,尽管俄罗斯独立初期教育经费紧张,但考虑到有大量的俄罗斯族同胞生活在不同的独联体国家,为了让这部分人接受良好的俄语教育,提升俄语在独联体国家的语言地位,创建一体化的教育空间,俄罗斯在20世纪90年代先后与五个独联体国家合作建立了斯拉夫大学:亚美尼亚—俄罗斯斯拉夫大学,巴库—俄罗斯斯拉夫大学(阿塞拜疆),吉尔吉斯—俄罗斯斯拉夫大学,塔吉克—俄罗斯斯拉夫大学,白俄罗斯—俄罗斯斯拉夫大学。以上大学都是俄罗斯与这些独联体国家双方政府合作共办的教育机构,双方共同出资,共同选派教师,成立校董会管理教学事务,学历互认,共享教育资源,大大节省了教育成本。为了提升教育水平,俄罗斯的高校对斯拉夫大学的教师培训、课程设置、教学方法、学术研究等方面给予了大量的帮助,同时这些斯拉夫大学也是以俄语为教学语言的教育和文化中心,承担着俄语及俄罗斯文化在这些独联体国家传播的职能。

吉尔吉斯斯坦是一个民主开放的国家,对国外高校办学持开放的态度,与俄罗斯、美国、土耳其、中国、韩国、日本、德国等十多个国家合作办学和开设教育机构。合作的高校有公立的,也有私立的,吉尔吉斯—俄罗斯斯拉夫大学属于公立大学。吉尔吉斯—俄罗斯斯拉夫大学(以下简称"吉—俄斯拉夫大学")是吉尔吉斯斯坦教学水平较高、学科门类齐全的高校之一,在吉尔吉斯斯坦享有很高的声誉,是国外办学的一个成功案例,在众多斯拉夫大学中具有代表性。对该校发展的个案分析,可以帮助我们了解斯拉夫大学是如何发挥俄罗斯国家软实力功能的,对汉语国际传播具有一定的启示。

一、吉—俄斯拉夫大学的发展历史

吉—俄斯拉夫大学的建立、发展及今后的前景均与俄罗斯全球政策调整背景下该国对吉尔吉斯斯坦政策演化及俄罗斯财政状况紧密相关。大学的发展大致经历了三个阶段：

（一）吉—俄斯拉夫大学的起步阶段（1993—1999）

苏联解体后，俄罗斯非常重视与中亚国家的文化交流与合作，在中亚国家建立高等院校促进人文交流，吉—俄斯拉夫大学就是在这一背景下建立的。由于得到了两国政府的支持，师资配备较好，专业课程设置、评价标准、培养目标等都按照俄罗斯高校标准来建设，再加上学费不高，奖学金力度大，该校成立第一年就在社会教育系人文科学、理工和法学方向专业招生187人，配备专职教师25人。经过6年的发展，又建立了理工学院、经济系、法学系、人文系、国际关系院系、医学系、体育与语言学教研室，同时在函授培训部进行经济学和法学两个方向的招生。[①] 到1999年在校人数达千人以上，学校的基础设施、教学设备和实验设施得到进一步完善。1998年和1999年先后毕业学士121人和专家202人，毕业生市场需求率高，大部分毕业生都对口就业，说明吉—俄斯拉夫大学培养的专业工作者既拥有高素质的通识教育水准，又具有扎实的基础应用型专业知识，既符合国际标准，又适应市场需求。

（二）吉—俄斯拉夫大学的快速发展阶段（2000—2015）

2000年普京执政后，加大了对吉尔吉斯斯坦的高等教育投入，以提升软实力影响。这一时期，吉—俄斯拉夫大学得到了快速的发展。第一，基础设施和教学规模显著提升。大学教学建筑总面积达8万平方米，其中教学楼、实验室、培训中心及宿舍楼共计16栋，学生工作室25间，2003—2004年建立14个新教学实验室、5个教学法研究办公室、5个微机房以及多个多媒体办公室，为广大师生创造了舒适的学习和生活环境。与此同时，教学规模也不断扩大，截至2015年，吉—俄斯拉夫大学建成8个院系，即自然科学院、经济学院、法律学院、人文学院、国际关系学院、医学院、化学与生物化学系、函授系，教研室数量由2003年的53个发展到了2015年的80个，同时还成立了6个研究所，全校开设了100多个专业，学科设置和评估机制完全符合博洛尼亚体系的标准。在师资和学生数量方面，"2015年学生总数11 400人，是建校初期的60倍，教职员工总数1 973人，106位博士，353位副博士，20位在读博士，328位硕士，有5位国家科学院院士、两位通讯院士，还有29位名誉教授"[②]。

---

① http://www.krsu.edu.kg/.
② http://www.krsu.edu.kg/index.php?lang=ru.

第二，人才培养体系完善。为了培养高水平专家和学者，吉—俄斯拉夫大学教学委员会决定于1994年成立研究生处，博士生院、研究生院和临床医学研究生院是本科后继续教育的主要形式。研究生在培养方向和专业设置上根据两国教育部发放的许可证开设。目前共有6门专业5个方向的博士研究生培养，46门专业13个方向的硕士研究生培养。截至2015年，吉—俄斯拉夫大学已有超过370名学生就读硕士研究生，硕士教育课程的内容符合俄罗斯联邦高等教育和吉尔吉斯斯坦国家教育标准的要求。

第三，科研成果丰硕。吉—俄斯拉夫大学在国民经济、社会政治生活、人文自然科学等方面加大投入，成立了一系列科研院所和科研中心，并得到了国际科技中心、国际中亚地区研究中心等国际科研组织的支持和帮助。截至2015年，该校举办了200多次国际研讨会，100多场国家级科学研讨会和圆桌会议；2003—2015年期间，平均每年获得30项课题，专著35部，发表论文300多篇；10位教师被授予科学院奖章，并在科技领域获得吉尔吉斯斯坦国家贡献奖称号。其中，8位工程师和发明家获科学文化活动家称号和其他奖项。

第四，国际化水平大大加强。该校与国内外知名大学都有合作交流，如俄罗斯的莫斯科国立大学、国立技术大学、外交部外交学院、国立国际关系学院等进行合作交流，同时与英国、德国、希腊、荷兰、中国、韩国、土耳其等国的知名院校在教育、科学和文化领域密切联系、广泛合作。2008—2010年有200多名工作人员和学生在24个独联体和非独联体国家接受培训，25个本科生和研究生在德国、英国、意大利、美国交换学习。同时来自哈萨克斯坦、乌兹别克斯坦、白俄罗斯、印度、巴基斯坦、以色列、中国和韩国等国家的1 300多名留学生也在该校留学。

（三）吉—俄斯拉夫大学的发展转向阶段（2015年至今）

吉尔吉斯斯坦加入欧亚经济联盟以后，俄罗斯对吉—俄斯拉夫大学的政策也由积极支持转向了现状维持，减少了对吉—俄斯拉夫大学的财政支持。

但是经过多年的发展，吉—俄斯拉夫大学已经是吉尔吉斯斯坦高校中教育质量、办学规模和办学水平最好的大学之一，获得当地广泛认可，学生规模稳定，就业率高，学费收入已经基本可以维持学校正常运转。此外，俄罗斯在独联体国家建立了多所斯拉夫大学，各大学之间合作密切、资源共享，体系内各校常年举办夏季学校，对学生具有很大的吸引力。

二、吉—俄斯拉夫大学的发展对汉语国际传播的启示

建立斯拉夫大学是俄罗斯提升俄联邦地区影响力及巩固俄语地位的一项重要举措。通过吉—俄斯拉夫大学的发展案例，可以看出该大学不仅引领了吉尔吉斯斯坦高等教育的发展，促进了吉尔吉斯斯坦政治经济发展，对提升俄语地位和俄罗斯在吉尔吉斯斯坦的影响力也有着重大作用，这给汉语国际传播带来了有益的启示。

(一)高等教育"走出去"对汉语国际传播具有推动作用

在过去十余年中,孔子学院成为中方汉语国际传播的代表机构,为海外汉语教学和文化传播做出了巨大贡献,对汉语国际传播具有推动作用。随着"一带一路"倡议的提出,沿线发展中国家的汉语学习需求高涨,但同时呈现出新的趋势:汉语学习需求更多地伴随着职业教育和专业学习需求,即以汉语为工具学习中国文化和科技,寻求个人发展和经贸合作的机会。教育部公开的数据显示,2018年的49.22万名来华留学生中,"一带一路"沿线国家生源增长明显,总计26.06万人,占总人数的52.95%。专业结构方面,学习工科、管理、理科、艺术、农学的学生数量增长明显,同比增幅超过20%。[①]可见,我国的高等教育专业越来越具有吸引力,尤其对于广大发展中国家,高等教育"走出去"具有可行性。从本文的案例分析可以看出,高等教育对于一个国家至关重要,在公民素质、科技水平、社会舆论引导和价值观形成等方面都具有重要影响。中国高校境外办学不但能够满足相关国家的教育发展需求,而且有利于提高汉语地位,推动汉语在对象国的传播,进而提升中国的影响力,促进对象国与中国政治经济一体化。从必要性来看,当前孔子学院的全球布点基本饱和,作为语言文化传播机构,孔子学院无法承担过多的功能,因而不能完全满足发展中国家的教育需求;受外交关系和意识形态的影响,孔子学院在某些国家地区的发展受到限制,未能充分发挥作用。当汉语先行的思路受阻时,高等教育先行则提供了另一条思路。长远来看,中国高等教育"走出去"对增加中文文本的科技含量、提升中文在全球教育科技领域的话语权、培养精英群体等方面都具有十分积极的意义,有利于促进汉语国际传播的内涵式发展。

(二)吉一俄斯拉夫大学对汉语传播的启示

1. 理念上:从"汉语+"到"+汉语"

要在高等教育国际化的进程中推动汉语国际传播,首先应转变理念。有评论指出,我国高校境外办学在汉语教学方面投入了过多的精力。从目前我国境外办学所设置的一些专业来看,许多高校在汉语教学中投入了较多的精力,专业设置大幅向汉语言倾斜。(熊建辉,2016)面对当前海外市场的新趋势,高校有必要重新调整"汉语教学"在办学中所占的比重,由"汉语+"转向"+汉语"。由过去的汉语言专业为主,其他专业与职业培训为辅,转为非汉语专业教育为主,汉语培训为辅,将汉语作为基础课辅助专业学习,或与孔子学院等语言培训机构合作,建立预科语言训练与专业修习的有效衔接。由于海外学生汉语起点较低,非汉语专业教育应允许英语或对象国语言作为授课语言进行短期过渡,只要教育质量受到认可,预科语言培训系统也会随之迅速发展。当前国内一些知名高校汉语预科教育的急速膨胀已然印证了这一点。

[①] 新华网,http://www.xinhuanet.com/politics/2019-06/03/c_1124578973.htm。

2. 方式上：注重顶层设计，"连锁式"运行，市场化前景

俄罗斯在各国建立的斯拉夫大学，在顶层设计方面颇为讲究，范围锁定在俄联邦，利用了文化距离近的优势；在布局上充分考虑了俄语在对象国的通用程度和俄语母语人口基础，首选基础较好的国家落地，语言文化传播采取先巩固地位，再提升影响的策略。因此，我国高等教育国际化要推动汉语国际传播，要高度重视顶层规划，优化布局，科学评估对象国的文化距离和汉语传播基础，在较好的国家或地区率先试点，让语言优势、文化优势与高校专业优势互为助力，取得事半功倍的效果。

俄联邦的斯拉夫大学采用"连锁式"运行，课程设置和管理模式上是共享教育资源，共建学术平台，高校运作效率高，节省教育成本，对我国高校跨境办学具有借鉴意义。当前汉语教育融入对象国国民教育体系的趋势明显，中国高校境外办学还应充分整合各方面的教学资源，与中文基础教育和社会教育有效衔接，功能互补，重视学分学历认证建设，从基础教育阶段选拔中文能力强的优秀生源，并为中文基础教育培养合格的师资，形成良性循环，这样既节约了学生的学习时间，又提升了高校的办学效率和水平。经费方面，吉—俄斯拉夫大学的经验也值得参考。大学发展初期以官方资金支持为主，随着大学各方面建设成熟，逐步向市场化过渡，达到独立生存的目的。当然，市场化需要一个过程，能否达到这一目标，最终还是由大学的办学质量决定。

3. 目标上："一带一路"发展中国家是最大市场

2015年中央深化改革小组通过了《关于做好新时期教育对外开放工作的若干意见》，明确提出"提升教育对外开放质量和水平"，"自觉服务'一带一路'建设"等重大战略，为推进境外办学指明了方向。以北京大学、清华大学等为代表的知名高校已开始积极尝试国际化发展的道路，但目标多瞄准英美发达国家。从吉—俄斯拉夫大学的案例可以看出，高等教育国际化成功的关键是示范性和引领性，大学教育在对象国占据相对优势的地位时，才能有效地实现国家软实力提升的目标。2018年中国国家形象调查报告显示，发展中国家对中国科技创新能力的认可度远高于发达国家，并期待中国科技在全球治理中发挥更大的作用。[1] 目前，中国多数大学的办学条件和学科建设在欧美发达国家的优势并不显著，但在广大发展中国家则具有较强的吸引力，因此在这些国家开拓市场拥有更多有利条件。从语言传播角度看，英语作为强势语言在发展中国家的影响较小，汉语学习与专业教育更易找到最佳结合点。因此，我国高等教育"走出去"有必要明确战略方向，制定更加清晰的策略引导，国内高校应发挥各自专业优势，服务国家战略，重点开拓"一带一路"沿线发展中国家市场，培养掌握汉语的高级技术人才。孔子学院亦应把促进国内外教育合作、服务跨境办学高校列为重要的工作内容，让知识和科技传播带动汉语国际传播，为构建人类命运共同体做出新的贡献。

---

[1] 当代中国与世界研究院，对外传播公众号，https://mp.weixin.qq.com/s/MM-cgUOUBOGVxG9FB11wnw，2020年1月3日。

在2019年国际中文教育大会上,孙春兰副总理指出,中国政府将支持中外高校、企业、社会组织开展国际中文教育项目和交流合作,构建更加开放、包容、规范的现代国际中文教育体系。可见,国际中文教育将迎来一个主体多元化、形式多样化的新时代。在这一过程中,中国高校国际化将扮演重要的角色。高等教育国际化和汉语国际化你中有我,我中有你,应当加强彼此的合作和研究,共同推动国际中文教育事业进入新的天地。

参考文献

蒋妙瑞(1993)苏联解体后的俄罗斯联邦高等教育,《国际观察》第2期。
熊建辉(2016)境外办学:"走出去"还要"走得稳",《光明日报》11月29日。

张宝林《汉语中介语语料库建设研究》出版

张宝林《汉语中介语语料库建设研究》由商务印书馆出版。该书详细、系统地介绍了汉语中介语语料库建设的1.0时代和2.0时代,可以让读者对汉语中介语料库建设形成完整的了解和认识。

全书共六章:从汉语中介语语料库建设的发展、现状与对策,两个汉语中介语语料库的案例分析,汉语中介语语料库标注规范,汉语中介语语料库建设标准,汉语中介语语料库软件系统等方面进行了全面的研究和探讨,并从学科宏观角度对汉语中介语语料库建设进行了理性思考与总结,包括语料库建设的根本目的与宗旨、语料采集和标注的基本原则、语料库开发和运用的问题和方法等。既有原则性、纲领性的理论观点,也有应用性、实操性的指导建议。为国际中文教育专业的研究者和从业人员了解汉语中介语语料库及其相关应用,提供了较为全面的专业知识和翔实准确的数据信息。本书是汉语中介语语料库建设的实践综述和理论指导,也可作为国际中文教育专业及相关专业研究生的专著型教材。

后疫情时代基于教学实践的国际中文线上教学反思

陈 晨

提 要 文章结合一线教学实践,对后疫情时代国际中文线上教学的现状进行分析,就影响国际中文线上教学的一些基本要素(包括教学设计、教学目标、教学内容、教学环境、教师、学生、教学资源、教学活动、教学评价)的系统性重构和变革进行探讨,对国际中文线上教学的优势和存在的主要问题进行分析。在此基础上,提出应从教师维度、学生学习的维度、教学环境和条件的改善、政策制度保障和技术支持以及资源建设几个方面来提升国际中文线上教学的质量和效果。

关键词 新冠疫情;国际中文教育;线上教学;变革;问题;对策

Reflection on International Online Chinese Teaching Based on Teaching Practice in the Post-epidemic Era

Chen Chen

Abstract This paper, based on the author's teaching practice, analyzed the influence of the COVID-19 pandemic on the systematic reconstruction and change of international online Chinese teaching, such as teaching design, teaching target, teaching content, teaching environment, teachers, students, teaching resources, teaching activities, teaching evaluation, as well as the advantages and main problems of international online Chinese teaching. The author proposed that the quality and effect of international online Chinese teaching should be improved from the aspects of teachers, students, the improvement of teaching environment and conditions, policy and system guarantee, technical support, and resource construction.

Key words COVID-19, international Chinese education, online teaching, change, problem, countermeasures

---

【作者简介】陈晨,女,中国人民大学国际文化交流学院副教授,研究方向为国际中文教育、二语习得、语篇分析、教师专业发展、汉语国际传播、跨文化交际等。

2020年春季新冠疫情流行以来，国际中文教学由实体课堂转为线上教学。然而，短时间内大规模的教学模式转换对教师以及学生都是巨大挑战。本文基于2020年春季线上教学开展以来的一线教学实践，就影响国际中文线上教学的一些基本要素（包括教学设计、教学目标、教学内容、教学环境、教师、学生、教学资源、教学活动、教学评价）的系统性重构和变革进行探讨，对国际中文线上教学的优势和主要问题进行分析，在此基础上提出相应的建议。

一、后疫情时代国际中文线上教学的实践

通过两年多的一线线上教学实践，笔者深切认识到线上教学不仅是疫情防控时期的应急之举，也是"互联网＋教育"充分应用于教学实践的一场深刻变革，线上教学不应是传统课堂教学向线上云端的简单的应急性转移，而应是信息技术与教育教学的深度融合，为了体现这一新型教学范式的特点，线上教学须以互联网作为创新要素，对影响在线教学的一些基本要素进行系统性重构和变革。这些基本要素包括教学设计、教学目标、教学内容、教学环境、教师、学生、教学资源、教学活动、教学评价，以下将围绕教学实践中对这些基本要素进行的系统性重构和变革进行具体探讨。

（一）教师针对线上教学的调整和应对：创新教学理念和重构教学设计

广义的在线教学设计是指将在线教学看作一个系统，对整个在线教学系统的各个方面进行设计，是对包括在线教学目标、教学内容、教学策略、教学环境、教学活动和教学过程等在内的整个在线教学系统的整体规划。（张立国、王国华，2018：47）以笔者开展的一线国际中文教学实践为例，2020年春季因疫情开展线上教学以后，笔者参考本专业教学方案，根据线上教学的实际情况和学生的学情分析，进行了线上教学总体设计的调整，统筹安排线上教学，充分考虑了学生线上学习的实际情况，注重信息技术与国际中文教学的不断融合，通过提高教师运用信息技术水平，更新教学观念，改进教学内容、教学材料、教学方法和教学评估方法等，来提高教学质量和教学效果。

1. 教学目标的调整

疫情后的线上教学目标除了重视教授学生相关中文课程的语言知识，培养学生的中文应用能力，增强跨文化交际意识和交际能力以外，相较以往的线下课程教学目标，笔者在教学目标中更加重视发展学生的自主学习能力，提高学生包括信息素养在内的综合文化素养，培养学生的人文精神和思辨能力，使学生在学习、生活和未来工作中能够恰当有效地使用中文，满足社会和个人发展的需要。

2. 教学内容和教学资源的调整

在教学内容和教学资源方面，笔者充分考虑了线上教学的特点和学生的学习需求。以面

向汉语言本科专业留学生的"当代中国话题研讨"课的线上教学为例，在教学内容上注重选择当代中国语境下的热门话题，并且为学生提供个性化学习指导，以求讲好中国故事，传播好中国声音。在教学资源上，传统的纸质教材已经无法适用于线上教学和学生学习的需求，为了适应线上教学和学习的实际情况，笔者除了采用电子版教材以外，还利用多媒体技术，融合音频、视频、动画等多种元素，对已有教材内容进行了适时更新和补充，将传统的纸质教材转化为适用于各种终端学习的互动性高的数字化教学资源。

3. 教学方法的调整

在教学方法上，为了提高线上教学的质量和教学效果，实现教学目标，在线上教学的不同阶段，笔者采用了灵活多样的多元化教学方法。以面向高级水平汉语学习者开设的"当代中国话题研讨课"为例，笔者在课前第一环节阅读热身准备和课中阅读理解训练环节，采用任务型教学法指导学生进行阅读训练；在第二环节口语表达训练的课前准备环节，采用探究式教学法、翻转课堂式教学法指导学生完成自主学习任务；在第二环节的课中口语报告和讨论、评价环节，采用合作式教学法指导学生进行口语表达训练；在第三环节口语向书面语表达转换和语言表达总结阶段，采用产出导向式和探究式教学方法，成功促成了整个教学环节的顺利完成。

4. 教学环境的重塑

相比传统的线下教学，线上教学的教学环境有了很大变化，笔者从教学平台和工具的选择与应用、信息技术的选择和应用以及师生互动、生生互动、沟通协作、教学支撑环境、教学管理、教学条件等多个方面对教学环境进行了重塑，以满足线上教学和学生的学习需求。

（1）教学平台和工具的选择与应用。目前，线上教学平台可谓五花八门，数量众多。比较常见的有中国大学MOOC、雨课堂、超星平台、钉钉、腾讯会议、腾讯课堂、ZOOM、微信群等。根据线上教学一线的实践，笔者认为教学平台的选择要综合考虑课型特点、教学理念、教学目标、教学方式和教学条件等因素，从而为所教授的课程选择合适的教学平台。以笔者教授的"高级汉语"和"当代中国话题研讨"为例，因这些课程均为直播的语言技能课，以提高学生的汉语交际能力、跨文化沟通能力和综合素养为教学目标，教学中须注重贯彻师生互动和生生互动的交际法教学理念，对人际语言交流有较高的要求，而且学生的网络条件和信息技术尚可，笔者采用了操作较为方便、可免费使用且具有实时交互功能的腾讯会议平台作为主要的线上教学平台，并且借助网络社交平台——微信建立课程群，以课程微信群作为辅助教学平台，发布课程作业和链接，进行互动答疑，较好地保证了线上教学的顺利开展。

（2）信息技术的选择和应用。在线上教学实践中，笔者选择使用了多种信息技术，包括输入型技术（如白板、投影仪）、互动型技术（如视频会议、在线测试）和便携式技术（如平板电脑）。这些信息技术呈现出便携、互动、个性和智能的特点，保证了线上教学的效果。

（3）师生互动、生生互动、沟通协作。在线上教学中，笔者高度重视跟学生、助教合作，共同克服网络条件限制、远程教学等不利因素带来的诸多困难，保证师生、生生之间交际与互动的顺利进行，培养学生的中文交际能力与跨文化沟通能力；通过师生、生生之间合作、沟通、协作来实现知识共建。

（4）教学支撑环境、教学管理、教学条件等。在线上教学中，笔者充分利用了"互联网+"的教学手段和多媒体、数字化、立体化的教学资源，尽量为学习者营造真实、自然、多样的教学环境；另外，在条件受限的情况下，也注意利用以上教学手段和教学资源，为学生营造模拟、仿真的语言环境来保证线上教学的效果。

5. 教学评价的调整

为了鼓励学生积极参与线上学习和互动，笔者在线上教学评估环节重新调整了评估标准，每门线上教学课程的总成绩都由形成性评估和终结性评估组成。学生的出勤情况、在线上教学课堂中的表现、线下自主学习任务和作业完成情况都被纳入形成性评估成绩，形成性评估成绩占到课程总成绩的50%—60%；终结性评估为期末考试，占课程总成绩的40%—50%，这一教学评估标准的调整较好反映了学生线上学习的真实情况，提高了学生的学习积极性和线上教学的互动性，改善了教学效果，起到了以评促学的正面反拨作用。

（二）指导学生针对线上学习做出调整和应对：提高学生自主学习能力，培养学生的信息素养，提供针对性、个性化指导

开展线上教学以后，学生同样经历了学习方式的巨大转变，需要针对线上教学的特点，在学习内容、学习方式、信息技术的掌握和线上平台的使用、网络条件的改善、自主学习能力以及与教师和同学的互动、沟通、协作等多方面做出相应的调整。为了提高线上教学的质量和有效性，笔者在每门课程开始前都对学生发放学情调查问卷，了解每个学生开展线上学习的准备情况、学习需求、学习特点以及学习上的问题和困难，在此基础上进行线上教学设计，并对学生的线上学习提供有针对性的指导，培养学生的信息素养，促使学生养成自主学习的习惯。以笔者教授的"高级汉语"和"当代中国话题研讨"为例，笔者采用的教学材料和学习资源都是以多媒体电子资源的形式在上课之前通过课程微信群发送给学生，要求学生在课前预习教学内容，并完成相应的自主学习任务。线上学习以直播课的方式进行，学生在上课前要调试好网络设备，保证网络条件能够较为流畅地进行线上学习、保障互动交流。另外，线上教学运用了探究式、翻转课堂、产出导向式等多种教学模式，要求学生在课下完成自主学习任务和作业，并在直播课上积极与教师和同学互动交流，与同学开展线上合作、协作学习。

（三）国际中文线上教学的优势和主要问题

1. 国际中文线上教学的优势

从教学实践来看，国际中文线上教学的优势主要体现在以下几个方面：

（1）具有便捷性，可以超越时空限制。线上教学在疫情期间展示出优越性，师生通过网络，即使相隔万里，也可以同步在线上课或者异步沟通、交流。另外，就硬件设备而言，除了台式

电脑以外，也可以使用移动便携设备（如手机、平板电脑）上课，网上教学环境已属于虚拟建构的第三空间，相比使用实体教室的线下教学更为便捷，也省去了通勤等麻烦。

(2)技术和教学的有机融合，能够丰富教学内容、教学手段和学习形态，优化教学过程，提升学生的学习投入，改善学习体验。

(3)线上中文教学的资源是开放的，学生在线上学习的过程中，可以自主选择适合自己的资源，进行更为自主、碎片化、多元化的学习。教师可以根据学习者的不同情况和所教课型的特点，利用线上中文教学的优势，对学生进行更具针对性的指导。

2.国际中文线上教学的主要问题

从线上教学实践来看，国际中文线上教学的主要问题有以下几个方面：

(1)师生与生生之间的课堂互动交流和情感沟通难度相较线下教学有所增加。由于技术条件的限制，目前线上中文课堂师生与生生之间的互动形式非常有限，往往限于问答和对话，相较于线下课堂教学互动效果受到不小影响。此外，线上中文课堂教学中，师生与生生都是隔着电脑、手机等电子屏幕相见，师生与生生之间的情感沟通受到网络条件限制，容易产生情感上的疏离感。这些都需要教师采用更多的方法和手段来弥补线上中文教学的缺憾。

(2)网络问题。由于网络条件的影响，线上教学经常会出现卡顿、掉线、回声或杂音、图像传送滞后、学生因网络不佳不开摄像头等问题，这些都在一定程度上影响了线上教学的流畅性和教学效果。

(3)线上教学对学生的网络设备和网络技术、自主学习能力和自律性要求更高，造成学生之间差异增大。线上教学对学生的网络设备和网络技术有一定的要求，由于主客观因素，会在学生之间产生新的个体差异。此外，目前的线上教学都是通过直播平台进行，远程教学对学生学习行为的监督有一定的困难。为了保证教学效率和教学效果，教师在教学方法上会采取一部分的翻转课堂的方式，这对学生的自主学习能力和自律性都有一定的要求，有些学生需要教师更多的监督和提醒。

(4)线上教学平台和教学资源问题。目前国际中文教师所能采用的线上教学平台大多不是针对中文教学的特点设计的专业教学平台，不能很好地满足中文线上教学的全部需求，线上专业教学平台还有待开发、建设。此外，适用于中、高级汉语水平的国际中文线上教学资源还比较缺乏，任课教师需要花费大量时间和精力去搜集或亲自制作教学材料。可以说，目前线上教学资源的开发和建设滞后于一线教学的实际需求，是个亟待加强的领域。

(5)线上课堂学习，学生注意力不易集中，课堂管理困难增加。从笔者对学生线上学习情况的调查来看，大部分学生都表示线上学习很容易受到周围环境的影响，没有课堂的学习氛围，注意力不容易集中。此外，线上教学受到网络条件限制，对学生的监督、管理方式相较线下教学十分有限，课堂管理难度增大。比如，有些学生不按要求打开摄像头和麦克风等，需要教师不断提醒，影响了教学的效率。还有个别学生，只是表面上"留"在直播平台上，但实际上并不参与课堂活动。

(6)师生的焦虑感与压力增加,教师工作量增大。线上教学受网络条件影响较大,网络教学的流畅性欠佳、师生与生生之间的互动性减弱、线上教学资源与学习资源的不足等不利因素造成了师生的焦虑感和压力的增加。此外,线上教学使得师生间的互动不只局限于课堂,在课外学生可能随时通过微信或邮件等社交工具提出各种问题,教师要花费更多的时间来回复学生提出的问题。上述原因,都会使教师的工作量成倍增加。

(7)在线考试的困难。由于网络条件的限制,线上考试还存在监控困难等难题没有解决,一定程度上要靠学生自律完成考试,在测试的有效性和成绩的真实性上还有待改进。

二、后疫情时代国际中文线上教学的反思

后疫情时代,线上教学已成为国际中文教学的新常态。针对目前国际中文线上教学存在的问题,以下从三个方面来探讨提升国际中文线上教学质量和效果的对策,为相关研究和实践探索提供参考。

(一)教师维度

在影响在线教学的众多因素中,教师是一个非常关键的因素。教师是在线教学的主要参与者和开展线上教学活动的组织者,在在线教学过程中起主导作用,对在线教学产生重要影响。(张立国、王国华,2018)教师教学理念的与时俱进,教学模式的变革与创新,教师信息素养与在线教学能力的提升,都对提高线上教学质量和改善教学效果具有显著的推动作用。

1. 教学理念变革与教学模式创新

随着国际中文线上教学的快速发展,国际汉语教师角色的重塑势在必行,关键是教师要转变观念,重新界定自己的角色和价值。国际汉语教师要改变传统教学观念,接受师生角色、教学空间和教学活动的虚拟化,形成开放、共享、自主的数字化教学新理念。树立以学生为中心的教学理念,注重线上中文教学的交互性和自主性。(王辉,2021)根据学生的学习需求、中文水平及课型特点,发挥直播、录播等新型线上教学模式的最大效用,创新并优化教学设计,达到线上教学模式、教学设计与教学目标的高度匹配,取得最佳教学效果。

2. 教师的信息素养与在线教学能力的提升

中文教师信息素养主要指信息技术与中文课程整合的能力,包括信息化教学设计能力、教学内容信息化处理能力、创设语言交际环境能力、培养语言技能能力等。(徐娟、宋继华,2006)具体来说,中文教师应充分利用线上教学平台,将教学内容与线上功能高度融合,为课堂教学赋能;针对不同的课型和授课内容,有效设计线上教学活动;利用信息化技术对教学内容进行设计、排版和呈现;利用线上教学中的问答、分享、研讨等功能模块达到理想的语言教学效果,等等,这些都需要教师具备较高的信息素养。线上教学对教师的教学能力提出更高要

求,教师不仅需要掌握传统的教学方法,还需要掌握相应的技术环境下的教学方法。

3. 教师专业发展

(1) 教师通过自学、参加培训、合作交流等方式促进专业发展。目前,国际中文线上教学处于探索和发展阶段,对一线教师来说,在教学设计、技术支持、资源共享、合作交流等方面还存在一些困惑和障碍。一线国际中文教师应通过自学线上教学知识和技能、积极参加培训、开展同行交流和合作等方式,不断优化自身知识结构,提高在线教学专业技能,为顺利开展在线教学提供保障。

(2) 通过学习共同体促进教师发展。线上教学的专业化发展不仅需要教师自己不断努力,还需要形成教师协作共享、共同提高的氛围,建立教师学习共同体。教师学习共同体可以由线上教学的教师、线上教学平台的开发者和信息技术专家组成。教师可以通过学习共同体这个平台分享线上教学经验、探讨教学中遇到的问题、向技术专家寻求帮助等,最终促进教师和学习共同体的发展。

(二)学生学习的维度

1. 通过对学生在线学习的诊断,采取针对性教学,提高学生学习积极性和自主性

从国际中文线上学习的实际情况来看,教学中,教师应充分利用信息技术,检测学生的学习行为等数据,构建学生个人线上学习档案,分析学生的学习行为特征,为不同类型的学生提供个性化的评价反馈,提高学生学习积极性和自主性,更好地为教学提供诊断和反馈信息,促进学习者中文能力的全面提高。

2. 促进学生与教师和同伴之间的多重互动、交流

线上教学中的交互活动是促进学生学习的重要条件,包括教师和同伴之间的实时问答和讨论、非实时问答和讨论、小组讨论等方式。线上学习时,学生经常会感到孤独、无助,这些情感会对学生的学习产生负面影响。线上交流时,要求师生、同伴之间有互动,所以教师和助教对讨论内容的及时回应和反馈对线上教学非常重要。

3. 采取灵活有效的教学策略,及时为学生提供帮助和支持,创设良好的学习氛围

线上教学是一个复杂变化、动态的过程,往往会有一些突发事件的发生,如网络、设备、疫情等突发问题都会影响教学的顺利进行。教师在线上教学中要采取灵活有效的教学策略,及时为学生提供帮助和支持,积极巧妙应对突发情况,从而达到理想的教学效果。此外,教师应在线上教学中重视师生间的情感互动,创设积极和谐的课堂气氛,使师生和同伴间形成和谐统一的关系,营造良好的学习氛围。

4. 采用过程性评价和结果性评价相结合的多种评价方式,促进学生全面发展

教师对学生线上学习效果的评价应采用多种方式,将过程性评价和结果性评价结合起来,对学生进行多元、客观、公正的评价。根据教学内容和教学目标的不同,选择不同的评价方式,

借助信息技术手段，多角度、全方位地对学生的线上学习过程进行评价，促进学生的全面发展。教师应将学生线上学习过程中的表现和成绩更多地纳入线上中文教学测评体系中，并且根据线上教学的特点，对测评方式和内容做出相应的调整。

（三）改善教学支撑环境和教学条件，为线上中文教学提供全方位支持

1. 政策制度保障和技术支持

为了切实提高国际中文线上教学的质量和效果，除了需要国际中文教师不断学习、主动提升线上教学能力外，学校和院系等教学管理部门也应在线上教学资源、设施、条件和现代教育技术培训等方面提供更多的支持和政策保障。

2. 虚拟学习社区、师生探究共同体的构建

虚拟学习社区、师生探究共同体的构建，可以加强线上中文教学与学习时的师生或生生之间的互动交流，让开放的线上中文课堂更具人文关怀和个性化特点，（史金生、王璐菲，2021）同时也为保障线上中文教学与学习的顺利开展、改善教学与学习环境提供有力支持。

3. 建设优质共享的国际中文教学平台和线上教学资源

目前优质共享的国际中文教学平台和线上教学资源还相对匮乏，（崔希亮，2020）后疫情时代，线上中文教学将成为新常态，建设优质共享的国际中文教学平台和线上教学资源已成为提升国际中文教学质量和效果、推动国际中文教育事业发展的重要抓手和当务之急。

三、结语

网络环境下的国际中文教学是一个复杂、动态的系统，要做到信息技术和教育教学的深度融合，就要考虑教学理念与教学设计、教学内容与教学资源、教学法与教学活动、教学评价、教学环境、信息技术、教师、学生、教学管理等多个基本要素如何进行系统性重构和变革，目前业内对这一领域所开展的理论与实践相结合的系统性研究还很欠缺，亟待加强。本文是从理论与实践相结合的角度对这一领域进行的初步探讨。

此外，随着疫情的好转，部分学习者已经回到了线下课堂，与线上的学习者同堂学习，线上与线下融合的教学模式将成为国际中文教学的新模式和新常态，也是学科和事业发展面临的新挑战：如何有效地开展线上、线下相融合的教学？这将是今后业内亟待研究的重要课题。

总之，变革和挑战将是后疫情时代国际中文教育发展过程中必须面对的新常态，唯有守正创新，才是应时之为。

参考文献

崔希亮(2020) 全球突发公共卫生事件背景下的汉语教学,《世界汉语教学》第3期。
史金生、王璐菲(2021) 新冠疫情背景下高校留学生线上汉语教学调查研究,《语言教学与研究》第4期。
王　辉(2021) 新冠疫情影响下的国际中文教育:问题与对策,《语言教学与研究》第4期。
徐　娟、宋继华(2006) 对外汉语教师信息素养的内涵、评价体系与培养,《国际汉语教学动态与研究》第1期。
张立国、王国华(2018)《在线教育的理论与实践》,北京:科学出版社。

《全球华语研究文献索引》出版

郭熙、祝晓宏、喻江编的《全球华语研究文献索引》由商务印书馆出版。

本索引汇集全球各地发表的华语研究相关文献近7000条,所收文献以海外华语研究为主,原则上不含对大陆汉语的研究,除非是与华语问题有关的;主要收入以汉语发表的作品,酌情收入一些其他语种文献(英语为主)。本索引分类编排,分类以理论、应用为纲,分成"华语理论、华语本体、华语与华人社会、华语应用"四大类,按语言各平面和地区差异分成数量不等的小类,条目著录体例先列篇名,次列著者,再列报刊、论著名称、年份期数。每小类的文献大体上按发表时间先后为序。《全球华语研究文献索引》《全球华语研究文献选编》是华语研究领域的基础文献信息源,也是全球华语、海外华语传承和其他祖语传承研究者的重要案头工具书。

韩国公立小学课后汉语班分层合作型教学设计初探

金始炫

提　要　对不同层次的学生进行同班教学是教育实践上常遇到的问题。目前,对小学课后汉语班的研究渐渐增多,但专门针对新老生水平差异的研究仍十分欠缺。在韩国的小学课后汉语班,学生可以随时报名参加课程,这一特点使得同一个班内的学生水平不一,教师无法对全班进行统一教学。鉴于此,研究在分层合作教学理论分析与实地调查的基础上,为课后汉语班课堂设计出了分层与合作的具体应用方法及课堂活动教案,并分析分层合作教学在韩国小学课后汉语班应用的效果。

关键词　汉语教学;课后汉语班;分层合作教学

A Preliminary Study on the Layered Cooperative Teaching Design of After-School Chinese Language Class in Korean Public Primary Schools

Kim Sihyun

Abstract　It is a common problem in educational practice to teach students in the same class at different levels. At present, there are more and more studies on after-school Chinese classes in public primary schools. But there is still a lack of research on the solutions to the problem of the differences between the old and new students in the after-school Chinese classes. The most distinctive characteristic of after-school Chinese class in Korean primary schools is that students can sign up for the course at any time, which leads to different levels of students in the same class, and teachers cannot teach the whole class in the same way. In view of this, this paper applies the theory of Layered Cooperative Teaching to investigate the present situation of Chinese teaching in Korean primary schools, designs the application

---

【作者简介】金始炫(Kim Sihyun),女,韩国籍,韩国庆星大学韩国汉字研究所教授,研究方向为词汇语义学、汉语教育。

principles and specific operation schemes of layered cooperative teaching, and puts forward practical suggestions for the teachers of after-school Chinese class.

Key words Chinese teaching, after-school Chinese classroom, layered cooperative teaching

〇、引言

为了满足越来越多的学生学习汉语的需求,韩国很多私立小学将汉语作为正规课程开设,而公立小学则通过"课后班"的形式增设汉语班。(정현주,2013)课后汉语班(after-school Chinese classroom)是由国家财政支持的、应学生和家长需求而开设的选修课程,它可以减轻学生家庭的学费负担。课后汉语班是变数较多的特别班,招生后,不管申请者的水平高低,只根据他们的学习情况和兴趣选择来编制班级。学生可以随时进班,新生和老生混在一起,教学中存在的最大的问题是学生的水平各不相同。

针对班内学生水平不一的问题,一些学者提出了分层教学和合作学习这两种解决方式,并分别对之做了相应研究,但是将两个理论结合的分层合作教学研究还不多见,将此理论运用到课后汉语班的研究则更为少见。[①]韩国小学课后汉语班由于学生水平差距较大,迫切需要根据学生的水平进行分层教学,并在分层的基础上进行合作学习,创设一种分层合作型教学模式。本文目的在于呈现韩国公立小学汉语教学情况、特征及问题,据此,制定分层合作教学应用原则与设计方法,探索其在课后汉语班上的应用方法,并分析分层合作教学在课后汉语课堂上的应用效果。

一、分层合作教学在课后汉语班上的应用原则

分层合作教学指的是教师将一个班的学生按照每个人的实际情况,划分为不同层次的小组,以优生带动差生,使他们共同完成学习目标的一种教学模式。在教学过程中,教师需要观察学生表现,及时给予指导。(汤玉凤、汤玉莲、沈明,2013)分层合作教学模式中,教师如何对学生分层,如何使同一层中的学生适当地进行合作是关键。分层和合作是相辅相成、缺一不可的。分层是为了更好地满足不同层次学生的需求,合作是为了各层次学生共同完成学习目标。

本研究所要确立的分层与合作的原则是"组间异质,组内同质",其最大特点是同一层次的组员由汉语水平相近的学生组成。组内的组员间学习内容一致,有同一个目标,然而组和组

---

① 韩国学界针对分层合作教学研究有以数学课堂为对象的서형주(2002)、以小学生英语课堂为对象的정말선(2006)、以初中英语课堂为对象的신연진(2013)。中国学界也不例外,大部分针对英语教学,如何萍(2013)、范巧平(2014)等。

之间学习内容不同，教学目标不同。由此，我们设计以下分层原则和合作原则。

（一）分层原则

"分层"可以通过"分组"方式做到。在分组过程当中，教师需要充分地分析学生现有的汉语水平，将具有相近或相同水平的学生分为一组，针对各层次或者各组学员，讲授适合他们这一层次水平的内容。教师分组既不是随机分组，也不是基于学生的智力水平、性别、年级等其他因素的分组，而是以其当下具备的汉语水平为分层分组原则。"分层"一方面要求教师针对学生的汉语水平按照若干层次分组，另一方面阐述了教师的任务，即针对不同层次的学员进行适合其层次的教授。具体而言，教师要考虑的分层分组的原则如下：

1. 班内分组原则

由于教学资源和汉语班开设的数量有限，按水平分班并不现实。基于此，我们需要研究如何将同一个教室内不同汉语水平的学生分组，合理地进行分层教学，以小组为单位进行授课。

2. 组间异质原则

把班级里的学员分为若干个层次，以三层为例：第一层由同一个班级内汉语水平最低的学生，即汉语基础较差、对课堂规则还不熟悉的学生组成。在该层次中，教学活动以激发学生学习汉语的动机、提升学习兴趣为主要目标，学生能够读拼音，会说简单的汉语即可。第二层由同一个班级内汉语水平中等的学生，即汉语基础较好、对课堂规则较熟悉的学生组成。在该层次中，教师可以开展汉字教学，学生开始识字，教学活动学生以多说汉语、多写汉字、多背词汇为主要目标。第三层由同一个班级内汉语水平最高，对课堂规则十分熟悉的学生组成，教学活动以提升学生听、说、读、写的综合能力为主要目标。

（二）合作原则

周小兵主编（2017）指出："教师需要科学运用教学技能，利用教学环境，把教学内容传授给学生。这种传授要依赖良好的师生交流和生生交流。""教"不仅仅是单纯地传授知识，更是帮助学生学会自主学习，并提高学习兴趣。在教学过程中，教师引导小组内学员互动，提高学生自主学习能力，发挥他们的主观能动性。并且，以小组为依托，在群体的分工协作中提升自己的协调、合作能力。本文中的"合作"是教师与学生、学生与学生的交流合作，但更侧重于学生之间的交流。具体而言，教师要考虑的合作原则如下：

1. 组内同质原则

笔者提出按组别合作学习汉语，是由水平相似的学生组成一组。因此，他们有共同的学习目标，这能使他们意识到组员就是自己最好的学习伙伴，在学习过程中能够互帮互助，共同进步。在这一原则下，还可以采取一些更便于教学的方法。如组内设定"小老师"角色，这是一个重要的角色，即通常所说的小组长。教学过程中，教师无法同时顾及每个小组，这时要发挥各组小组长的作用，在一定程度上替老师监督，并向老师汇报本组成员学习进展情况。"小老师"的角色可以由同一组内的成员轮流来担当,当"小老师"对学生自身有很多好处,可以提升学习态度,起表率作用,提升其组织能力及责任感。

2. 参与性原则

在"统一教学①"的课堂上,有的学生往往缺乏主动性,很少发言,还有的学生想发言,却抢不到发言机会。小组学习方式,正好可以弥补学生参与度低的问题。学生在自己的组内会有一种心理上的安全感,组内可以畅所欲言,更容易感受到学习的快乐。教师分配任务,小组长自觉地分配给组员,提升全组学习参与度。这种组员的参与和合作,是基于一种最大限度的平等,这种合作与互动,并没有淹没他们各自的独立性和自主性,相反可以最大限度地激发他们的创造性。

3. 师生、生生之间相互作用原则

20世纪50年代,美国教育心理学家林格伦就在《课堂教育心理学》一书中指出,"教育,正像其他的社会过程一样,它的成效依靠交往"。林格伦对课堂中师生间关系的类型及效果进行了分析,他把师生关系的类型概括为四种,并说明了每种关系的教学效果。类型1:教师与全班学生单向交往,教学效果最差;类型2:教师与全班学生双向交往,教学效果稍好;类型3:教师与学生保持双向交往,也允许学生之间有交往,教学效果较好;类型4:教师在集体中也是一个参与者,他鼓励集体中的所有的成员,包括他自己,有双向的交往,教学效果最好。(转引自曾琦,2004)由此可见,在合作教学的原则上,确立师生、生生之间的相互作用原则,教师和学生之间以及学生和学生之间都有双向的交流时,取得的教学效果最佳。

二、分层合作教学在课后汉语班上的应用设计

邓春苗(2017)指出:"教师要当好课堂教学的组织者,根据学生需要,变换教学策略,要精心设计教学活动,给学生自主学习的时间、空间,让学生在学习过程中全动起来,互动起来,主动起来。"本文应用分层合作教学原则,设计先分层分组,后组内合作的教学模式,下面就分层设计与合作设计的方法进行探讨。

(一)分层教学设计方法

1. 设计分层次的教材与教学目标

教师要根据班内不同小组的实际汉语水平选择不同的教材,确立不同的教学目标。同时要考虑到教材的不同使用周期,由此来合理安排课程。不仅如此,教师还要根据各小组不同教材和教学目标制定相应的教学设计,使组员合理有效地掌握学习内容。

---

① 本文的"统一教学"指全班有一个教学目标来进行的教学方式。

2.分析学生的现有汉语水平

笔者认为,可以从两方面来对学生进行分层分组。第一,对老生分层分组。测验老生的汉语水平,将老生分成不同的小组。第二,对新生分层分组。零基础的新生,可以插入到班内水平最低的小组内。有一定汉语基础的新生根据汉语水平,加入非零基础组。比如,将已学习一年的老生与学习半年的老生分为两个组,将新加入的零基础的学生分为一个组,又如将新加入的有一定汉语基础的新生,根据其水平分别编入老生的两个组内。

3.分析小组成员加入课后汉语班的时间

由于不同年级放学时间不同,第一节课大部分听课的学生是低年级的学生,第二节课低、中、高年级学生均有参加。受下午放学时间和其他课后班下课时间的影响,学生加入汉语课后班的时间不固定,比较灵活。在具体操作中,教师必须查清学生加入课后汉语班的时间,以便下一步骤安排或调整小组。

4.确定小组数量

如果小组数量过多,教师分配给每个小组的指导时间就会很短,教学效率会降低。因此,同一个班级内,通过一个阶段的学习,将汉语水平接近、相似的小组合并,小组数量控制在3—5个。分组不宜过细,这有助于教师与学生充分互动。

5.确定组员人数

小组由一名小组长和数名组员组成。如果一个小组内人数过多,教师可以采取以下两种方案。第一,选拔几名学习能力较强的组员,让他们协助组长指导接受较慢的组员。第二,组内再分组,再选出各分组长。各个新的小组在教材和进度上与原属小组保持一致。

6.确定各组的分配时间

按学生的汉语水平分组后,教师接下来要确定分配给每个小组的时间。比如,在一个50分钟的课时中,班上存在零基础的A组、中等水平的B组、高等水平的C组,教师第一次巡视各组的时间可以分配为A组10分钟、B组7分钟、C组5分钟。再巡视时,A组、B组和C组都分配3分钟。A组的学生由班内基础最弱的学生组成,对班上规则也不太熟悉,教师有必要花更多的时间讲解。B组和C组则不一样,此两组已学习半年以上的汉语,比较熟悉班上规则和秩序。教师还要关注各组讨论与合作时间是否充分,全面考虑教师讲解时间和小组内学生自主学习和组员间互动合作学习时间的平衡。

7.设计教学环节

教师分析教材内容后,设计适当的教学环节。比如,教材的每一个单元可以细分为词汇—句子—习题三个环节。教师按照小组的数量适当分配时间,在一个课时内,逐组讲解并得到反馈。教师第一次在各小组间开展教学时,具体说明该小组当天要掌握的内容并分配相应的任务,而第二次巡视各小组时,小组长需向教师汇报所在小组的学习情况,教师对各组进行检查和指导。

8.设定不同层次的作业与评价标准

每个小组层次不同,学习内容也不同,作业自然不同。教师根据各小组长反馈的当天组员的学习情况，在组内布置适合该组的作业：已经完成学习任务的学生，不布置额外作业；尚未完成学习任务或者完成学习任务有困难的学生，教师根据其掌握情况布置相应作业。课堂总结时，教师对各小组按层次进行评价和反馈。例如，对基础薄弱的小组要加强鼓励；而水平较高的小组要对其组员进行更有针对性的评价，改善其不足。

（二）合作学习设计方法

1. 设定小组长

小组内每个组员轮流当小组长，有利于培养学生的责任心和合作意识。组内实行组长轮换制，小组长协助教师管理组员。各小组长可以发挥主观能动性，提前思考可行的合作方法。合作学习时，小组长可以实施此方法，还可以同组员探讨更多合作学习的方案。

2. 设计组内学习模式——先自主学习，后合作学习

一个课时内，教师一般对所有小组巡视两遍。第一遍巡视时，教师给每个小组讲解，讲解后教师移动到别的小组。等教师讲完学习内容，组员先自主学习，然后由小组长带领组员合作学习。每个组员需要自己掌握学习的时间，遇到问题寻求其他组员的帮助，共同提高。由教师和小组长分配适当的自主学习时间和组内合作时间。

三、分层合作教学在课后汉语班上的实践

本文应用分层合作教学模式，提出其在课后汉语班上的具体操作方法。我们建议采用更具体的分组方法，观察组内各组员的情况，调整小组构成。

（一）构建小组方法 ①

1. 组内设计方法一

如果某个小组组员人数较多，小组长选拔几名学生，让他们分别照顾其他组员。比如，A组组员人数较多，小组长选拔两名学生，让他们照顾其他组员。

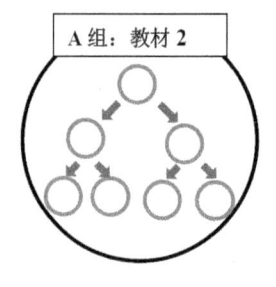

图 1　组内设计方法一

---

① "○"表示"组员"，"↙"或"↘"表示"指导帮助"，"↷"表示"进入组内"。

2. 组内设计方法二

如果某个小组组员人数较多，组内再分组，各自确定组长。教师站在两组中间位置讲课，以便节省组别循环时间。

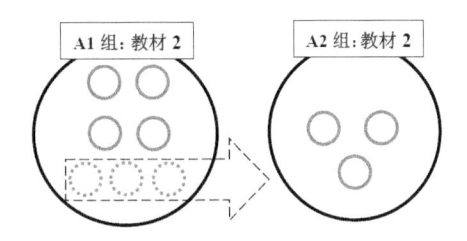

图 2　组内设计方法二

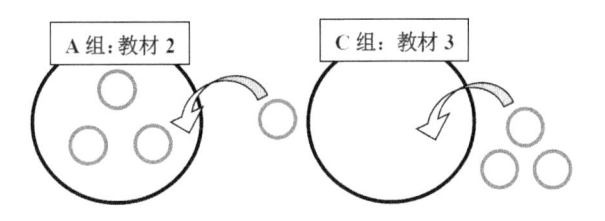

3. 组内设计方法三

如果有新生，根据学生的汉语水平，加入或新建小组。例如，有 4 名新生，都已学过汉语。1 名插入 A 组，3 名由于水平较高，新建 C 组。

图 3　组内设计方法三

（二）应用教案

本文为课后汉语班设计了具体教案。教师先进行全班授课，然后组别授课，提出适合各小组的学习课题。小组内先进行个别自主学习，然后组员间合作学习。学生学完后，教师对各小组和学生进行评价，进行师生反馈和生生反馈，最后整理教室。

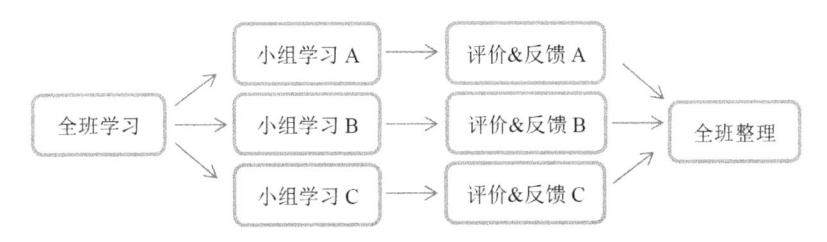

图 4　汉语课堂整个流程

在此，我们设计一个课时的教案，时间为 50 分钟，教学对象为课后汉语班的不同汉语水平的学生，班内分为 A、B、C 三组，教师将巡视每个组两遍，具体展示如下：

第一次巡视时，教师分配时间为：A 组 10 分钟，B 组 8 分钟，C 组 7 分钟。①第二次巡视时，教师分配时间为：A、B、C 组都各约 3 分钟。第一次巡视时，教师给 A 组讲解 10 分钟。教师讲解后，A 组从教师的第一次循环到第二次循环之间有 15 分钟的时间，②A 组组员先自主学习约 5 分钟，剩下的 10 分钟时间与全体组员一起合作学习。B 组从教师的第一次循环到第二次循环之间有 10 分钟的时间，③由于教师在第一次巡视 A 组讲解时（共 10 分钟），B 组已完成自主学习，因此，教师在 B 组讲解后 B 组学生可以立刻开始合作学习。C 组从教师的第一次巡视到第二次巡视之间有 6 分钟的时间，④由于教师在第一次巡视 A 组和 B 组并进行讲解时，⑤C 组已完成自主学习，可以立刻开始合作学习。由于教师先给 A 组讲课，所以，B、C 组在教师第一次巡视到他们组之前已经开始自主学习当天所要学习的内容。教师第一次巡视时，B、C 组主要是对第一次自主学习的收获与教师讲解的内容进行对比。因此，虽然从教案上看，教师在给 B、C 组讲解后，给这两组安排的自主学习时间较短，但实际上他们的自主学习时间比较充足。B、C 组自主学习时，也可以按照小组长的安排提前开始合作学习。

表 1　应用分层合作教学的课后汉语班教案

教学对象	课后汉语班学生	课时	第一课时（50 分钟）
课题 （主题）	A 组： B 组： C 组：	教学内容	A 组： B 组： C 组：
教学目标	A 组： B 组： C 组：		
教学重点	1. 教师循环 3 个小组指导每个小组达到教学目标（各组学会教学内容） 2. 让每个组员积极参与课堂活动		
教具			

---

① A 组、B 组和 C 组的水平为 A 组最低，C 组最高。因此，教师从最低的 A 组开始教课，教师停留在每个小组的时间也是 A 组最多。
② 教师第一次循环 B 组的 8 分钟和第一次循环 C 组的 7 分钟时间。
③ 教师第一次循环 C 组的 7 分钟和第二次循环 A 组的 3 分钟时间。
④ 教师第二次循环 A 组的 3 分钟和第二次循环 B 组的 3 分钟时间。
⑤ 教师第一次循环 A 组 10 分钟、B 组 8 分钟，共 18 分钟。

续表

阶段	教学环节	教学活动		时间	教材页码	小组分层合作活动
		教师活动	学生活动			
导入	师生打招呼	（展现汉语班班规） —同学们，大家好！	—老师好！	约5分钟	PPT	全组 全组练习读、说
	今天的会话	—今天的会话，让全班学生集中注意力，引导学生用拼音说出句子。 —先让每个学生不停地反复练汉语发音。 —让学生写出今天的会话汉字。	—拿出自己的本子工整地写好今天的日期和PPT上的汉语句子。			
	介绍今天学习内容	—给A、B、C各组介绍今天学习的内容和达到的教学目标。	—每个小组的学生打开书，准备今天要学习的内容。			
展开		**第1次循环**	**A组** （班内水平最低的小组）			B组和C组在本子上工整地写好"今天的会话"后，各组小组长检查一遍，围绕小组长预习今天所学的内容，开始自主学习。
	单词	—介绍今天的课题。	—（具体写A组学生的学习内容。）	约10分钟	（写教材名）	
	说句子	—学生跟着老师一起说书上的句子。 —让每个学生单独读一遍。 —让小组长再读一遍。 —给小组长安排任务。	—每个学生大声读，读到正确发音为止。 —每个组员读5遍。 —每个组员把单词写一遍。 —小组长检查。			
展开		**第1次循环**	**B组**			A组的组员先自主学习后，围绕着小组长开始合作学习新的生词，小组长可以把自己创新的办法用在自己的组员身上，帮助组员们更快地、更容易地背单词。 C组的组员预习今天即将学习的内容，自主学习后也可以先开始合作学习。
	自主学习	—介绍今天的课题。	—老师到自己小组之前，学生自主学习"今天的会话"以及预习。	约8分钟	（写教材名）	
	单词		—（具体写B组学生的学习内容。）			
	句子	—学生跟着老师一起说书上的句子。 —让每个学生单独读一遍。 —让小组长再读一遍。 —给小组长安排任务。	—每个学生大声读，读到正确发音为止。 —每个组员读5遍。 —每个组员把单词写一遍。 —小组长检查。			

续表

		第1次循环	C组 （班内水平最高的小组）			
展开	自主学习	—介绍今天的课题。	—老师到自己小组之前，学生自主学习"今天的会话"以及预习。			A组的小组长检查一遍每个组员学习情况，开始写单词。
	单词		—（具体写C组学生的学习内容。）			B组围绕着小组长开始合作学习，小组长可以把自己创新的办法用在自己的组员身上，帮助组员们更快地、更容易地背单词。（B组在教师讲解后，可以立刻开始合作学习。）
	句子	—学生跟着老师一起说书上的句子。 —让每个学生单独读一遍。 —让小组长再读一遍。 —给小组长安排任务。	—每个学生大声读，读到正确发音为止。 —每个组员读5遍。 —每个组员把单词写一遍。 —小组长检查。	约7分钟	（写教材名）	
		第2次循环	A组			B组的小组长检查组员们后开始写单词。
展开	检查/反馈	—教师通过小组长了解A组的学习情况。 —检查一遍每个组员，给学生反馈，这时还关注纠正发音。 —给小组长和已完成教学目标的组员安排任务。	—小组长向教师汇报组员们的学习情况，问组内没解答的疑问。 —分辨出单词的意思，注意发出每个单词的音。 —帮助还没达到教学目标的组员，反复地复习生词。 —补充、改正。	约3分钟		C组围绕着小组长开始合作学习，小组长可以把自己创新的办法用在自己的组员身上，帮助组员们更快地、更容易地背单词。
		第2次循环	B组			A组的每个组员互相帮助完成今天的教学目标。
展开	检查/反馈	—教师通过小组长了解B组的学习情况。 —检查一遍每个组员，给学生反馈，这时还关注纠正发音。 —给小组长和已完成教学目标的组员安排任务。	—小组长向教师汇报组员们的学习情况，解决组内没解答的疑问。 —分辨单词的意思，注意发出每个单词的音。 —帮助还没达到教学目标的组员，反复地复习生词。 —补充、改正。	约3分钟		C组的小组长检查一遍每个组员学习情况，开始写单词。

续表

		第2次循环	C组			
展开	检查/反馈	—教师通过小组长了解C组的学习情况。 —检查一遍每个组员，给学生反馈，这时还关注纠正发音。 —给小组长和已完成教学目标的组员安排任务。	—小组长向教师汇报组员们的学习情况，问组内没解答的疑问。 —分辨出单词的意思，注意发出每个单词的音。 —帮助还没达到学习目标的组员，反复地复习生词。 —补充、改正。	约3分钟		A组的小组长最后检查一遍是否所有的组员达到了今天的教学目标。 B组的每个组员互相帮助完成今天的教学目标。
总结	复习	—引导C组学生完成今天的教学目标。 —复习今天的会话。	—组员间帮助完成教学目标。 —积极回答问题。			C组的每个组员互相帮助完成今天的教学目标。
	作业	—根据小组不同情况布置作业。	—课堂上没有完成或者学习不够完善的部分回家补充。	约10分钟	教材的最前面	按照组别顺序排队给教师检查，拿到盖章。
	评价/鼓励	—引导组别排队，给每个学生盖章。 —教师盖章时及时反馈：称赞今天表现好的同学，鼓励其他学生。	—拿自己的书，轮到自己，给老师检查一遍。 —回到自己的位子整理自己的桌位。 —全组整理。			

分层合作教学模式下的教案，虽然各组教学目标不同，但教师与学生之间和组内学生之间的教学活动是大致相同的。虽然一个课时内出现3个学习目标，但操作并不复杂，每个组的流程是相似的。每个环节所安排的时间也不是固定的，教师按照课堂实际情况，可以随时对每个环节的时间进行调整。这种教学模式可以帮助教师较快地掌控整个课堂。教师通过不断改进，可以让课后汉语班变得越来越完善。

四、课堂教学案例

以韩国光州的花亭南小学为例，探讨课后汉语班的实际情况以及应用分层合作教学的有效性。

（一）课后汉语班基本情况

花亭南小学课后汉语班开设于2011年3月。学校每个月招收新生，对象为希望学习汉语的1—6年级全校学生。该校汉语课程安排在每周一和周五放学之后的时间。由于周一和周五正规课程的结束时间不同，课后班的开始时间就不同。周一的课后汉语班下午1：10分开始，周五则是下午2：00开始。每个汉语班有两节课，每节课的授课时间为50分钟，课间10分钟。花亭南小学课后汉语班原先的课程安排是，让新生和老生一起学习，然后再对个人进行针对性的补充教学。但由于课后汉语班学生可以随时进班的特点，学生的水平差距也越来越明显，学生学习汉语的时间，从不到半年到超过3年以上的都有。因此，笔者首先分析学生的现有的汉语水平，然后进行了分层分组。

花亭南小学2017年8月课后汉语班的学生一共18名。其中学习汉语不到6个月的5名，学习汉语6个月到1年的6名，学习汉语1—2年的3名，学习汉语2—3年的3名，学习汉语3年以上的1名。学习汉语不到6个月的5名学生，使用2阶段的教材；学习汉语在6个月到1年的6名学生同样使用2阶段的教材；学习汉语1—2年的3名学生中，其中2名适合使用3阶段的教材，而另外1名学生适合使用2阶段的教材；学习汉语2—3年的3名学生适合使用3阶段的教材；学习汉语3年以上的1名学生，由于水平最高，不适合安排在别的组进行学习，因此对他使用成人基础教材。[①]

周一时，第一节课分成A、B两个小组，A组（7名）使用2阶段的教材，B组（3名）使用3阶段的教材。上完第一节课的10名学生下课之后就都走了。同时第二节课即将开始之前又来一批学生。第二节课有A、B、C三个小组和1名单独学习的学生。其中，虽然A组（3名）和B组（2名）都使用2阶段的教材，但A组和B组进度不一样，C组（2名）使用3阶段的教材。周五第一节课A、B、C三个小组，A组（5名）和B组（3名）都使用2阶段的教材，进度也一样，[②]C组（3名）使用3阶段的教材。第二节课A、B、C三个小组和1名单独学习的学生。A组（2名）和B组（2名）都使用2阶段的教材，进度不一样，C组（2名）使用3阶段的教材。每个组的组员不是固定的，如上所述，由于学生参加课后汉语班的时间不同，周一第二节课的A组学生，周五就变成第一节课的B组的组员。

（二）教学效果反馈

经过两个月的分层合作教学实践后，笔者以问卷调查方式分析了学生对分层合作教学模式的效果反馈。问卷调查分为两种，分别为学习汉语效果的个人变化和组别合作学习效果。调查目的是证明分层合作教学模式能够影响学生学习汉语的情感因素。限定被调查人群：必须是连续参加两个月汉语课的17名学生，[③]中途不听课的老生或插班的新生一概不属于本调查对

---

① 有的学生由于学习汉语时间很长，汉语水平很高。这种情况，只能对他单独授课。但是笔者建议偶尔把这些水平高的学生适当安排到较低水平的小组中，感受小组内合作学习的氛围，让他帮助组员，同时也可体验合作学习之乐。

② 本文强调组间异质原则，而根据花亭南小学的学生听课时间和小组组员的人数等因素，笔者把同一水平的学生分为两个组。

③ 班内汉语水平最高的1名学生，由于一个人单独学习汉语，不作为问卷调查对象。

象。问卷调查结果如下：

个人学习效果变化问卷内容由学习动机、学习兴趣、学习态度、满意度构成。结果显示：学习动机方面，学生的学习主动性变强，很多学生认识到学习汉语的必要性和意义；学习兴趣方面，数名学生对汉语课的喜爱程度上升，且更多的学生对汉语教学的课堂反应变得敏感；学习态度方面，未进行分层合作教学之前，有大概1/3的学生感到紧张或负担、缺乏自信，但两个月后学生们可以主动跟别人分享自己学习汉语的成就感，对互动学习变得更加积极；学习满意度方面，学生普遍感到自己的水平跟得上学习进度，也很满意汉语课的难度，觉得很适合自己的水平。

组别合作学习效果问卷主要分析分层合作教学应用两个月后学生的反应。调查结果显示：学生比较喜欢与同龄同学之间的互动，利用小组学习的时间自由地互相问答；只有极少部分学生认为组员的提问导致自己无法集中自学。总体上看，应用分层合作教学确实对组员们共同完成学习目标，提高其协同能力等方面十分有效。

五、结论与建议

本文探讨的分层分组的要点是解决因新生的插班、编入而产生的同班学生水平不一的问题，据此设计出适合韩国小学课后汉语班教师与学生需求的分层合作教学的具体方案。

本研究在理论分析的基础上，分析了分层合作教学在小学课后汉语班应用的原则，并为课后汉语班课堂设计出了分层与合作相结合的具体应用方法及课堂活动教案。分层合作教学有助于解决韩国小学课后汉语课上存在的学生水平不一、年级不一的客观问题。通过把不同水平、不同年级的学生进行分层分组，相同水平的学生一起学习，可有效消除水平低的学生的失落感和水平高的学生的无聊感。从教师角度讲，分层合作教学可以有效解决"统一教学"时课堂上的教学问题，同时学生分组合作的模式也可以有效地帮助教师管理、掌控课堂。

笔者认为可以将分层合作教学模式应用于课后汉语班之中，充分发挥"分层教学，因材施教，合作学习"的优势、具体建议有以下两点：

其一，在实施分组合作教学时，应该综合考虑学生人数、教学时间以及学生水平的差异等方面，以达到让学生互相学习，共同进步的目的。

其二，在实施分层合作教学时，不能放弃全班统一的教学。进行课堂教学导入时，教师可以采取"统一教学"的方式，以维持学生注意力的集中，然后再采取分层合作教学。课堂的结尾再进行全班统一总结，帮助学生集中消化本节课的内容，巩固复习所学知识。

韩国的小学课后汉语班中，大多存在教师不得不面对学生汉语水平不一的问题。虽然本文基于分层合作教学提出的新教学法仍存在一定的局限性，但却是经教学实践检验证明的行之有效的教学方式。笔者希望本文的教学模式可为学生水平层次差异较大的班级提供一定的借鉴和参考。

参考文献

邓春苗(2017)《构建"自主—合作"的和乐课堂教学模式》,北京:中国言实出版社。
范巧平(2014)高职英语课程多元化动态分层合作教学模式的研究与实践,《广州职业教育论坛》第4期。
何 萍(2013)"中职英语分层合作教学模式"的探索与实践,《教育教学论坛》第2期。
汤玉凤、汤玉莲、沈 明(2013)分层合作教学模式在福建省小学体育课程中应用的探析,《电子世界》第4期。
曾 琦(2004)《学会合作:青少年合作学习指南》,北京:中央编译出版社。
周小兵主编(2017)《对外汉语教学入门》(第三版),广州:中山大学出版社。
서형주(2002)수준별 소집단 협동학습이 수학적 창의성에 미치는 영향(分层小组合作学习对数学创意性产生的影响),서울교육대학교석사학위논문。
신연진(2013)수준별 영어수업에서 모둠별 협동학습이 학생들의 학업성취도와 학습동기에 미치는 효과:중1 하위그룹을 대상으로(在英语的分层教学授课中,组别合作学习对学生学习成绩和学习动机产生的效果:以初中1年级下层水平小组为对象),건국대학교석사학위논문。
정말선(2006)수준별 소집단 학습이 초등영어 읽기 능력 및 태도에 미치는 영향(分层小组学习对小学生英语阅读能力及学习态度的影响),부산대학교석사학위논문。
정현주(2013)사립초등학교 중국어 정규교과과정의 현황과 개선방안(私立小学汉语正规课程的现状与改善方案),숙명여자대학교석사학위논문。

附录1 问卷调查效果反馈

(1)个人效果变化问卷反馈

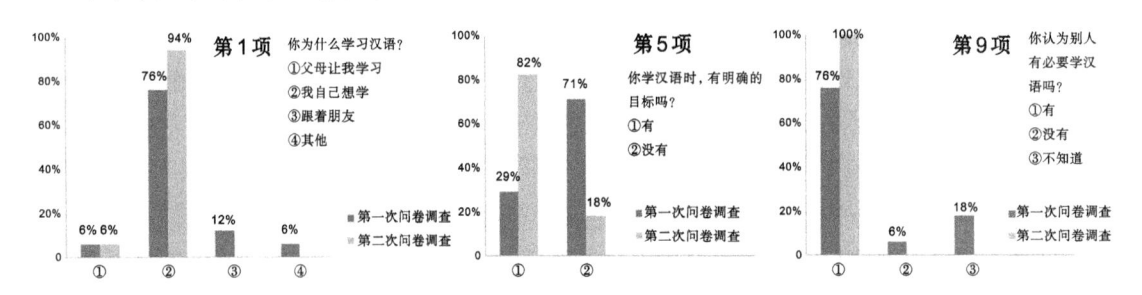

图1 学习动机

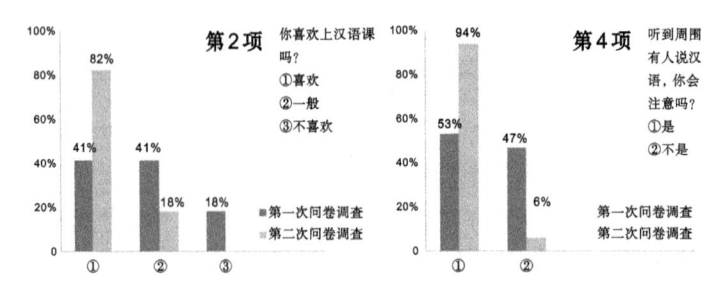

图2 学习兴趣

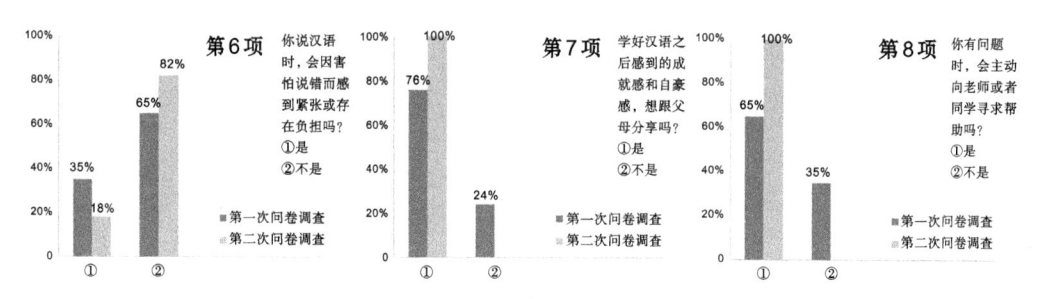

图 3　学习态度

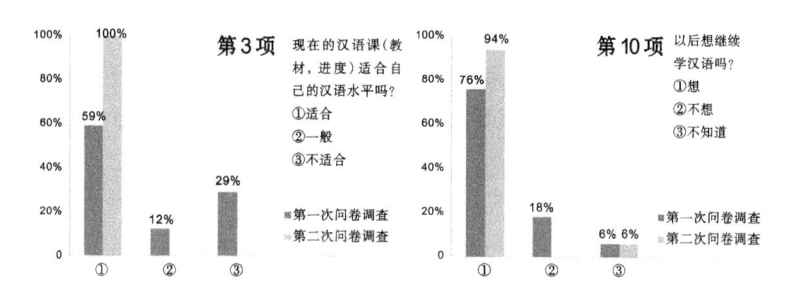

图 4　学习满意度

（2）组别合作学习效果问卷反馈

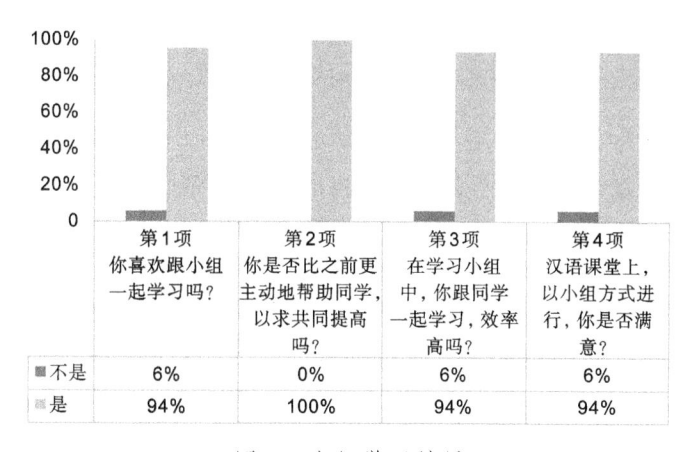

	第1项 你喜欢跟小组一起学习吗？	第2项 你是否比之前更主动地帮助同学，以求共同提高吗？	第3项 在学习小组中，你跟同学一起学习，效率高吗？	第4项 汉语课堂上，以小组方式进行，你是否满意？
不是	6%	0%	6%	6%
是	94%	100%	94%	94%

图 5　小组学习效果

附录 2　课堂排座方式方案图[①]

*分组原则："组间异质，组内同质"，尽量把同一水平的学生分为一组，组内互相帮助，组间不同进度。

---

① 笔者建议一节课设置 3 个小组为宜，最多不超过 5 个小组，免得教师慌忙，掌控不了课堂。一个小组的组员超过小组长能够管理的人数时，可以再分出一个小组。

图 6　课堂排座方式方案图

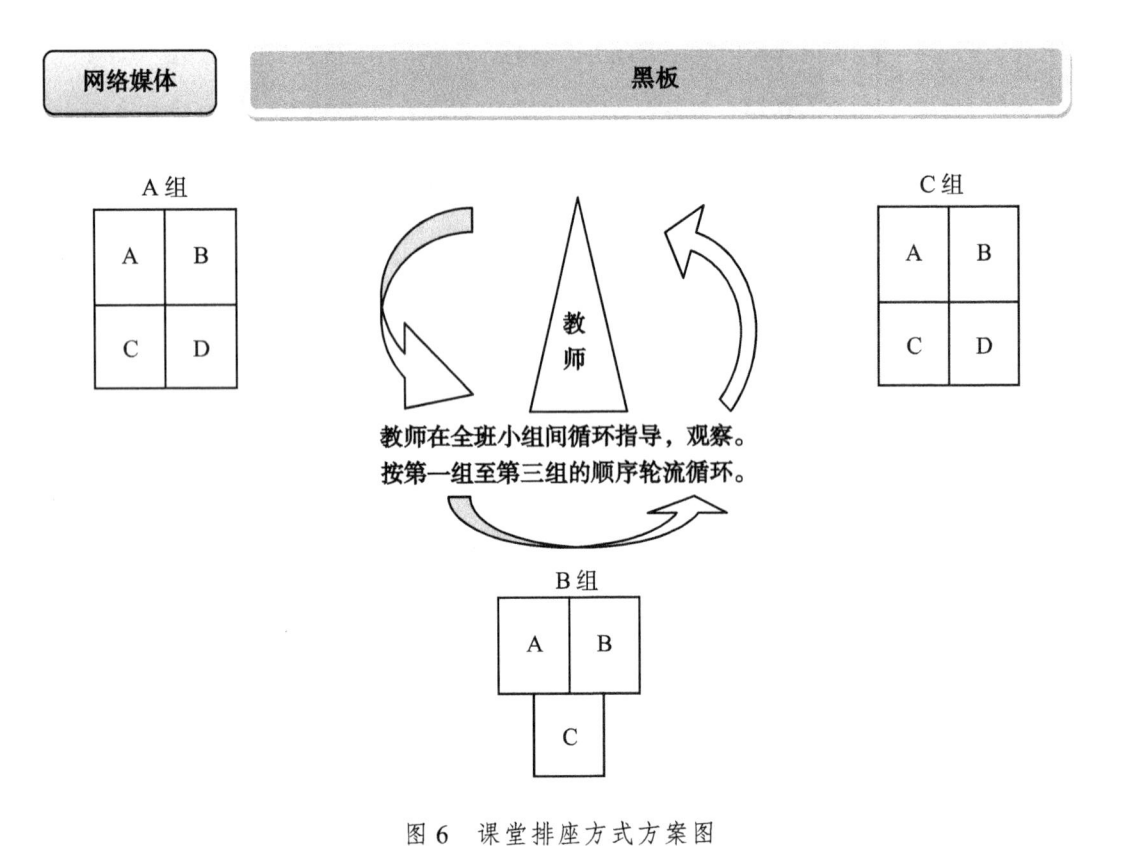

A 组：组员以新生为主体，这是看黑板和媒体的最清晰的位置，可以提升新生的注意力。

B 组：组员以班级汉语水平中等的学生为构成主体。（新生根据自己的汉语水平可加入此组）

C 组：组员以班级汉语水平最高的学生为构成主体。（新生根据自己的汉语水平可加入此组）

＊小组设计按照班级情况可适当变动。

＊每组有小组长，小组长的任务是老师循环其他小组时，管理自己的组员。小组长为"组内小老师"。

后方法背景下"声义形用"四位一体汉语词汇教学模式探究*

尹春梅　谷　陵

提　要　后方法鼓励教师将课堂教学实践理论化,将教学理论知识实践化。后方法时代"方法已死",但作为后方法时代的教师,可在前人教学法资源包基础上不断反思提炼出最适合的教学模式。文章基于国际汉语教学实践尝试建构了"声义形用"四位一体的汉语词汇教学模式,该模式既立足词汇自身音形义的内向型建构,也关注词汇作为语言单位的外向型组合,模式还注重在具体词义搭配中体验词语充当句法成分的功能,使学生通过语感自下而上建构语法规则。文章对教学模式进行理论界定、探索发现及反观评价的探究方式是进行实践反思并生成教学理论的有益尝试,也能够为后方法时代国际中文教师自主发展提供范例。

关键词　后方法;声义形用;汉语词汇;教学模式;教师发展

A Study of the Quartet Chinese Vocabulary Teaching Model of "Sound, Meaning, Form and Usage" in the Post-Method Era

Yin Chunmei, Gu Ling

Abstract　Post-method encourages teachers to theorize classroom teaching practice and practice theoretical teaching knowledge. In the post-method era, "method is dead", but teachers can constantly reflect and refine the most suitable teaching model based on the previous pedagogies. Based on international Chinese teaching practice, this paper attempts to construct a quartet Chinese vocabulary teaching model packaging sound, meaning, form

---

*　本文系国家社科基金一般项目(项目编号:16BYY066)"互联网＋移动端国际汉语碎片化教学理论与模式创新"的阶段性成果。

【作者简介】尹春梅,女,新疆师范大学国际文化交流学院教授,中亚汉语国际教育研究中心成员,研究方向为汉语国际传播。

谷陵,中央民族大学国际教育学院讲师,语言教学、习得与认知开放研究中心副主任,研究方向为国际汉语教学法。

and usage, this model not only focuses on the inward construction of the sound, form and meaning, but also focuses on the extroverted combination of words as linguistic units, as well as the collocation of specific meanings, enabling students to construct grammatical rules from the bottom through language sense. In this paper, the theoretical definition, exploration and discovery of the teaching model and the method of reflection evaluation are beneficial attempts to conduct practical reflection and generate teaching theories, and can also provide examples for the independent development of international Chinese teachers in the post-method era.

Key words　post-method; sound, meaning, form and usage; Chinese vocabulary; teaching model; teacher development

〇、引言

外语教学中的"后方法"不同于任何一种传统意义上的教学法流派，它不是呆板凝固的锦囊妙计式教学法，而是一种灵活、动态、开放的教学思想。后方法鼓励教师将课堂教学实践理论化，将教学理论知识实践化。后方法提出的特定性、实践性和可能性三项参数指出：一种有意义的教学法必须建立在对特定情景的全面理解上，要允许教师通过对教学实践的反思和行动构建自己的教学理论，并将理论付诸实践，要关注更广泛的社会因素和教学活动参与各方的文化背景和个人经历。后方法还围绕"培养综合运用语言能力、学习者是教学的中心、语言是在使用中学会"三大理念提出了10项策略。

后方法提出的参数、理念和策略不是具体的教学法，而是教学的目标导向，后方法不谋求对"最佳"教学法的追求。作为后方法时代的教师，可在前人教学法资源包基础上，充分发挥个人的主观能动性，结合教学实践不断反思与提炼最适合的教学模式。正是在这一背景下，我们结合国际汉语教学的长期实践提出了"声义形用"四位一体汉语词汇教学模式，下面从这一教学模式的理论界定、探索发现、反观评价等角度探讨这一教学模式"是什么""为什么""怎么样"。

一、是什么——教学模式的理论界定

本文基于国际汉语教学实践，尝试综合多种教学法建构"声义形用"汉语词汇四位一体教学模式，该模式既立足词汇自身音形义的内向型建构，也关注词汇作为语言单位的外向型组合。

声调是词汇语音教学的普遍难点，①基于认知的调值描写和调型演示，能够增强学生对声调的感知和自我调控；词义教学采用由词向语块延伸的语境搭配示义法，使学生在搭配规则中体会把握词义，并适当辅以语素教学加深重点词语理解；词形书写采用偏旁结构及词源六书指导；词用教学采用基于小句的词汇密集造句法，加强具体情境中的词汇线性组合能力。模式还注重在具体词义搭配中体验词语充当句法成分的功能，使学生通过语感自下而上建构语法规则，有效提高学生词语衔接能力是该教学模式的突出特点。该模式具体教学实施示例如表1所示：

表1 "声义形用"四位一体汉语词汇教学模式实施范例

示例教学词汇： 　　参加　　帮助　　观看 　　比赛　　转告　　正在 　　一定　　活动　　通知	操作说明
1. 声调教学（3—5分钟，师生教学时间比：1:4）： 　　教师用手势引领调型大声悠长领读，并在生词左侧醒目标注出声调，要求教师领读一遍，学生跟读两遍。 　　请学生"开火车"，每人读一列，读的过程中声调要按五度标记法调值调高到位。 　　齐读（全班齐读、男女生分别齐读、小组齐读等）。 　　竞读，看谁读得又快又准（男女生竞读、小组竞读、个人竞读等）。 　　教学力度可视班级的具体语音面貌而定。	五度标记法可以帮助学生建立对调高、调型的理论认知，是自我纠错和为他人纠错的依据，因此教师须在日常教学中预设五度标记法教学，使学生能够看懂理解调高、调型并熟练于心，实现语音教学环节学生知其然，知其所以然。
2. 词义教学（10分钟，师生教学时间比：1:2）： 　　在充分预习的前提下，跟教师领读搭配，并在搭配中体会词义，教师尽可能配合丰富的肢体演示领读，教师读一遍，学生读两遍： 　　参加：参加活动／参加比赛／参不参加／参加了几次／参加了一次／不能参加／不愿参加／能参加／想参加／一定参加／经常参加／主动参加／谁参加／我参加／姐姐参加／怎么参加／报名参加／和谁参加／和同学一起参加…… 　　比赛：一场比赛／两场比赛／什么比赛／篮球比赛／足球比赛／象棋比赛／比赛怎么样／比赛很精彩／比赛很激烈／比赛赢了／比赛输了／和谁比赛／和对手比赛／和二班比赛／比赛什么／比赛游泳／比赛跑步／进行比赛／参加比赛／搞不搞比赛／有没有比赛／想不想比赛／能不能比赛／比不比赛……	（1）教师将底层储备的词类语法转换为表层具体的词汇搭配，使学生在语块中体会词的用法，尽可能在线上课堂教学中培养学生语感。 　　（2）搭配尽可能提供日常使用的搭配，并可在学生接受范围内适当灵活拓展。 　　（3）对于搭配完仍有困难不能理解的词义，教师稍加解释，必要时直译以节约时间。

---

① 对于汉语初学者而言，声韵母拼读是难点，但后期汉语学习中往往表现为声调偏误，因而声调教学是长期伴随汉语教学的难点。

续表

3. 词用教学（10分钟，师生教学时间比：1:9）： 　　给学生一分钟（或半分钟），每人用黑板上的词语至少造一个句子，想好的同学举手，教师编号。举手学生过半，全体起立，按编号说出自己的句子，说完即坐。 　　将没有说到的词语重点圈出，进行第二轮生词造句头脑风暴。 　　有能力的同学可以在这个环节使用尽量多的词语说一段话；操练遍数视学生完成和词语掌握具体情况而定。	（1）教师在造句过程中及时纠错，提出重点搭配和难点词语的造句要求。 （2）是否需要学生起立增加紧迫感，可视不同地区和文化背景的学生特点决定。
4. 词形教学（3—5分钟，师生教学时间比：1:2）： 　　进行完以上教学环节，引导学生从笔画、偏旁、结构等层面关注词形书写，并对有特殊造字法的汉字辅以词源六书理论，也可通过字谜增强学习趣味性，加深学生理解记忆。比如： 　　请大家一起来数一遍"参"的笔画； 　　请大家闭上眼睛，再来数一遍"参"的笔画。 　　"加"是什么偏旁？是什么结构？ 　　"通"是什么偏旁？是什么结构？ 　　猜字谜： 　　看老师的动作：上面是个"手"，下面是个"目"，老师在做什么？——"看"； 　　又见面了，打一字："观"；一口咬掉牛尾巴，打一字："告"……	（1）词形书写简要点拨，给学生一定时间冷静书写。 （2）因下次课前有听写生词检测，课下生词书写量可视学生程度布置，但用指定词语书面造句的产生性作业必不可少。

备注：为保持词义搭配与词汇使用操练环节的连贯，实际实施中按"声—义—用—形"的顺序开展教学。

每个环节对教师的专业知识和专业技能要求侧重是不同的，声调教学环节侧重教师自身的语音规范、态势示范及竞赛组织；词义教学环节侧重教师的词法知识及搭配积淀，积淀不足的教师可辅以词典查询丰富搭配；词用教学环节侧重教师的效能管控、纠错意识、难点洞察等方面的能力；词形书写环节侧重教师汉字结构、词源六书、汉字文化等方面的能力。此外，教育机智和课堂管理贯穿始终，紧凑高效快捷的课堂运作，是在有限的时间内提高词汇教学效率的关键。

二、为什么——教学模式的实践探索

（一）为何立足"词汇"

语言的单位有语素、词、语块、句子等，选择词汇作为教学单位基于以下考虑：从语言本体理论看，词汇是能够独立使用的最小的语言单位，是交际的起点，以词汇为单位更有助于学生交际能力的培养，五级语言单位中"词汇"的居中跨度，也更有利于向小的语言单位"语素"解构，以及向更大的语言单位"语块、句子"建构；目前国际汉语教学以词本位教材为主，也是本文立足词汇开展教学研究的现实基础。

（二）为何坚持"声义形用"四位一体

面对基本教学单位词汇，使学生学习掌握词语的音形义是必不可少的，但如果词汇教学仅停留在教会音形义层面，那么学生掌握再多的词也是静止的，学生终究不会灵活运用它们，就好比一堆积木摆在学生面前，他们却不会用这些积木衔接搭建房屋。因此，词语搭配教学应当和词的音形义教学共同成为词汇教学的重要内容，并且相较音形义的理解识记，培养词的运用能力难度更大，因此，词的用法与音形义教学均是本教学模式的重要内容。同时，考虑到学习者除了早期在声韵母辨析及音节拼读方面出现困难，后期语音问题往往是声调偏误，因此，本教学模式坚持的是"声义形用"四位一体。

（三）早期的探索

如何培养学生词语搭配衔接的能力是教学中一直困扰笔者，并促使我们不断思考的问题。在早期面向来华中亚学生汉语教学中，笔者曾尝试将一课生词按词类聚合授课，比如将一课名词摘录在一起，放在主语、宾语、定语板块，将动词摘录在谓语板块，将副词摘录在状语板块，等等，试图用词类的功能搭配辅助教学，并且使学生尽量在本课给出的生词板块间练习搭配，但这种搭配毕竟有限，结果学生能够明白名词性的成分能做主语、宾语、定语等，动词能做谓语，副词能做状语，但具体词语的实际搭配能力并未得到显著提升。

对比早期的方法可以发现，我们试图用"词类能够充当何种句子成分"的语法知识来提高学生的搭配能力，学生虽明白了搭配的规则，但并未能提高每个具体词语搭配的丰富性和熟练度，为此我们继续探索如何提高学生的词语搭配应用能力。

（四）后期的突破

一个人明白懂得一种知识可能只需要 5 秒，但要把这一知识上升为能力，则需要更长的时间，提升学生对词语的运用能力亦是如此。反思我们早期的探索，仍是让学生停留在明白词语的搭配功能层面，只是将语法作为显性知识呈现给学生，那么怎么运用这些词语归根到底还是学生自己的事情，我们只不过教给了他们哪类词语能够套用哪些搭配规则，只是将抽象概括的词类由语法知识向功能具化了一步展示给学生而已。学生在搭配过程中，先要思考这个词语的词性与充当何种句法成分，再去套用词类搭配规则，然后再说出具体的搭配，不仅提取速度慢，而且功能层面指导的搭配很容易出现意义层面失配，从这个意义上说，我们还没有教会学生怎么使用词语。

难道要给学生逐一列举搭配吗？教具体的词义搭配到底可不可取？如果不发挥用有限语

法规则管控无限言语的经济性,那我们的教学时间成本耗得起吗?我们教师掌握语法规则的意义和价值又何在?后来笔者发现有些汉语教材也在词语后面给出了一些典型搭配,我们慢慢有了教词语要教词义搭配的自信,尝试着把它们融入教学中,并且根据词类搭配的功能项尽可能多地自造搭配领读,这些搭配丰富多样,从课文基本词义词性搭配到生活中常用搭配及词义引申搭配,学生不仅念得起劲儿,而且对这些词的感性认识更丰富,到学生自主造句产出环节,输出的句子和篇章就丰富多了。至此,我们终于找到了在课堂上提升学生词语搭配运用能力的方法,那就是把教师固有的语法知识作为底层指导,但给学生展示和操练的应是在语法知识有意识指导下的具体意义的词语搭配,在具体搭配使用中培养学生语感并提升词语搭配能力,用教师的心理词典最大限度地去拓展学生的心理词典。

(五)模式的提炼

要组织开展一堂词汇教学,仅有理念和方法还不够,教学内容、教学时间、教学环节、课堂组织管理等都要通盘考虑。以精读课为例,6学时一课的精读课,笔者一般会把生词依次切分为3组,一次完成1/3,一讲90分钟用25—30分钟完成生词讲授,然后顺利进入相应的课文语法练习等环节。

有别于普北教学模式有大班、小班、讨论甚至单班课,我们平时汉语课堂教学从始至终面对的都是一个整班,如何在这短短的半小时给每个学生最大化的学习机会,让全班学生能够在学习掌握词汇音形义的同时还要形成词汇运用能力,课堂教学活动组织实施过程中教学时间和教学环节的紧凑把控、教师角色和身份的定位等都至关重要。该教学模式下课堂上教师更多时候是报幕员兼评论嘉宾,舞台上忙碌着的演员应始终是学生,除了少量必要的语音示范、搭配拓展、造句纠错、词形点拨以外,教师的作用更多地在于幕后组织教学,把开口时间交给学生,自己则充当看似轻松的局外人。但该教学模式对教师知识储备的要求却又是无止境的,教师要具备教学法、语言本体、二语习得等各方面的知识,比如,教师要做到语音规范,对于调型要能生动演示;教师要有扎实的语法知识和语用能力,还要有认真备课的态度,为学生拓展的搭配要全面典型;教师要能用二语习得理论解释偏误,并能用语言本体知识解释近义词语失配,还要能够妥善对待学生表达中的政治、宗教、文化等敏感问题;指导词形书写的教师既要有造字法理论,也要有汉字文化功底,这些是词汇教学中向内解构、让学生发现汉字魅力、喜欢汉语的点睛之笔和法宝,但要注意在词汇教学中不可本末倒置、喧宾夺主。

总之,围绕全面提升学生词汇运用能力、给学生最大化的学习机会、在具体的使用中培养学生的词汇搭配能力等目标,我们在后来的实践中逐渐完善并生成了本文界定的"声义形用"四位一体的教学模式。正如后方法指出的,没有最优的教学法,该模式也一定有许多不完善的地方,但这是我们目前词汇教学中所探索到的较为理想的模式。

三、怎么样——对教学模式的反观

（一）实践反观

运用该教学模式，我们在面向中亚学生的教学中取得了比较显著的成效。2014年秋，吉尔吉斯斯坦国立民族大学本科一年级10余个班开设汉语精读课，其中6个班由中国教师任教，笔者所任教的ПП5-15班共有13名学生，在精读课词汇教学中采用"声义形用"四位一体教学模式，经过一年的汉语教学取得了显著成效。由于该教学模式课堂教学环节紧凑，每位学生会有反复开口的机会，促使学生课前必须充分预习，从而做到课堂上精神饱满。经过一段时间声调感知竞读、词义搭配体会、头脑风暴造句、随堂闭目书写等词语声形用教学，该班汉语学习氛围浓郁，学生明显喜欢用汉语进行口头和书面表达，也乐于完成生词书写造句等书面作业，班级积极开展汉语听写竞赛以及早读演讲，汉语学习兴趣从精读课堂向课外延伸，学习效果显著。一年级演讲比赛中该班学生包揽第一名和第三名；期末精读考试作文满分为20分，该班最低分为12分，其他平行班作文成绩绝大多数在10分以下；赴中国学习与HSK成绩挂钩，经过一个学期该班6名学生入选中国夏令营，经过一个学年又有6名学生被选送到中国内陆各省市进行一年以上奖学金学习，选派人数均在年级中处于领先。

当然，影响成绩的还有其他因素，比如班风学风的培育、作业布置与批阅反馈、教学环节的相辅相成、考试测评、师生关系、教学环境、课外活动等，但成功的词汇教学模式无疑是其中重要一环，"声义形用"四位一体词汇教学模式从听说读写用的角度提供给学生能够搬动的语言材料，是学生形成表达的前提，驾驭足够多的能够灵活产出的词汇进一步催生了学生输出的欲望，加快他们用汉语构筑篇章的成就感，从而形成汉语学习的良性循环。

（二）理论反观

"声义形用"四位一体词汇教学模式是我们基于个人实践提升的教学模式，其中不乏凭着个人经验对教学理念的自觉应用与嫁接，比如声调教学采用基于学生认知的声调演示；使学生在教师底层语法理念指导的具体词义搭配中体会功能以培养语感；学生利用已有知识经验调动记忆、感知、联想等通用认知能力造出富有语境的句子或篇章；利用汉字结构、词源六书等加深词形书写记忆等。但"闭门造车"的模式在多大程度上能够契合后方法及传统语言理论？该教学模式是否存在明显偏差和有待改进的地方？对该教学模式进行理论参照与反观有助于模式的评价与完善。

1. 基于后方法理论的反观

后方法理论在提出三大理念的同时，也提出了10项策略，作为对教师教学的宏观指导。

将本教学模式与后方法理念及策略进行对照，二者的契合情况如表2所示：

表2　本教学模式与后方法理念及策略契合情况对照

理念	策略	本教学模式是否与之契合
培养综合语言运用能力	语言技能综合化	＋
学习者是学习的中心	最大化学习机会	＋
	最小化感知失配	＋
	提高学习者自主性	＋
	激活直观启发	＋
语言是在使用中学会的	促进协商互动	＋
	语境化语言输入	＋
	确保社会关联	＋
	增强外语语感	＋
	提高文化意识	＋

与后方法提出的三大理念一样，本教学模式着重培养学生词汇综合运用能力、以学习者为中心、坚持语言是在使用中学会的。进一步比对教学策略得出，本教学模式在很大程度上也能够契合后方法提倡的10项教学策略，如模式有助于语言技能综合化、最大化学习机会、最小化感知失配、提高学习者自主性、激活直观启发、促进协商互动、增强外语语感等，不过在"确保社会关联"和"提高文化意识"方面还有提升空间，教师可在教学过程中有意识引导学生多联系当前社会环境遣词造句，并注意引导学生的多元文化意识。但词汇教学环节不是必须同时满足所有策略，因为有些策略可以在篇章及语法等其他教学环节实现，比如关于文化意识策略，词汇教学环节可简要辅以汉字文化，但过多地展开文化讲解反而会耗费词用能力训练时间。

2.基于语言学理论的反观

后方法还指出，教师应在继承传统理论基础上不断创新，因此已有语言学理论也能为本研究提供必要的评价和参照视角。

（1）寻找适配理论。首先需寻找与该教学模式相对匹配的语言教学理论。如表3所示，通过对几种主要的语言学理论流派爬梳发现，本文的教学模式总体上更契合认知语言学教学理论。

表3 本教学模式与几种主要语言学理论契合情况对照

语言学理论流派[①]	是否契合	原因
结构主义语言学派将语言视为一个符号系统,强调语言符号的任意性和规约性。相应的教学流派(听说法、视听法等)重视语言的结构和形式,忽视语言的内容和意义,认为语言学习是习惯养成的过程。	否	该理论忽视语言的内容和意义。
生成语言学派认为语言是一个独立的、自治的逻辑系统,是人类大脑中独立的认知机制。相应的教学流派(认知教学法)强调对语言规则的学习,不重视语言的使用及语言的社会性。	否	该理论不重视语言的使用及语言的社会性。
系统功能语言学派重视语言的社会性及功能性,认为语言是社会交往的工具,语言系统是人们在长期交流中为实现各种不同的语义功能而逐渐形成的。相应的教学流派(交际教学法、活动教学法等)重视培养交际能力,强调意义的交流和交际的达成,但忽视形式的作用。	否	该理论忽视形式的作用。
认知语言学则兼具认知性与社会性,认为语言既是认知的(它源于人类认知世界的方式),也是社会的和文化的(它存在于人类社会中,是文化的载体,并且在代代相传中不断改善)。认知语言学指导下的教学观强调语境与语言使用的作用,突显语言的交际功能,这一原则与近年来倡导的内容教学法、沉浸法及任务教学法等教学法的观点相似。然而它与上述教学法还有诸多不同之处。认知语言学的教学观虽强调输入的重要性,却未淡化显性和形式教学,认为最优方式是显性和隐性教学的结合,在该理念上与基于形式的教学法有一致之处。认知语言学尚未创造出全新的教学流派和方法,但在它的教学观指导下,语言教学可以兼顾语言的形式、意义和功能。	是	该理论强调输入的重要性,也未淡化显性和形式教学,认为最优方式是显性和隐性教学的结合。语言教学可以兼顾语言的形式、意义和功能。

(2)**结合适配理论**[②]**反观**。语言观决定习得观,习得观决定教学观,下面结合本教学模式的适配理论——认知语言学理论的"三观"来反观本教学模式。结果显示,本教学模式与认知语言学在语言观、习得观方面高度契合,认知语言学的语料库、图示、图表、手势等显性教学和体验性活动对丰赡本教学模式亦有所启发。

语言观 认知语言学的语言观概要:语言是由构式组成的理据性符号(语言学视角)。具体包括三重含义:A.构式是语言的基本单位。语言由一系列构式组成,构式通过不断组装与合并,逐步形成一个庞大的语言系统。B.构式的形义关系具有理据性。强调构式的形和义之间的联系通常可以解释,而不是完全任意的。C.构式组成一个"词汇—语法"连续体。词汇和语法都是由构式组成的,只是它们抽象的层级不同而已,不同层级的构式分布在连续体两级间的

---

① 参照文秋芳(2013:48—49)。
② 认知语言学理论相关概要参照文秋芳(2013:17—49)。

不同位置，越抽象复杂的构式越靠近语法这一极。这有别于传统外语教学法对词汇和语法采取两分法。

对教学模式（以下简称"模式"）的反观：A.模式立足汉语语素、词、语块、小句等构式单位的中间环节——词汇，并且注重对构式单位的向内解构和向外建构。B.模式认为对大量具体搭配的掌握有助于规避学生在词语使用中的形式泛化导致的任意搭配，注重在具体词义搭配中培养词语搭配能力。C.模式早期探索正如传统外语教学法的"词汇—语法"两分法，忽视了"词汇—语法"连续体中大量的规约性表达，但后期改进为词汇教学不是直接教概括度高的语法层级，而是重视"词汇—语法"连续体中语块的教学。

习得观 认知语言学的习得观概要：A.语言习得是以通用认知能力为机制的概念习得。学习者借用通用认知能力感知、认识一门新语言；在此过程中会涉及原有概念、意义的运用，形成新的概念、意义，即关于新语言的知识。B.以具体的形义配对项为对象的理据习得。构式的习得是语言学习者所力争要达到的目标。具体的形义配对项是学习者语言习得的对象，语言习得是形式与意义之间配对理据的过程。C.以反复使用为方式的洞察性习得。认知语言学主张语言习得是学习者以语言的反复使用为习得方式、主动参与学习过程的洞察式学习。

对本教学模式的反观：A.模式下的学生在对词汇音形义的感知、理解、识记、体会、应用中，同样需要调动感知、理解、记忆、联想、体验等多种通用认知能力，在形成新的词义、概念过程中，会涉及对原有概念、词义的运用。B.模式下的词汇学习是在学习者不断体会多个类似的具体形义配对项的基础上，通过感知体会自下而上归纳这种形式和意义之间配对的理据，逐步形成词语功能搭配的语感，并进而自我建构抽象的语言内在结构。C.模式中学习者同样是语言习得过程中的主动参与者、语言的反复使用者、语言规则的洞察者。

教学观 认知语言学的外语教学观概要：A.以构式习得为教学目标，以理据驱动教学过程。教学中若能揭示构式形式—意义之间的关系，展现构式意义—意义之间扩展的理据，可使学习过程变得有据可循，促进深层理解和记忆。二语学习者习得不成功的原因往往在于没有学到足够多的构式，因此，语言教学的主要目标应为帮助学习者熟练掌握语言中的各种构式。教学中应揭示意义—意义之间的联系，解释意义—意义之间建立联系的理据，展示语言中意义相互联系形成语义网络的特点。具体来讲，对于一些难以掌握的多义词或语法，教学中可以先让学生熟悉其典型意义，再展示各种意义从典型意义扩展出来的方式，帮助学习者在看似有很大差异的用法之间建立联系。B.以不对称频次输入为教学内容，以显性教学提升效率。根据这一理念，教学中若优先集中高频呈现某一构式的典型成员，之后低频输入非典型成员，则可加快该构式的习得速度。通常情况下自然输入即为不对称频次输入，保证构式的典型成员或语义原型出现频率最高。语料库可以帮助教师和学习者获得某一构式不同成员在自然语料中使用频率的准确信息，通过额外的显性练习可以促进低频构式的学习。C.以体验性和交际性活动为主要教学活动。该教学理念提倡使用身体或手势等方式来体验语言的概念化特点，辅以学习者的自主探索，来获得深层次理解和记忆。认知语言学认为意义的构建以身体为基础，语言意义及其符号化模式皆来源于体验的经验，如果在动作、手势和意象中重视这些结构，激活动作和语言的联系，将会有利于理解和记忆。教师除了直接显性呈现语言规律外，还应呈现语言材料，鼓励学生主动去归纳、发现和运用其中的规律。基于认知语言学理论，以交际性活动为主要教学活动，结合语境教学是加快学习的最好办法。

对本教学模式的反观：A.模式前述指出的"搭配尽可能提供日常使用的搭配，并可在学生接受范围内适当灵活拓展"，在词的某一意义或语法功能上多次搭配反复用例，直到学生对该义项和功能了然于胸、运用自如，再进入下一个意义或功能的搭配举例，遵循了认知语言学教学观中"熟悉典型意义，再展示各种意义从典型意义扩展出来的方式"。B.模式中尽量为学生提供日常交际中使用的、纯正的语言材料，保证了输入符合自然频次分布。尽管教师一般比较容易从生活语言中提炼词语搭配用例，但必要时也可辅以语料库或词典搭配作为补充，同时在辅助时要注意，不要因一味求全而采用过僻过难用例，否则会降低学生体会搭配中习得词汇的成就感。除了本模式纠错环节提到的两种语言异同对比有助于提升教学效率，认知语言学教学观的图示、图表等显性教学方式也可以促进词义理解，如在词汇搭配释义后仍不理解时可简要使用。C.声调的手势演示帮助了学生认知理解，但体验性教学观也令我们发现模式总结时疏漏了词语搭配释义环节常用到的手势，故意识到学生能够顺利理解词义搭配也得益于我们的教学态势语，之后对前文进行了相应理论补充，并促使肢体语言的备课从无意识上升到有意识层面，可谓理论参照的又一收获。关于规则呈现，我们认为仅就词汇教学模式而言，教师不需直接显性呈现语言规律，学生在学习过程中是自下而上、自我探索发现规则。运用所学词语进行搭配造句、篇章表达是本模式的交际训练重点，训练本身要求学生将感知理解的搭配放到具体语境当中，具备围绕指定词语或话题建构对话进行交际的能力。

四、结语

最后强调本教学模式使用过程中的三点注意事项。第一，注意词汇—语法的两层性。教师利用底层驾驭的隐性语法，创设具体词汇搭配，逐渐培养学生语感。学生通过表层显性的词汇搭配，体会语法的隐性管控，逐步建构语法规则。第二，注意操练的层次性与全面性。由于首轮造句操练时学生可以自主选择板书的生词，那些剩下未被选中的生词往往是学生感到使用困难的，教师要对其稍作引导并将其圈出进行复练，以此类推进行操练并最终涵盖本课所有生词。第三，注意模式的个性化应用。模式中的"四位一体"是针对"声义形用"模式的理论系统建构而言，教学中可根据实际情况选用该模式的某个层面或相应比重，尤其对模式的组织形式和操作实施不应照搬，可根据具体教学对象的汉语水平、国别、文化、宗教差异等进行个性化应用。总之，该教学模式也是一个资源包和导向，运用时需要教师充分发挥个人的主观能动性。

参考文献

丁安琪、丁　涵(2022)后方法时代的第二语言教学法创新,《天津师范大学学报》(社会科学版)第2期。
谷　陵(2017)《美国名校在华汉语强化教学模式研究》,中央民族大学博士学位论文。
贺高燕(2020)基于认知语言学的英语词汇教学逻辑探索,《教学与管理》第3期。
库玛(2013)《超越教学法——语言教学的宏观策略》,陶健敏译,北京:北京大学出版社,第24—29页。
李如龙、吴　茗(2005)略论对外汉语词汇教学的两个原则,《语言教学与研究》第2期。
李晓琪(2004)关于建立词汇—语法教学模式的思考,《语言教学与研究》第1期。
刘玉屏、金春花(2017)美国 ACC 项目大班课提问研究,《云南师范大学学报》(对外汉语教学与研究版)第1期。
施春宏、蔡淑美、李　娜(2017)基于"三一语法"观念的二语词汇教学基本原则,《华文教学与研究》第1期。
文秋芳(2013)《认知语言学与二语教学》,北京:外语教学与研究出版社,第17—49页。
杨吉春(2011)对外汉语词汇教学应以常用基本层次范畴词汇教学为中心,《民族教育研究》第3期。
周　健(2007)语块在对外汉语教学中的价值与作用,《暨南学报》(哲学社会科学版)第1期。

汉语国际教育硕士专业区域化课程设置研究*

杨湫晗　李乾超　陈　晨

提　要　在全国专业学位水平评估工作全面实施的背景下,文章对67所高校的汉语国际教育硕士(以下简称"汉硕")专业的培养方案进行了调查分析。针对国际中文教育的语言教学、文化交流及产业化合作需求,研究以区域化的视角考察汉硕课程对语言教学能力、跨文化交际能力及"中文+"教学能力的培养与海外需求的适配情况。为面向特定领域、特定对象、特定专业提供国际中文教学师资资源,实现汉硕课程由"普适化""同质化"向"区域化""特色化""专业化"转型,提出汉硕课程设置的三点建议:应聚焦语言与文化教学需求,落实区域化课程设置;依托地缘资源,创新区域化课程设置方式;围绕产业化合作需求,发展区域化"中文+"课程新模式。

关键词　汉语国际教育硕士;课程设置;区域化;特色化

Research on Curriculum of Master of Teaching Chinese to Speakers of Other Languages: A Perspective of Regionalization

Yang Qiuhan, Li Qianchao, Chen Chen

Abstract　Under the background of the national professional degree evaluation, this article conducted a survey of 67 universities' curriculum for the Master of Teaching Chinese to Speakers of Other Languages (MTCSOL). Aiming at the needs of language teaching, cultural exchange and industrial cooperation in international Chinese language education,

---

* 本研究为教育部中外语言交流合作中心国际中文教育研究课题重点项目(项目编号:20YH11B)和世界汉语教学学会全球中文教育主题学术活动资助计划(项目编号:SH20Y15)阶段性成果。

【作者简介】杨湫晗,女,西班牙巴塞罗那自治大学博士研究生,研究方向为国际中文教育、本土教材编写。

李乾超,男,西班牙巴塞罗那自治大学博士研究生,研究方向为国际中文教育、本土教材编写。

陈晨(通讯作者),男,天津师范大学国际教育交流学院教授,博士,西班牙莱昂大学兼职博士生导师,研究方向为对比语言学、国际中文教育。

this paper investigates the match between the curriculum of MTCSOL and the cultivation of language teaching ability, cross-cultural communication ability and Chinese+ teaching ability and overseas needs from the perspective of regionalization. In order to train international Chinese teachers for specific areas, specific objects, and specific majors, the curriculum of MTCSOL needs to realize the transformation from universalization and homogenization to regionalization, characterization and specialization. Therefore, this paper proposes three suggestions for the construction of the discipline focusing on overseas needs, including implementing regionalized curriculum concentrating on geographic resources, innovating regionalized curriculum and deepening market cooperation, and developing the new model of Chinese+ curriculum.

Key words Master of Teaching Chinese to Speakers of Other Languages (MTCSOL), curriculum, regionalization, characterization

汉语国际教育专业学位自2007年设立以来，取得了跨越式的发展。截至2020年，全国共有147所高校开设汉语国际教育硕士（以下简称"汉硕"）专业，（吴应辉，2021）为国际中文教育领域培养了大批专业师资，也为中华文化"走出去"的国家战略做出了贡献。

在国际中文教育挑战与机遇并存的新阶段，应充分发挥学科在推动国际中文教育发展过程中的基础和先导作用，支持国际中文教育专业学位建设，持续提升国际中文教师培养质量和水平。2020年11月，全国专业学位水平评估工作全面展开，将汉硕专业纳入了评估之列。此次评估工作强调了产教融合的培养机制，以促进人才培养与行业需求链接，为汉硕专业未来的发展指明了方向。为国际中文教育市场提供具有区域针对性的师资资源，以服务国际中文教育的多元化需求，成为新时期汉硕培养的目标。

汉语国际教育硕士是国际中文教育的重要师资来源，汉硕培养的根基在于课程设置。近十年来，越来越多的学者对汉硕课程设置进行了深层次的思考及审视。如施家炜（2016）分析了汉硕专业主干课程，从知识结构、能力结构、所能胜任的工作三方面明确了汉硕人才培养目标，强调汉硕课程设置应顺应当前国际中文教育的新形势、新需求；蔡武（2018）就如何构建科学有效、符合需求的课程体系进行了深入探讨。可以看出，学者们已充分认识到人才培养与海外需求对接的重要性。谢丹（2019）认为目前汉硕课程中外语教学及国别化汉语教学设置不足，难以满足汉硕人才培养在外语、文化、教学实践等方面的需求；王路江（2010）、孙立峰（2012）明确指出国别化外语能力培养的必要性；而跨文化交际作为国际中文教育的重要组成部分，一直以来都受到学者们的重点关注。丁安琪（2018）对汉硕专业近年来的发展做了梳理总结，指出具体课程建设的研究，目前主要集中在对中华文化与跨文化交际类课程的研究上；在汉硕课程设置中，应重视跨文化交际能力的培养，（朱永生，2007）特别是对可能赴任国文化的适应能力的培养。（孙立峰，2012）当今多元化的国际中文教育需求，要求我们秉持区域化的汉硕课程设置理念。首先应立足现实需求,重视理论知识与海外实际的结合;(王路江,2010;孙立峰,2012)并"缩小范围",着眼于面向特定国家、特定地区的人才培养;(刘颂浩,2013)同时各高校应结合区域优势和自身特色调整培养模式,不断优化课程设置。(谢丹,2019)正如钟英华(2021)所说,汉语国际教育专业学位人才培养必须与国际中文教育行业产业密切关联,必须以服务国际中文教育事业发展需求为出发点,必须服务中国和世界各国的需求。因此,汉硕课程设置与多元化的国际中文学习需求相适配,是培养面向各区域、各领域的国际中文师资的先决条件,对顺利达成汉硕培养目标,实现国际中文教育在海外的纵深发展有着十分重要的意义。

一、新形势下国际中文教育的多元化需求分析

充分了解海外教学现状及学习需求,是设置科学合理的汉硕课程、为国际中文教育事业培养高质量人才的前提。在世界格局深刻调整、我国对外开放不断推进的新时期,国际中文教育生态正发生着显著变化,世界各地人民中文学习需求的多样性与差异性也日益彰显。而随着海外中小学汉语教学迅速发展、职业汉语教学需求突显、社会人士学习者的规模逐步扩大,(崔永华,2020)国际中文教育开始面向多层次、多领域、多维度发展。国际中文教育"教"与"学"的需求主要集中在以下三点:

一是基于语言维度的外语教学需求。对象国语言是中外沟通的必要媒介,掌握当地语言,是与当地民众进行友好交流、了解当地语言政策、发展中小学中文教育以及进行本土教学资源开发的重要基础,也是满足其他各类海外需求的先决条件。

二是基于地域维度的文化交流需求。文化交流是民心相通的必要途径,要实现中华语言文化"走出去",首先需要让世界了解当代中国,树立积极正面的公共外交中华形象。深入了解所在国家的文化,有助于我们有针对性地采用贴近不同区域、不同国家、不同群体受众的精准传播方式,推进中国故事和中国声音的全球化表达、区域化表达、分众化表达。[①]

三是基于市场效益的产业化合作需求。随着"一带一路"建设进程的持续发展,沿线国家地区与中国的合作不断深化,在交通、金融、法律、医疗等方面出现了大量人才缺口。实施"中文＋职业技能"教育,对提升国际中文教育和中国职业教育全球适应性,增强中国教育品牌整体国际影响力,助力各国经济社会发展,共建人类命运共同体具有十分重要的意义(教育项目研究组,2021)。掌握"中文＋职业技能"的国际汉语教学人才,能够从源头上推动国际中文教育与职业教育"走出去"融合发展。

汉硕培养应以国际中文教育的现实需求为导向,以文化交流为基本出发点,紧密联系国际

---

① 习近平:在中共中央政治局第三十次集体学习时强调 加强和改进国际传播工作 展示真实立体全面的中国,http://www.xinhuanet.com/politics/leaders/2021-06/01/c_1127517461.htm。

中文教育产业,结合各高校自身优势及特点来对汉硕课程进行规划,与时俱进,不断调整优化,以服务好国际中文教育与日俱增的语言、文化及产业化需求。

二、汉语国际教育硕士课程设置与海外需求的适配情况考察

为了解目前汉硕专业课程设置情况,考察汉硕课程与外语教学需求、文化交流需求与产业化合作需求的适配程度,本研究通过网站调研的方式,浏览开设汉硕专业的各院校官方网站,共搜集到 67 所高校公布的汉硕培养方案。因此,本研究以这 67 所高校的汉硕专业课程为研究对象,从语言课程、文化及国情课程和"中文+"课程三个方面考察汉硕课程设置的"区域化""特色化""专业化"情况,分析当前各高校汉硕课程设置与国际中文教育需求的适配程度,以把握行业发展进程和动向,探析新形势下优化汉硕专业课程设置的新路径。

从高校所在地来看,此次调研的 67 所学校来自全国 23 个省、自治区及直辖市。北京 11 所(16.4%),上海 7 所(10.4%),天津、山东、广东、云南、江苏、湖北各 4 所(各 6.0%)。详见图 1。

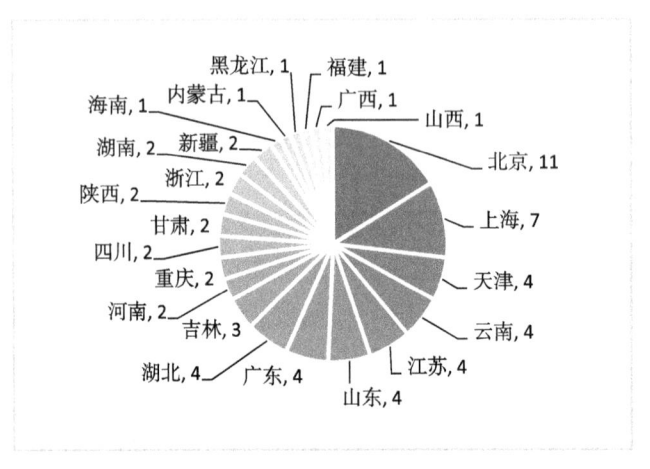

图 1　高校所在地及数量

从高校建设情况来看,此次调研的高校中,双一流高校为 20 所(29.9%),非双一流高校为 47 所(70.1%)。

从汉硕专业开设时间来看,从 2007 年起开设汉硕专业的高校有 24 所(35.8%),从 2009 年起开设该专业的高校有 22 所(32.8%),从 2010 年起开设该专业的高校有 7 所(10.4%),2014 年之后(含 2014 年)开设汉硕专业的高校共计 14 所(20.9%)。

此次调研的 67 所高校全国分布范围较广,建设情况和办学时间的取样较为详细全面,以上高校的汉硕专业课程设置能够从一定程度上反映出目前该专业的基本发展进程。

基于前文对国际中文教育的需求分析，此次调研的课程主要包括以下三类：(1) 基于语言维度的第二外语/语言对比课程；(2) 基于地域维度的文化及国情专题课程；(3) 结合本校优势/特色学科开设的"中文+"课程。

（一）基于语言维度的第二外语/语言对比课程与"区域"的对接

1. 第二外语课程的区域化与国别化

国际中文教育的主要"阵地"在海外，汉硕培养要充分考虑外语学习的重要性。（杨薇，2013）掌握当地的通用语言，不仅能够帮助中文教师克服海外生活和工作上的诸多限制，快速与当地师生形成良好的沟通与互动，也有助于汉语教师在教学中采取适当的教学方法与措施，有效利用学习者母语的正迁移，谨慎排除母语负迁移的干扰。（魏红，2012）因此，外语能力应作为国际中文师资培养的重点。

本研究所调查的67所高校的汉硕专业均开设了英语课程，英语作为国际通用语言，在国际中文教育中能够发挥一定的积极作用。但是绝大部分国家并不以英语为第一语言，并且全球范围内不同国别、区域的中文学习者有着不同的学习习惯，他们掌握中文的优势、难点都各不相同。[①] 培养国际中文教师的外语能力，使之与各国、各区域的语言使用情况相适应，有利于当地语言教学及文化交流等工作的顺利开展，从而实现国际中文教育在世界各地"落地生根"。可见，汉硕专业第二外语课程的开设具有实用性与紧迫性。

据调查，目前仅14个省、自治区及直辖市的21所高校（31.1%）为汉语国际教育硕士专业开设了第二外语课程。而在开设二外课程的21所高校中，有11所将二外课程作为专业必修课程。二外课程的具体开设情况详见表1。

表1 第二外语课程开设具体情况

第二外语课程开设门类	高校数量	比例
1门	6所	28.6%
2门	9所	42.9%
3门	3所	14.3%
4门	2所	9.5%
5门	1所	4.8%

如表1所示，有近三分之一的高校已意识到二外课程的重要性与必要性，开始着力培养国别化、区域化中文师资的外语能力，为汉硕专业开设了第二外语课程，且开设门类超过2门的

[①] 刘利：国际中文教育的新挑战也是新机遇，http://news.blcu.edu.cn/info/1025/18647.htm。

高校有 15 所，个别学校甚至达到 5 门。

但即便是开设了二外课程的高校，对二外能力培养的重视程度也有较大差异，整体存在课时少、学分低的现象。从图 2 及图 3 可以看出，15 所高校（71.4%）的二外课程时长在 72 课时及以下且大多数二外课程不超过 3 学分。对于没有二外基础的汉硕学生来说，浅尝辄止的外语学习仅限于初步了解，难以达到在海外进行正常人际交往和教学工作的水平。从另一方面来看，如果二外课程课时量较小，所占学分不高，也不容易引起学生的重视，学习效果势必会打折扣。第二外语课程的时长及学分设置仍需各高校进一步斟酌考量。

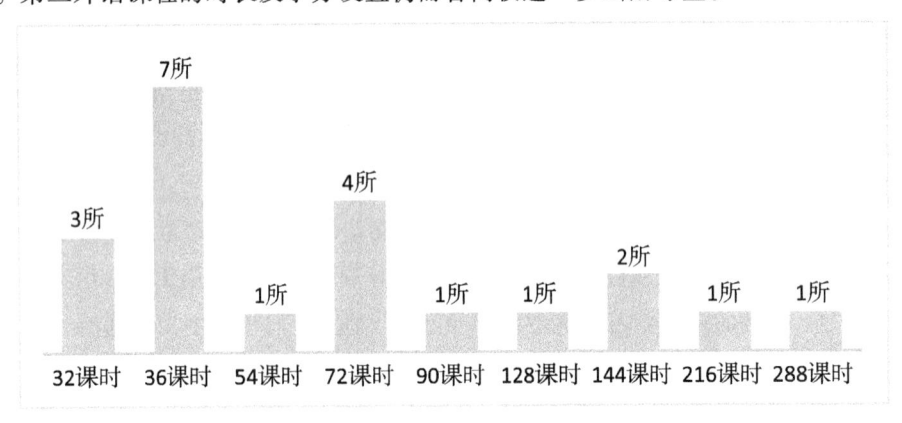

图 2　第二外语课程学年度课时分布情况

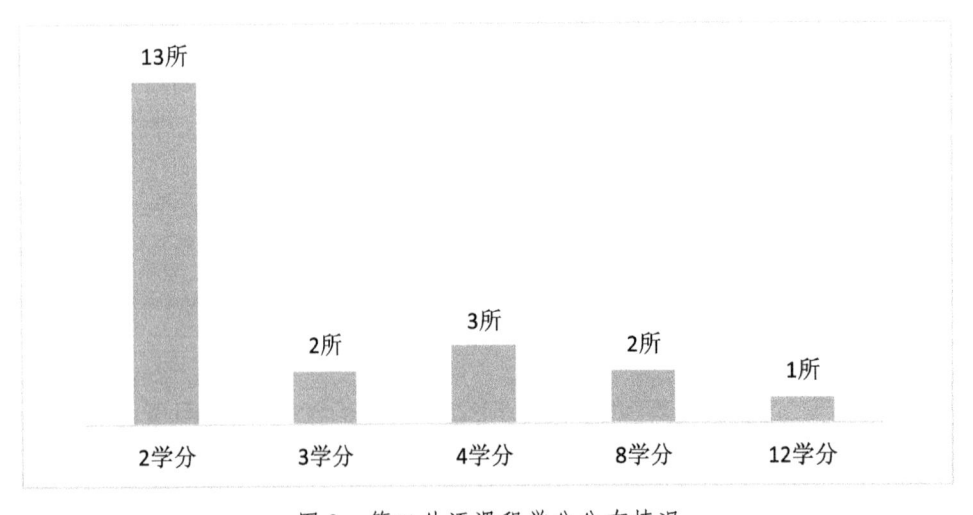

图 3　第二外语课程学分分布情况

根据笔者的调查，二外课程大于 72 课时、高于 3 学分的高校，大体分以下三种情况：（1）本身具有学科优势的外国语大学；（2）海外合作孔子学院有特定的语言需求；（3）借助地缘优势，开设邻近国家语言课程。这三类高校开设的二外课程不仅课时量明显增加，二外种类也较为丰富。

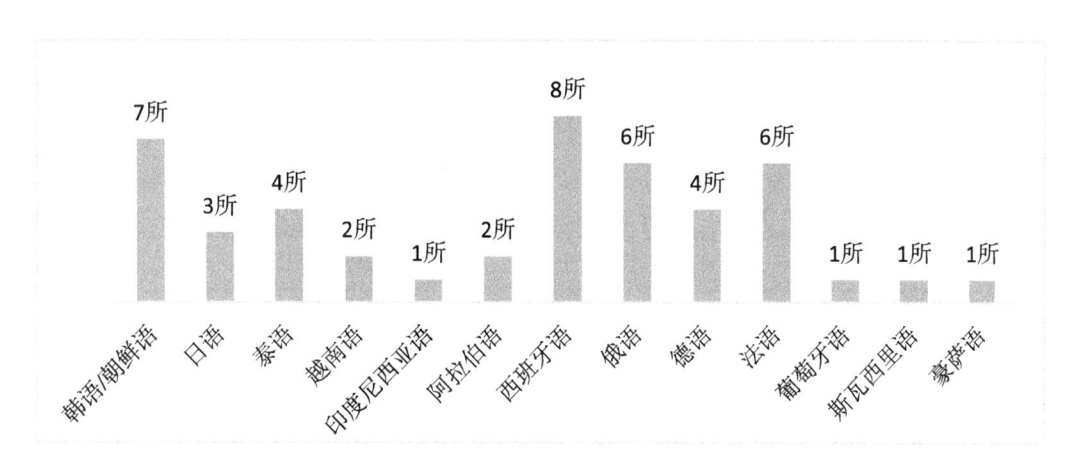

图 4 开设各语种二外课程的高校数量

从图4可以看出，以上21所高校共开设了13门第二外语课程，开设数量前四的第二外语依次是：西班牙语（8所）、韩语/朝鲜语（7所）、俄语（6所）和法语（6所）。从各高校开设二外语种情况来看，汉硕专业二外课程设置有以下三个特点：(1)对于亚洲中文教育发展较好的国家（如韩国和泰国），高校对其语言培养的重视程度也较高；(2)对于国际影响力较强的"小语种"，高校的培养力度也较大（如西班牙语和法语）；(3)各高校对师资第二外语能力的培养存在语言及地区的不平衡现象。其中第三个特点具体表现为以下两点：首先，阿拉伯语没有受到应有的重视。阿拉伯语是26个国家的官方语言，使用人口多、分布范围广，与西班牙语、法语具有同等的国际影响力，然而仅有2所高校的汉硕专业开设了阿拉伯语课程。其次，对非洲语言的培养较为薄弱。据笔者统计，截至2020年12月，非洲在46个国家共建有61所孔子学院，且作为"一带一路"重点建设地区，国际中文教育在非洲具有广阔的发展前景。但仅有1所高校的汉硕专业开设了2门非洲语言课程。与其他地区相比，非洲语言课程建设力度有待大幅加强。

2.语言对比课程的区域化与国别化

新时代国际中文教育事业的工作重心应回归初心，坚持以中文教学为主，（李宝贵、刘家宁，2021）国际中文教学能力应作为师资培养的重心。这意味着在强调汉语本体知识及外语运用能力的基础上，要更加注重培养中外语言对比分析的能力，包括对语言偏误进行预判、分析的意识及订正、总结的能力。因此，汉硕专业有必要开设中外语言对比、偏误分析及教学法等课程，以夯实基础，实现国际中文教学能力的整体提升。所谓"知己知彼，百战不殆"。尤其在目前国际中文教育区域化的发展趋势下，为满足海外各国家、各地区的中文学习需求，此类课程更应针对特定区域、特定语种而开设。

笔者所调查的67所高校均开设了英汉语言对比课程，但针对其他语种开设汉外对比、偏误分析等相关课程的高校仅有6所（9%）。具体开设情况如表2所示：

表2 各高校根据海外需求开设的语言对比课程

序号	学校	课程	形式	学分	学时
1	海南某大学	汉语—泰语对比	专业选修课	1	36
		汉语—印尼语对比	专业选修课	1	36
		东南亚学生学习汉语偏误分析	专业选修课	1	36
2	新疆某大学	汉俄语言对比与偏误分析	专业选修课	2	32
		汉俄对比教学法	专业选修课	2	32
3	甘肃某大学	对象国汉语教学	拓展课程（专业选修课）	2	36
4	云南某大学	汉语—泰语对比	专业选修课	2	36
		汉语—越南语对比	专业选修课	2	36
		汉语—缅甸语对比	专业选修课	2	36
5	浙江某大学	非洲语言类型与汉语教学研究	拓展课程（专业选修课）	1	18
		汉非语言对比	拓展课程（专业选修课）	1	18
6	内蒙古某大学	汉俄、汉韩、汉蒙语言对比与偏误分析	拓展课程（专业选修课）	2	36

以上高校开设的语言对比相关课程具有明显的区域化培养目标。如海南某大学在马来西亚设立了合作孔子学院，因此在汉硕课程中设有3门与东南亚语言对比相关的课程，专精面向东南亚的国际中文教育；新疆某大学的合作孔子学院均位于中亚，俄语为俄罗斯及中亚部分国家的通用语言，故该校开设了"汉俄语言对比与偏误分析"及"汉俄对比教学法"两门课程，致力于为中亚片区的国际中文教育打好基础；浙江某大学不仅根据海外需求开设了5门二外课程，还专门为非洲片区开设了"非洲语言类型与汉语教学研究""汉非语言对比"两门拓展课程，聚焦中文教育发展较为薄弱的区域，为区域化的师资培养另辟蹊径。

总体来看，汉硕专业针对特定语言、特定区域的语言对比相关课程存在开设高校较少、课时偏少、学分偏低的现象，且均为选修课程，受重视程度明显不足。

3. 汉硕专业语言课程与海外需求的适配情况

外语与汉外语言对比同属《汉语国际教育硕士专业学位设置方案》要求掌握的语言基本知识与技能。（丁安琪，2009）对象国语言是中外交流的桥梁；而中文与对象国语言的对比分析则是对国际中文教育的工作重心的体现。针对特定国家、特定区域的第二外语、中外语言对比等相关语言课程，旨在培养国际中文师资的外语能力和中文教学能力，能够满足海外基于语言维度的语言教学需求。因此，汉硕专业课程设置是否能够实现语言维度和地域维度的协调，体现在汉硕专业的语言课程设置与海外合作单位使用语言的适配程度上。

据调查，有15个省、自治区以及直辖市的24所高校开设了第二外语、偏误分析、中外语言对比等相关语言基本知识与技能课程。笔者将以上高校的课程设置情况与其海外合作孔子学院的信息进行了对比分析,如果此类课程涉及的语言与海外合作孔子学院所在地的通用语言相符合,或能够为特定地区的中文教育服务,则表明该校此类课程具有区域针对性,能够适应当地的中文教学情况,即可认为该校的语言基本知识与技能课程设置和海外需求相适配,反之则不适配。经整理,本文将语言基本知识与技能课程设置和海外需求适配的现状总结为以下五种情况:

表3 汉硕语言基本知识与技能课程设置和海外需求的适配情况

	适配情况	高校数量	比例
适配	课程数量大于海外合作单位需求	5所	20.8%
	课程与海外合作单位需求完全匹配	4所	16.7%
	虽无合作单位,但开设的相关课程可满足特定地区的需求	3所	12.5%
不适配	课程不能完全覆盖海外合作孔子学院需求	5所	20.8%
	课程与海外合作孔子学院需求不一致	7所	29.2%

第一,语言基本知识与技能课程不仅能够满足本校合作孔子学院的需求,还针对更多地区开设了其他语言课程。如西安某大学的海外合作孔子学院使用西班牙语和俄语,其汉硕专业开设了3门二外课程,包括2门海外合作的通用语言以及1门韩语。第二,语言基本知识与技能课程与海外合作孔子学院需求完全匹配。如新疆某大学的海外合作孔子学院使用俄语,其汉硕专业则开设汉俄语言对比课程。第三,没有海外合作孔子学院,但发挥自身专长及地缘优势,开设了具有区域特征的二外课程,能够满足特定地区的中文教育需求。如吉林某大学虽无海外合作单位,但开设了西班牙语和俄语2门二外课程,能够为使用这两种语言的地区提供适配的人才。以上三类高校践行了区域化的汉硕课程设置方式,合理利用自身资源,因地制宜,按需授课,保障了国际中文师资的专业性与多样性,能够为广大的海外中文教育市场精准输送高层次、高质量的师资。第四,一些高校存在开设的课程不能完全覆盖海外需求的情况。如上海某大学在海外有4所合作孔子学院,涉及4种通用语言,而汉硕专业只开设了1门相关二外课程。第五,部分高校开设的课程与海外合作孔子学院所在地使用的语言不一致,无法"学以致用",教育资源没有得到合理运用。如北京某大学在海外有4所合作孔子学院,当地使用的语言分别为日语、英语及西班牙语,而该校汉硕专业仅开设1门二外韩语课程,与合作单位所在地的通用语言均不符。在开设相关语言课程的24所高校中,存在以上两种情况的高校有12所,占比达50%。

由此可见,汉硕语言基本知识与技能课程与海外教学环境的适配程度有待提升,汉硕课程"培养—需求""语言—地域"之间的联系仍需进一步密切。

(二)基于地域维度的文化及国情课程与"区域"的连通

新时期的国际中文教育肩负着"讲好中国故事"和"传播好中国声音"的使命。了解不同国家与地区的文化、国情、政策，采取具有区域针对性的语言文化传播方式，是实现民心相通、提升中华语言文化的传播效能的重要前提。国际中文教师应具备双向交流的文化视野，了解所执教国家民族教育文化的价值取向，才能在非汉语环境下的课堂中找到自己的文化定位，以适当的方式将中华文化传递给学习者。（朱志平，2020）因此，各院校在课程设置上应注重对跨文化交际能力的培养，尤其应响应"一带一路"倡议，开设面向不同区域的文化国情专题课程，为特定国家、特定区域培养传播中华文化的使者。

1. 区域文化及国情专题课程开设情况

与开设区域化语言课程的高校相比，开设区域化文化及国情专题课程的高校数量相对增加，然而总体仍旧偏少。在67所高校中，有来自9个省、自治区及直辖市的15所高校（22.4%）针对特定区域开设了29门文化专题课程，如东南亚历史文化、中亚五国及俄罗斯国情等，课程内容包括各国历史、艺术、文学、地域、教育、国情等方面。这些课程均根据海外孔子学院所在地"量身定制"，旨在帮助汉语教师了解当地社会风俗，正视文化差异，在海外工作中进行积极有效的文化交流。

以北京某大学为例，其海外合作孔子学院分别位于法国、墨西哥、摩洛哥和英国。其汉硕专业除了开设法语和西班牙语作为第二外语课程外，还开设了专门的国别与地域文化课程，对中法、中西、中阿文化进行比较，无论从语言上还是文化上，都真正从海外的实际情况出发，与海外需求相匹配。

虽然已有部分高校在文化专题课程设置上践行区域化培养方案，在中华文化传播方面作出积极的贡献，但此类高校仅占调查总数的22.4%，对国际中文师资的跨文化交际能力培养仍需进一步加强。

2. 文化及国情专题课程所面向的地域分布情况

另外，笔者也对15所开设文化专题课程的高校所针对的地域做了总结，文化专题课程的对象国主要集中在欧美的发达国家及地区，对"一带一路"沿线国家的关注明显不足。尤其对中亚及非洲等中文教育发展相对滞后的地区缺乏应有的重视。仍以非洲为例。如前文所述，中国在非洲已设61所孔子学院和48个孔子课堂，笔者调查的67所高校中，在非洲设有孔子学院的高校有16所，但仅有2所高校开设了与非洲相关的文化专题课程。与语言课程类似，汉硕专业的文化专题课程设置也存在地域分布不平衡的现象。

表4 文化及国情专题课程区域针对性情况

课程面向区域	高校数量	课程门类	课程比例	课程示例
欧美	8所	13门	44.8%	欧美文学专题
东南亚	4所	7门	24.1%	东南亚国别史
中亚	3所	4门	13.8%	国别与地域文化研究（中亚）
非洲	2所	5门	17.2%	尼日利亚文化

（三）发挥本校优势学科设立的"中文+"复合型课程与"区域"的融合

时任国务院副总理孙春兰继 2018 年在第十三届全球孔子学院大会中首次提出"汉语+"概念之后，又于 2019 年在国际中文教育大会上强调要积极推进"中文+职业技能"项目。"中文+"作为国际中文教育新模式，已为深化区域交流合作、推动中华语言文化传播做出了诸多有益的尝试。同时注重中文教学能力和非语言类课程教学能力的培养，将能帮助汉硕学生更快地适应海外现实需求，成为能够承担"中文+"类课程的复合型教师或"通才型"教师，（丁安琪，2021）为国际中文教育事业谋求新发展。高校是孕育国际中文师资的"沃土"，在汉硕课程中融入"中文+"理念，将成为汉硕培养的新动向。

67 所高校中，仅有 2 所高校发挥自身学科优势，在商贸及中医 2 个领域共开设了 6 门"中文+"汉硕特色课程。开设"中文+"课程的高校比例为 3%。

北京某大学的汉硕培养立足国际商务汉语教学，设置"中文+商贸"特色课程，将本校优势学科与汉硕课程结合，开设了"高级商务英语""区域经济与文化"与"商务汉语教学概论"3 门课程。此外，还专设"国际商务汉语教学与资源开发基地"，并在英国、希腊、墨西哥、巴西等国家开设商务孔子学院，促进商务汉语的推广，同时也为汉硕培养提供教育支持和实践保障，为国际商务领域培养专业的中文师资。

天津某大学则致力于培养"中文+中医"的专业人才。该大学以实现"以医促教，以教养医"的良性循环为导向，在海外设有泰国华侨崇圣大学中医孔子学院及神户东洋医疗学院孔子课堂，且其汉硕专业专设中医药相关课程以培养对口师资，对外有力推动中医的海外发展及文化传播，对内则不断优化"中文+中医"的特色学科建设。

以上高校找准自身发展定位，在汉硕课程设置中充分利用优势资源，彰显本校特色，为国际中文教育师资培养模式提供了新思路。

截至 2019 年，中国已为全球数十万名中文学习者开设了各类"中文+"特色课程，并于 2020 年在国内建立"中文+职业技能"国际推广基地以培养"中文+"教育专业储备人才。（教育项目研究组，2021）但就目前而言，已与海外合作开设"中文+"课程的高校，存在汉硕专业建设进程相对滞后的情况；而已设立汉硕专业的高校，需找准落脚点，加快落实"中文+"课程。"中文+"项目的实施与高校汉硕培养之间的联动还可进一步加强，以妥善解决国际中文教育人才的供需矛盾。

随着大规模"共商、共建、共享"建设项目的加速拓展，以中文学习为谋职和职业竞争力拓展的需求，将在更多国家、更广区域呈现爆发性增长。（钟英华，2021）在新时期的汉语国际教育硕士专业建设中，如何充分发掘本校优势，强化特色定位，与海外项目发展同步推进，有针对性地设置"中文+"课程，以培养专业化、多样化的"中文+"复合型人才，从而适应各领域的国际中文教育需求，是值得我们思考及探索的问题。

(四)汉硕专业"区域化""特色化""专业化"课程设置整体情况

如前所述,汉硕专业针对特定语种而开设的第二外语/语言对比课程能够满足国际中文教育基于语言维度的外语教学需求;针对特定区域的文化及国情专题课程能够满足国际中文教育基于地域维度的文化交流需求;针对特定职业领域的"中文+"课程能够满足国际中文教育基于市场效益的产业化合作需求。这三类课程立足海外学习者的现实需求,并结合高校自身办学条件和学科优势而开设,具有"区域化""特色化"和"专业化"特征。目前各高校的汉硕培养方案中,这三类汉硕课程的开设情况如表5所示:

表5 汉硕专业"区域化""特色化""专业化"课程开设情况

特色课程类型	开设高校数量	开设高校比例
针对特定语种的第二外语/语言对比课程	24所	35.8%
针对特定区域的文化及国情专题课程	16所	23.9%
针对特定职业领域的"中文+"课程	2所	3%

《全日制汉语国际教育硕士专业学位研究生指导性培养方案》(以下简称《教指委培养方案》)提出的"外语""汉外语言对比"及"国别与地域文化"等课程类型立足国际中文教育的外语教学和文化交流需求,反映出区域化的课程设置理念;而各地区日益增长的产业化合作需求,则需要能够"胜任多种教学任务的高层次、应用型、复合型专门人才"来实现。《教指委培养方案》作为汉硕人才培养的纲领性文件,(冯丽萍,2021)为各高校的汉硕课程设置提供了具有现实意义的参考和引导。从整体上看,67所高校基本参照《教指委培养方案》,从汉语言文化知识、汉语作为第二语言/外语教学的技能、外语水平和跨文化交际能力四大核心板块进行课程规划,但在具体实施过程中,所设课程呈现出的区域针对性和高校优势学科的"个性"稍显不足,汉硕课程设置"同质化"现象明显,与海外环境及教学需求的适配性有待提升。

此次调研结果显示,针对特定语种而开设第二外语/语言对比课程的高校占比35.8%,针对特定区域开设文化及国情专题课程的高校占比为23.9%,而针对特定职业领域开设"中文+"课程的高校仅占3%。仅少数高校的汉硕课程设置具有"区域化""特色化"和"专业化"特征。目前汉硕专业课程的区域化发展进程还处于起步阶段,汉硕课程设置仍具有广阔的改革发展空间。

三、汉语国际教育硕士专业区域化课程设置的新思考

在当今中文教育市场逐步细分、行业需求多样化的大环境下,国际中文教育的区域化与专

业化趋向日益明显。国际中文教育高质量发展，需要从"开荒拓土"到"精耕细作"，着力聚焦服务世界各地民众受众群体主体的根本需求。[①] "区域化""特色化"和"专业化"的汉硕课程设置，能够为区域化的国际中文教育培养特定人才，帮助当地进行本土中文教育资源建设，推进各教育阶段的中文课程发展，精准表达中国故事和中国声音，促进语言文化资源向经济效益的转变，以满足当前国际中文教育区域国别化的语言教学、文化交流以及产业化合作需求，推动中华语言文化"走出去"，最终实现国际中文教育在当地的纵深发展。

在整体规划上，汉硕课程设置应遵循《汉语国际教育硕士专业学位设置方案》的指导。在汉硕常规核心课程之外，可因地制宜、因校制宜，结合自身办学特色，针对海外合作单位的具体情况来设置本校"个性化"的汉硕拓展课程和训练课程，以培养面向特定专业、特定领域、特定教学对象的国际中文教学人才。汉硕课程设置尤其应从海外需求出发，向"区域化""特色化"和"专业化"方向发展。在国际中文教育的转型发展新阶段，各高校也应找准自身定位，强化区域化视野，立足行业现实需求，抓住时代机遇，完成汉硕课程设置从"同质化"向"特色化""个性化"和"多元化"的转变与升级。因此，为培养具有区域针对性的师资，以满足国际中文教育的多元化需求，本文针对汉硕课程设置的"区域化""特色化"和"专业化"提出以下三点建议。

（一）聚焦语言与文化教学需求，落实区域化课程设置

正如赵金铭（2014）所说，汉语作为第二语言／外语教学加快走向世界的过程，就是国际汉语教育的国际化具体体现。新时期的汉硕课程设置应以特定国家或特定区域为依托，将"国际化"聚焦到"区域化"的学习与研究上，重点培养汉硕学生的外语能力、语言对比教学能力及跨文化交际能力，以满足国际中文教育的语言教学和文化交流需求。

基于语域维度的第二外语及语言教学类课程代表不忘初心、聚焦语言主业的行业基石，基于地域维度的文化国情专题课程代表民心相通、文明互鉴的行业使命。各高校应加强与海外合作单位的联系，深入了解当地教学环境，立足当地中文学习需求，明确区域化师资培养目标。首先，语言能力培养目标从"广撒网"向国别化、区域化的方向转变。二外语种的选择正是区域化特质的具体体现，在国际中文师资二外能力培养上，各高校应明确办学目标，综合考虑合作孔院的区域化教学需求及自身办学条件，根据合作地区的语言使用情况开设第二外语课程，在二外课程的设置上突显区域特质。并适当增加课时及学分比重，保证第二外语在国际中文教育中的"桥梁"作用。其次，重视国别化、语别化教学研究，进行有区域针对性的教学技能培养，开设专项语言对比、偏误分析及教学法等应用型课程，在遵循二语教学的普遍规律的同时，探寻符合汉语特点且适用于对象国的教学途径。（刘利、赵金铭、李宇明等，2019）最后，开设面向合作地区的文化国情专题课程，以交流互鉴的文化视角，帮助汉硕学生了解并正视中外文化

---

① 来源：http://www.tjnu.edu.cn/info/1081/16102.htm。

差异，培养开放包容的国际化视野，以提升跨文化交际能力。

（二）依托地缘资源，创新区域化课程设置方式

汉硕培养的根基在国内。在国际中文教育的转型时期，各培养院校应认识到国际中文教育生态的变化以及海外市场对国际中文师资需求的转变。国际中文教育在欧美地区的发展已日趋成熟，而在"一带一路"沿线国家还大有可为。因此，无论在教育资源分配上还是在中文师资培养上，各高校可将目光从发达国家转向更具发展空间的地区，及时整合教育资源，创新区域化的课程设置方式，以适应新时期区域化的教学需求。

汉硕培养可突破各高校之间的壁垒，以校际合作乃至省际合作的方式进行，实现国内的"区域化师资培养"。如浙江省的5所高校在非洲莫桑比克、马达加斯加等国家共设有8所孔子学院。浙江省内高校可以孔子学院非洲研究中心为依托，合作成立非洲中文教育专门团队，优化现有资源，深化区域研究，开设与非洲中文教育相关课程，采用专业选修课共享、学分互认等方式联合培养汉语国际教育硕士，实现高校间的协同发展，共同经营非洲的中文教育市场。

其他地区的高校也可发挥地缘优势，积极寻求合作，合理分配教育资源，共同开设区域化的汉硕课程。如云南、广西等地高校可集中面向东南亚地区，新疆、内蒙古等地高校可集中面向中亚地区，在师资培养和海外就业方面实现跨校、跨省、跨地域合作，实现海内外优势资源共享，以国内"区域化师资培养"带动国际中文教育的区域化发展，为更多"一带一路"沿线国家的中文教育助力。

（三）围绕产业化合作需求，发展区域化"中文+"课程新模式

"汉语+"是使汉语成为未来"全球性语言"的重要理念，将引领汉语国际传播事业向更深更广的方向发展，（吴应辉、刘帅奇，2020）中文教育在国际领域具有广阔的发展空间。开设"中文+"课程，培养具有"中文+"专业技能的复合型人才，不仅能够满足当今世界，尤其是"一带一路"沿线国家对国际中文教育的迫切需求，也能够为国际中文教育培养高水平传播人才队伍，提升中文国际传播能力。（李宝贵、李辉，2021）

一要发挥高校在国际中文师资培养中的领军作用。汉硕是国际中文师资的重要来源，高校在汉硕课程设置上应树立大局意识和专业化意识，顺应国际形势，依托国家战略，将汉硕培养的焦点由欧美发达国家向"一带一路"区域转移。汉硕课程设置应本着"聚焦行业需求，强调职业胜任"的原则，根据海外不同地区的市场需求开设"中文+"课程，并做好"中文+"语言服务，为海外市场的拓展提供人才支持和语言支持，从而助推国际中文教育与职业教育融合发展，实现国际中文教育市场供需的精准对接。

二要形成"中文+"项目与汉硕培养之间的良好联动。"中文+"项目的内涵体现在语言教学技能和专业技能的紧密结合。因此，已设立汉硕专业的高校可根据海外不同地区的行业需求，在现有的专业课程基础上，将自身优势学科融入汉硕课程设置，开设"中文+法律""中

文+旅游""中文+中医"等课程,培养汉硕学生"中文+职业技能"的教学能力,推动国际中文教育向更广更深的领域发展;已与国外建立产业化合作、开设"中文+"课程而未设立汉硕专业的高校,则可利用现有市场化资源,与已设立汉硕专业而没有条件开设"中文+"课程的高校合作,将已有"中文+"课程纳入合作院校的汉硕课程设置范畴,并为汉硕学生提供实习平台,拓展就业市场,创建"中文+"项目与汉硕培养合作新模式,促进系统化、专业化、市场化的"中文+"复合型教学人才培养。

参考文献

蔡 武(2018)汉语国际教育硕士的研究回顾与展望,《云南师范大学学报》(对外汉语教学与研究版)第4期。
崔永华(2020)试说汉语国际教育的新局面、新课题,《国际汉语教学研究》第4期。
丁安琪(2009)关于汉语国际教育硕士专业课程设置的思考,《国际汉语教育》第2期。
丁安琪(2018)汉语国际教育硕士:专业发展十一年,《国际汉语教育(中英文)》第4期。
丁安琪(2021)新形势下汉语国际教育专业硕士教育实习改革构想,《国际中文教育(中英文)》第2期。
冯丽萍(2021)关于汉语国际教育硕士专业学位研究生培养方案指导作用的分析,《国际中文教育(中英文)》第2期。
教育项目研究组(2021)构建"中文+职业技能"教育高质量发展新体系,《中国职业技术教育》第12期。
李宝贵、李 辉(2021)中文国际传播能力的内涵、要素及提升策略,《语言文字应用》第2期。
李宝贵、刘家宁(2021)新时代国际中文教育的转型向度、现实挑战及因应对策,《世界汉语教学》第1期。
刘 利、赵金铭、李宇明等(2019)汉语国际教育知识体系的特色与构建——"汉语国际教育知识体系的特色与构建研讨会"观点汇辑,《世界汉语教学》第2期。
刘颂浩(2013)汉语国际教育专业硕士培养中的若干问题,《华文教学与研究》第4期。
施家炜(2016)汉语国际教育专业人才培养的现状、问题和发展方向,《国际汉语教育(中英文)》第1期。
孙立峰(2012)从海外汉语教学看汉语国际教育硕士的培养,《学术论坛》第1期。
王路江(2010)汉语国际教育硕士专业学位的人才培养,《北京教育(高教)》第6期。
魏 红(2012)区域化汉语教学与语言类型研究,《云南民族大学学报》(哲学社会科学版)第3期。
吴应辉、刘帅奇(2020)孔子学院发展中的"汉语+"和"+汉语",《国际汉语教学研究》第1期。
吴应辉(2021)专业学位水平评估对汉语国际教育硕士人才培养带来的影响及反思,《天津师范大学学报》(社会科学版)第2期。
谢 丹(2019)汉语国际教育硕士培养中的若干问题及建议——以新疆地区为例,《汉字文化》第20期。
杨 薇(2013)汉语国际教育专业硕士培养模式的探索,《天津师范大学学报》(社会科学版)第4期。
赵金铭(2014)何为国际汉语教育"国际化""本土化",《云南师范大学学报》(对外汉语教学与研究版)第2期。
钟英华(2021)汉语国际教育专业学位水平评估的方向和质量导向,《天津师范大学学报》(社会科学版)第2期。
朱永生(2007)有关汉语国际教育硕士专业课程设置与教学实习的几点设想,《云南师范大学学报》(对外汉语教学与研究版)第2期。
朱志平(2020)论"国际汉语教师教育者"的国际视野,《河北师范大学学报》(教育科学版)第1期。

国际中文教育博士专业学位设置与培养的思考*

邵 滨 富 聪

提 要 文章通过对当前汉语国际教育博士层次人才培养现状进行反思,在总结多所院校培养经验的基础上,提出未来国际中文教育专业博士培养应及时回应时代、学科发展对人才培养的新要求,应在学习借鉴国内外相关专业博士学科的设置、培养等经验基础上,建设发展国际中文教育博士专业学位。国际中文教育专业博士的培养应注意以下六个方面:培养要以需求为导向,应以与海外联合培养为主;培养目标应从研究型转为高层次、复合型、应用型;培养过程应从重视研究能力转为重视实践能力;培养过程应重视课程体系、培养方式及课堂教学的变革;学位论文应着眼于解决具有现实意义和应用价值的问题;国际中文教育博士专业学位的建设发展应有精品意识。

关键词 汉语国际教育;博士生培养;专业博士;国际中文教育

Establishment and Cultivation of Professional Doctorate in International Chinese Language Education

Shao Bin, Fu Cong

Abstract On the basis of reflecting on the current situation in the field of cultivating doctoral talents in international Chinese language education and summarizing the training applications of many colleges and universities, this paper proposes that the training of doctoral doctorates in international Chinese language education should meet the requirements of the new era and discipline development. The training of professional doctorates in

---

* 本文系国家社科重大招标课题"汉语国际传播动态数据库建设及发展监测研究"(项目编号:17ZDA306)阶段性成果。作者在原国家汉办工作期间,承担过汉语国际教育博士专业学位设置前期调研等工作,得到诸多领导、专家支持。本文成稿后,得到吴应辉、沈骑、刘玉屏、李宝贵诸位教授的鼓励与指导,曾在第三届"语言研究青年学者海上论坛"(2018.11.27)作为大会报告宣读。在此向诸位先生表示感谢。

【作者简介】邵滨,男,北京第二外国语学院汉语学院讲师,研究方向为国际中文教育。
富聪,女,北京大学对外汉语教育学院博士研究生,研究方向为语言学及应用语言学。

international Chinese language education should put emphasis on the following six aspects. First, the training of professional doctorates in international Chinese language education should be guided by the local-needs-oriented principle, which requires the joint training with overseas organizations. Second, the training objectives should be changed from research mode to comprehensive and occupational ones. Third, the cultivation process should shift from focusing on research ability to paying attention to practical ability. Fourth, the cultivation process should pay attention to the reform of the curriculum system, training methods and subject teaching. Fifth, the dissertation should focus on solving the problems of practical significance and practical value. Sixth, the development program of professional doctorate should have a high-quality consciousness.

Key words　international Chinese language education, cultivation of doctorate student, professional doctorate, international Chinese Language education

〇、引言

2013年发布的《孔子学院发展规划（2012—2020年）》的第二条指出要建立健全汉语教学和管理人力资源体系，应加强专业化师资队伍建设，明确提出应尽早完善学科体系，培养适应海外各国不同层次需求的合格汉语师资，尤其注重培养高层次国际汉语教育人才。2018年1月23日，中央全面深化改革领导小组会议审议通过了《关于推进孔子学院改革发展的指导意见》这一有关孔子学院未来发展方向的重要文件，不仅为孔子学院的发展指明了方向，更明确提出孔子学院应服务中国特色大国外交、深化改革创新，努力建设成为中外人文交流的重要力量，要围绕建设中国特色社会主义文化强国这一目标，不断推进孔子学院的改革发展。

2018年1月24日，马箭飞在《中国教育报》发表了《办好孔子学院　贡献中国智慧》一文，针对孔子学院未来发展，着重介绍了优化全球布局、扩大办学规模等四个方面的内容。在"深化中外合作，加强力量建设"方面，强调要健全汉语国际教育学科体系，在此基础上增设汉语国际教育专业博士学位。（马箭飞，2018）2018年3月，两会期间，刘宏教授提交了"关于国家设立汉语国际教育博士专业学位的建议"。① 她提出设置专业博士学位符合当前我国研究生教育改革发展的方向，有助于打造新时代中外人文交流所需的高层次人才。尽管当前众多高校都设置了汉语国际教育本科和硕士专业，但是从长远看，需要更大量的更高层次人才，才能适应未来孔子学院发展以及各院校教学和科研的需要。因此，她呼吁应尽快设置汉语国际教育

---

① 吴　琳（2018）推动国际交流——访大连外国语大学校长刘宏代表，《光明日报》3月9日，第7版。

博士专业学位。

2018年5月,为了落实教育部在《奋进之笔》中提出的"孔子学院质量提升工程"任务,教育部特批20个教育专业博士指标,在北京大学、天津师范大学等7所院校招生,尝试培养能够适应当前中外汉语国际教育、孔子学院发展和中华文化国际传播的复合型高级人才。这些高端应用型人才毕业后纳入孔子学院专职教师队伍管理,服务孔子学院及国内外该领域教学和管理岗位的需要。①2019年招生高校总数增加至21所。

本文在回顾汉语国际教育博士层次人才培养现状基础上,提出未来国际中文教育博士人才的培养应及时回应时代、学科发展对人才培养的新要求,应在学习借鉴国内外二语及相关专业博士学位的学科设置、培养等经验基础上,设置和建设发展本专业博士专业学位。

一、汉语国际教育博士层次人才培养的现状

目前,我国汉语国际教育博士层次人才的培养主要有以下三种类型:传统的语言学及应用语言学专业博士;相关院校自设专业博士以及2018年开始试点招生的教育博士汉语国际教育方向。具体情况如下:

(一)语言学及应用语言学专业博士(对外汉语及相关方向)

朱瑞平、冯丽萍等(2017)曾于2010年对国内高校汉语教学方面博士点的学科建设进行调查,我国高校汉语教学方面博士点的学科主要包括语言学及应用语言学、汉语言文字学。2000年开始设置语言学及应用语言学博士点并于2010年增加到7个。吴应辉(2018)指出,目前已有11所高校招收语言学及应用语言学专业博士学位研究生(对外汉语及相关方向),分别为北京大学、中国人民大学、北京语言大学、中国传媒大学、厦门大学、吉林大学、四川大学、北京师范大学、华东师范大学、陕西师范大学、上海师范大学。

(二)相关院校自设汉语国际教育相关专业博士

自2008年起,中央民族大学等十余所高校开始自设二级学科博士点,方向为汉语国际教育相关专业博士。王祖嫘、吴应辉(2015)曾就汉语国际教育博士招生培养情况进行梳理。2008年中央民族大学就已在语言学及应用语言学二级学科下设立了国内第一个"汉语国际传播"研究方向。2012年又在中文一级学科之下设立了"国际汉语教学"二级学科博士点,增设"汉语国际传播理论与实践"等研究方向(见表1)。

---

① 国家汉办(2018)关于做好2018年汉语国际教育方向教育博士专业学位研究生招生工作的函。

表1 汉语国际教育相关二级学科博士点设置

序号	招生单位	专业名称
1	厦门大学	汉语国际教育、汉语国际推广、对外汉语教学
2	华东师范大学	国际汉语教育
3	四川大学	汉语国际教育
4	上海外国语大学	汉语国际教育
5	北京语言大学	汉语国际教育
6	北京外国语大学	汉语国际教育
7	华中师范大学	对外汉语
8	南京师范大学	对外汉语教学
9	山东大学	语言与文化传播
10	中央民族大学	国际汉语教学

（三）2018年试点院校招生教育博士汉语国际教育方向

2018年5月，教育部特批20个教育专业博士指标，在北京大学、天津师范大学等7所院校开始招生，具体人数见表2。2019年增至21所院校。2018年是在教育专业博士下以汉语国际方向进行招生，2019年则是在教育专业博士下增设汉语国际教育方向进行招生。

表2 2018年教育专业博士汉语国际教育方向试点院校及招生人数

序号	招生单位	招生人数
1	北京大学	3人
2	东北师范大学	3人
3	华东师范大学	4人
4	华中师范大学	2人
5	陕西师范大学	2人
6	南京师范大学	2人
7	天津师范大学	4人

除此之外，从 2015 年开始，国家汉办"孔子新汉学计划"项目开始招收中外联合培养及来华攻读学位的博士生，因为大部分学生均非汉语国际教育专业，所以本文未将该项目列入目前汉语国际教育博士层次人才培养范围内。

二、传统汉语国际教育领域博士人才培养的特点

由上文可知，当前汉语国际教育领域博士层次人才培养主要由传统的语言学及应用语言学、汉语言文字学专业的对外汉语教学方向构成。相关院校自设汉语国际教育相关专业博士以及教育博士汉语国际教育方向的举措虽然已经引起学界重视，但发展仍处于起步阶段。传统的语言学及应用语言学、汉语言文字学专业下的对外汉语教学方向博士培养主要有以下三个特点：

（一）培养方向主要集中在与汉语教学相关的汉语本体领域

赵金铭（2018）详细介绍了本专业第一个博士点申报、获批前后的细节，其中有几个方面需要仔细思考。这一博士点是当时北京语言文化大学（现北京语言大学）唯一的一个"语言学及应用语言学"博士学位授权点。设立的目的是希望有利于对外汉语教学领域高层次人才的培养。针对汉语作为第二语言教学，赵金铭先生认为，首先就要解决教什么的问题，深厚的汉语功底，是教学的根本，因此需要"提升学生面向对外汉语教学的汉语本体的研究能力，特别是有关汉语诸要素：语音、词汇、语法、汉字的研究，还是最重要的"。在培养对外汉语博士生时，赵金铭先生强调"首先要把握住汉语的特点，把汉语研究透，不能以己昏昏而使人昭昭"。在后来的招生简章中，赵金铭先生把他的方向明确为"对外汉语教学·语法研究"。后来增补的一些博士生导师也延续这一传统。这一时期博士研究生的论文选题，"多为从汉语教学实际出发，发现问题，结合教学实际进行分析研究，并将研究成果反馈到教学之中"。作为本领域的第一位博士生导师，赵金铭先生不仅在学术研究方面发挥了引领作用，在学科建设、人才培养等方面同样发挥了重要的影响。

（二）培养目标以学术研究为主

这一时期博士研究生的培养目标主要以学术研究为主。北京大学在这一时期也培养了大批博士人才。以北京大学对外汉语教育学院公布的博士生培养的研究方向、内容与特色介绍为例，从中可以看出北京大学的博士生培养主要为汉语作为第二语言的本体研究、习得研究以及教学研究。教学方面的研究主要集中在汉语作为第二语言的教学历史、教学理论与方法、教材、测试与教育技术应用等问题方面，可以看出培养目标主要以学术研究为主（见表3）。

表3 北京大学博士生培养的方向、内容及特色[①]

序号	研究方向名称	主要研究内容、特色与意义
1	汉语第二语言·语言研究	本方向从汉语第二语言教学的视角研究汉语语言各要素的特点、规律及其在教学中的应用原则,并探讨汉语语言要素教学体系的构建等问题。
2	汉语第二语言·教学研究	本方向研究汉语第二语言教学历史、教学理论与方法,以及教材、测试与教育技术应用等问题。
3	汉语第二语言·习得研究	本方向研究汉语第二语言习得过程、影响因素及习得规律,并探讨汉语第二语言习得理论构建等问题。

(三)博士点学科偏少,难以满足人才培养的需求

这一时期博士点偏少,难以满足人才培养的需求。朱瑞平、冯丽萍等(2017)调查,指出当前博士点学科偏少,应适当增加专业学科,使之多样化,以满足对外汉语教学及汉语国际教育人才培养不同方面的需求。2014年之后各校的自设专业也存在类似问题。孔子学院的蓬勃发展不仅需要掌握汉语教学、语言本体研究的专业人才,更需要大批具有丰富实践经验、管理能力、跨文化沟通能力的高层次人才。

总体而言,传统汉语国际教育领域博士层次人才的培养,尤其是语言学及应用语言学下的对外汉语教学方向,存在着研究集中于与汉语教学相关的汉语本体研究领域,对当前孔子学院发展以及汉语传播不够重视,人才培养难以适应时代、学科发展的需求等问题。

三、时代、学科发展对人才培养的新要求

(一)孔子学院发展对高层次实践型人才的需求不断攀升

2006年,时任国家汉办主任许琳针对汉语国际教育的形势,提出了汉语国际教育事业应从发展战略、工作重心、推广理念、推广机制、推广模式、教学策略六个方面进行调整,促进汉语加速走向世界。(许琳,2006)2017年10月28日,马箭飞从语言学习需求、规范数量、教师、教学模式四个方面提出新的转变。(马箭飞,2017)其中关于教师方面要从派出教师为主向本土化转变,由此可见孔子学院对人才的需求发生了重大变化。

与此同时,孔子学院的快速发展,也对人才需求的质量和规格提出了新的要求。截至

[①] 北京大学2017级语言学及应用语言学博士研究生培养方案。

2018年12月,我国已在全世界154个国家和地区设立了548所孔子学院、1 193个孔子课堂和5 665个汉语教学点,全球170多个国家开设了汉语课堂或汉语专业,近70个国家将汉语教学纳入国民教育体系,全球汉语学习人数攀升至1亿。汉语国际事业的蓬勃发展,对高层次人才的需要越发强烈,尤其是具有较强汉语国际教育实践能力的高层次人才。这意味着博士生培养方向、内容应作出相应调整以满足海内外的各种需求。

(二)学科发展需要高素质的跨学科人才

早在2006年前后,学界多位专家就开始讨论学科的名称、外延与内涵。从对外汉语教学、汉语国际传播、汉语国际教育到国际中文教育,学科名称的变化既代表着事业的发展,也代表着研究的深化。在这种背景下,吴应辉(2010)提出并详细论述了汉语国际传播领域的10个问题,所包括的学科研究内容和范围已经超出了当初设置对外汉语教学研究方向的研究范围。2007年汉语国际教育专业硕士获国务院学位办批准成立,2013年教育部本科目录把原"对外汉语""中国语言文化"和"中国学"合并为"汉语国际教育"。这一系列举措说明"对外汉语"这一概念已不足以涵盖这一学科的发展现状以及未来需求。截至2021年,汉语国际教育硕士专业学位培养院校总数已经从2007年的24所增加到196所,每年招收中外学生近万人。2021年国务院学位委员会开展学科目录修订,在《博士、硕士学位授予和人才培养学科专业目录(征求意见稿)》中将汉语国际教育专业更名为国际中文教育。

近年来,伴随着全球"汉语热",招生规模不断扩大。日益增长的专业硕士发展规模对具有博士学位和丰富教学经验的任课教师、指导教师也提出了更多需求。这就要求未来培养的博士层次人才应具有较为开阔的国际视野,系统扎实的学科背景以及深厚的跨学科知识素养。

(三)海外汉语热需要高层次实践型人才

根据教育部印发的《留学中国计划》,到2020年外国来华留学人员预计将达50万人,接受高等学历教育的留学生将达到15万人。这需要更多高层次实践型汉语教师。据原国家汉办统计,全球100多个国家的2 300多所大学开设汉语课程,其中大多数院校都缺乏合格的汉语教师,众多国家向孔子学院总部申请派遣高层次汉语教师和教学顾问。

上述种种表明,国际中文教育师资需求急剧增加,国际中文教育领域博士层次人才具有大量需求,尤其是能够熟练掌握外语,具有良好人文科学素养、宽广的国际视野、系统扎实的汉语国际教育专业知识和较强的汉语教学、中华文化传播及跨文化交际等能力,能够运用科学方法研究和解决当前国际中文教育实践中的各种复杂问题,能够胜任汉语教学、管理以及中华文化传播等领域高层次工作的人才——国际中文教育领域的专业博士。

四、国内外相关专业博士培养的经验值得借鉴

（一）国内博士层次人才培养取得了一定经验

近年来，中央民族大学、华东师范大学、北京语言大学等十余所院校，努力探索汉语国际教育博士层次实践型人才的培养，先后培养了数百名汉语国际教育领域的博士，为本专业博士研究生的培养积累了宝贵的经验。在探索高层次职业人才培养的过程中，北京师范大学、华东师范大学等院校与境外高校开展联合培养，如纽约大学、俄亥俄州立大学、爱荷华大学、奥克兰大学等，吸收境外优质教育资源。双方共同参与培养过程，如对招生对象的要求、报考条件的规定、入学考试科目、内容的设计、课程计划的制定、论文标准的研制等。这些合作探索经验为未来专业博士学位的发展奠定了良好基础。

此外，我国已开设的教育学、兽医、临床医学、口腔医学等多个领域的博士专业学位教育所取得的经验，也为国际中文教育领域博士专业学位提供了借鉴。

（二）国外专业博士设置及人才培养经验可资借鉴

国外教育博士专业学位设置的经验值得参考。马爱民（2013）介绍，从1921年哈佛大学开始开设教育博士专业学位以来，教育博士专业学位先后在美国、澳大利亚、英国、爱尔兰等多个发达国家和地区开设。经过近百年的探索，教育博士专业学位教育积累了丰富的经验，形成比较成熟的办学模式，可供国际中文教育专业领域学习和借鉴。

与此同时，英国、美国、日本等国家也极其重视本国语言的海外推广，相关二语教学专业硕士、博士学位的设置及人才培养经验值得学习。李晓琪等（2002）介绍了英语、日语第二语言教学学科的发展情况。如英国较早开设TESOL专业，招生院校超过35所，美国从20世纪60年代起开设设置TESOL专业，招生学校超过160所。加拿大、澳大利亚等国家也都设有TESOL专业，培养不同层次的TESOL教师。1985年，日本筑波大学等院校开始设置"日本语教育"专业或方向。2001年，早稻田大学开设了硕士课程，2003年开设了博士课程。法国和德国在培养二语师资培养方面也积累了很多经验，均有数十所高校培养对外法语、德语教学方面的硕士、博士生。

五、对国际中文教育专业博士培养的思考

针对这一时代、学科发展对高层次人才的需求，不少学者很早就提出应考虑设立汉语国际

教育博士专业。艾红培（2012）针对设立汉语教育博士专业提出尽快设立汉语国际教育博士专业一方面可以解决师资短缺等现实问题，另一方面也能提高当前汉语国际教育的质量。仇鑫奕（2015）提出应建立汉语国际教育领域的高层次人才培养平台，专门培养当前海外亟需的汉语国际教育领域高层次人才。吴应辉（2016）提出：在汉语国际传播过程中，国际汉语师资需求具有国别差异性和动态发展性，师资培养应以需求为导向。国际汉语师资培养规划应关注动态发展，着力培养可满足高端需求的"超本土"师资。

2018年，汉语国际教育专业博士作为教育专业博士的培养方向进行试点招生，2019年进一步在教育专业博士下增设汉语国际教育方向进行招生。围绕汉语国际教育专业博士的招生、培养，李宝贵（2019）对已实际招生的19所高校招生简章进行文本分析，提出五方面的改进建议；杨薇、陈媛媛、钟英华（2022）对近十年来的博士学位论文选题和研究方法进行分析，提出"加强以中文为载体的文化传播研究，重视本土中文教师的培养与发展，形成融通中外的学术话语体系，推动专业学位建设、加快构建跨学科的国际中文教育理论体系"。

2020年12月22日，天津师范大学举办了全国汉语国际教育领域教育博士专业学位研究生培养模式研讨会。马箭飞指出，一是交流两年来专业博士培养实践的成果；二是抢抓机遇，尽快解决汉语国际教育博士类别专业学位科学设置问题，诸多环节需要深入研究、仔细斟酌，如专业设置的紧迫性、招生对象的要求以及培养方案的制定、培养目标的设定、培养计划的落实等，以期达到预期目标。

上述文章和会议的观点值得深思。对于汉语国际教育的学科发展而言，独立设置汉语国际教育领域的专业博士学位具有重要意义。长期在教育专业博士下设方向培养博士生，可能导致汉语国际教育学科的教育学属性进一步加强，淡化本学科的跨学科多元化属性，不利于学科的长期发展与专业建设。2021年国务院学位委员会开展学科目录修订，在《博士、硕士学位授予和人才培养学科专业目录（征求意见稿）》中将汉语国际教育专业更名为国际中文教育，使得国际中文教育博士专业学位独立设置的目标即将实现。结合《汉语国际教育博士专业学位设置方案（讨论稿）》（2018）中的相关内容，提出未来国际中文教育专业博士的培养应重视如下六个方面的转变：

（一）国际中文教育专业博士的培养要以需求为导向

国际中文教育专业博士学位的设置、培养要以需求为导向。这一需求包括国家重大发展战略需求、行业产业的重大需求等，只有以需求为导向进行培养，才能实现预期目标。国际中文教育专业博士的培养应以外籍学生为主，争取做到定向培养。国际中文教育专业博士的招生一般应来自长期在海外汉语教学一线，具有丰富汉语教学管理经验与实践经历的人才。要正视国别差异，与海外联合培养满足高端需求的"超本土"师资。

（二）培养目标应从研究型转为高层次、复合型、应用型

国际中文教育专业博士的招生单位必须明确转变培养目标，不能满足于培养能够进行与汉语教学相关的汉语本体研究的研究型人才,更要培养一批高层次、复合型、应用型领军人才。要从传统的语言学及应用语言学下的对外汉语教学方向培养的针对汉语本体及语言教学的研究型人才,转变为培养能够适应汉语国际教育和中华文化传播发展需求的高层次、复合型、应用型高级人才,如能够进行国际汉语教学和研究、孔子学院管理及中华文化传播、公共外交的专门人才。

(三)培养过程应从重视研究能力转为重视实践能力

国际中文教育专业博士的培养应注重实践能力的提升,延长并加大孔子学院实习、实践环节的时间与指导。汉语国际教育博士专业学位获得者不仅应具有一定的研究能力,更应具备胜任汉语教学、管理以及中华文化传播等领域复杂工作的实践能力。在培养过程中,要着重培养学生发现问题、研究问题进而解决问题的行动能力。

(四)培养过程应重视课程体系、培养方式及课堂教学的变革

在国际中文教育专业博士的培养过程中,应重视课程体系建设、培养方式、课堂教学以及教育现代化的变革。课程体系应符合国际中文教育、中华文化传播和孔子学院发展的需要,应注重学科史、研究方法类课程的开设。课程内容应反映汉语国际教育和中华文化传播在理论和实践方面的最新成果。课程结构应体现综合性、研究性、实用性特征。课程教学应重视运用专题研讨、案例分析等多样化方法。综合采用慕课、翻转课堂、网络平台等信息技术手段进行课堂教学变革。

(五)学位论文应着眼于解决现实意义和应用价值的问题

国际中文教育专业博士的学位论文选题,应主要来源于当前国际中文教育和中华文化传播实践中具有现实意义、理论意义和应用价值的问题。专业博士学位论文应具有创新性,能够反映学位申请人综合运用相关理论和科学方法研究与解决汉语国际教育和中华文化传播实践性问题的能力。

(六)国际中文教育专业博士的建设发展应有精品意识

国际中文教育专业博士学位的建设发展,必须要有精品意识,努力做到控制规模、适度发展、重点监控。汉语国际教育专业博士培养应抓住需求、明确目标、规范培养、严格要求,力求培养适应时代发展,满足多方需求的高层次人才。

参考文献
艾红培(2012)设立汉语国际教育博士专业之我见,《大学教育》第6期。
李宝贵(2019)教育博士专业学位研究生招生问题的透视与改进——以汉语国际教育领域为例,《教育科学》第

5 期。

李晓琪等(2002)《英语、日语、汉语第二语言教学学科研究》,北京:中国大百科全书出版社。

马爱民(2013)国际比较视野下的教育博士发展研究,华东师范大学博士学位论文。

马箭飞(2017)延续"汉语热"要实现四个转变,《光明日报》10 月 28 日,第 9 版。

马箭飞(2018)办好孔子学院 贡献中国智慧,《中国教育报》1 月 24 日,第 1 版。

仇鑫奕(2015)汉语国际教育高端人才培养平台构建思路,《研究生教育研究》第 2 期。

王祖嫘、吴应辉(2015)汉语国际传播发展报告(2011—2014),《新疆师范大学学报》(哲学社会科学版)第 4 期。

吴应辉(2010)国际汉语教学学科建设及汉语国际传播研究探讨,《语言文字应用》第 3 期。

吴应辉(2016)国际汉语师资需求的动态发展与国别差异,《教育研究》第 11 期。

吴应辉(2018)国际汉语师资培养中存在的突出问题与解决方案,黉门论坛会议论文,北京大学。

许 琳(2006)汉语加快走向世界是件大好事,《语言文字应用》第 S1 期。

杨 薇、陈媛媛、钟英华(2022)国际中文教育相关领域博士学位论文选题及研究方法分析,《四川师范大学学报》(社会科学版),第 3 期。

赵金铭(2018)忆我校获批全国第一个对外汉语教学博士点前后,http://news.blcu.edu.cn/c/2017-07-07/485758.shtml。

朱瑞平、冯丽萍等(2017)《全国对外汉语教学与汉语国际教育基本信息调研报告》,北京:中国社会科学出版社。

中国文学走出去的重要路径
——外向型文学分级读物的编写与出版

朱勇　胡琬莹

提　要　外向型文学分级读物是面向汉语学习者的、经过科学改编的文学分级读物。为留学生提供改编后的文学作品，是增加有效输入、提高语言学习效率的重要手段，也是中国文学走出去的途径之一，符合时代背景和读者需求。目前阶段外向型文学分级读物数量较少、质量参差不齐，这与分级读物的研究滞后有关。在编写与出版外向型文学分级读物时，应关注读者需求，选择适宜的作品；注意文本特点，科学分级改编；提倡国别化、数字化出版。

关键词　中国文学；外向型；文学分级阅读；京味儿文学

The Approach to Chinese Literature Going Abroad: Publication for Export-Oriented Graded Literature

Zhu Yong, Hu Wanying

Abstract　Export-oriented graded literature aims for international students after scientific adaptations. For language learners, this kind of literature can increase comprehensible input and improve language learning. It is also an innovative way for literature to go abroad and meet the needs of the time. The number of graded Chinese literature is few and poor in quality, which could be attributed to the lack of scientific strategies for selecting, editing, and publishing. The editors are advised to choose works under the needs of readers, adapt the texts based on the features of learners and texts, and publish country-specific and digital versions.

---

*　本文系国家社科基金一般项目"产出导向型国际汉语教材与教法新模式创建研究"（项目编号：19BYY042）的阶段性成果。

【作者简介】朱勇，男，北京外国语大学中文学院教授，研究方向为国际中文教育、跨文化交际。

胡琬莹（通讯作者），女，中央民族大学博士后，研究方向为国际中文教育、第二语言习得。

Key words Chinese Literature, export-oriented, graded literature reading, Peking literature

〇、引言

语言相通是实现"政策沟通、设施联通、贸易畅通、资金融通、民心相通"的重要基础。近年来,国际中文教育在"一带一路"大背景下蓬勃发展,学习者对各类学习材料的出版需求与日俱增,出版适合汉语学习者的读物符合国家宏观战略要求。

"一带一路"倡导"架设不同文明互学互鉴的桥梁",中国文学正是向世界展示中华文明的重要艺术手段。文学是语言文字的艺术,是社会文化的一种重要表现形式。阅读欣赏文学作品也是人类共同的基本需求,可以陶冶情操,使人爱美向善。此外,阅读作为一种主要的语言输入方式,是汉语学习的重要手段。无论从国家角度,还是从语言教学与学习者角度,针对外国人的文学读物都有其编写与出版的必要性。

习近平(2014、2021)指出"提高国家文化软实力,要努力展示中华文化独特魅力","讲好中国故事,传播好中国声音,展示真实、立体、全面的中国"。在"中国文化走出去"进程中,将原汁原味的中国文学向海外传播意义重大。目前中国文学走出去主要依靠翻译,虽已取得一定的成效,但"通过翻译作品去认识一种文化犹如雾里看花,只凭借翻译作品去阐释一种文化好比隔靴搔痒"(崔希亮,2012)。仅仅通过译介传播文学会破坏文学作品的原生语言魅力,部分中国文化精髓也很难传递出去。而使用外向型文学分级读物,即以汉语作为媒介语言编写的文学分级读物,可以避免译介的问题,最大化展示中华文学文化的本来面貌与魅力,有助于宣传中华文化感召力及中国形象亲和力,"更加充分、更加鲜明地展现中国故事及其背后的思想力量和精神力量"(习近平,2021)。

中国文学流派众多,各有特点。本文以京味儿文学为例,讨论外向型文学分级读物的编写与出版问题。① 京味儿文学是能"让人回瞥到故都北京城在现代衰颓时散溢出的流兴的文学"(王一川,2006),既是中国文学的代表流派之一,又极具地方色彩,有其独有的语言文化特征。从京味儿文学入手讨论外向型文学分级读物的编写与出版,既可以服务于特色文学流派作品的分级改编与出版,又可为一般性文学分级读物改编与出版带来启示。

---

① 本研究主要关注针对成人的文学分级读物改编问题。由于成人和儿童在阅读上有不同的认知特点,针对成人和儿童的外向型文学读物,其选文原则、分级标准以及改编与出版都需要分别考虑。京味儿文学作品往往哲理深邃、语言有难度,体现了较为深层的文学文化意蕴,所以比较适合成人阅读。

一、外向型分级读物的出版现状与问题

国内汉语作为第二语言的分级读物近年来不断发展,但是到目前为止,汉语分级读物不仅在数量上远不及欧美国家,也尚未出台统一的分级标准。目前主要的汉语二语分级读物有以下几种:北京大学出版社的《汉语风》(2007),北京语言大学出版社的《实用汉语分级阅读丛书》(2008)、《中文小书架》(2009)、《少儿汉语分级读物》(2009)、《好朋友汉语分级读物》(2014)、《学汉语分级读物》(2014)、《轻松猫——中文分级读物》(2016),外语教学与研究出版社的《中文天天读》(2009—2012),华语教学出版社的《汉语分级阅读》(2015)、《彩虹桥汉语分级读物》(2016)。汉语二语分级读物的分级标准主要有词汇量、汉字量、语言难度、学习时长等因素,有些读物还对应了汉语水平考试(HSK)级别和《欧洲语言教学与评估框架性共同标准(CEFR)》。

已出版的汉语分级读物尚存在一些问题。首先,数量明显不足。在各类国际汉语教学资源中,汉语读物仅597册,占6.2%;分级读物数量更少,仅37册,占0.4%。(翟汛,2010)而截至2008年,英语的分级读物多达2 000余册。(Hill,2008)在汉语读物中,以文学作品作为主体的分级读物数量少之又少,质量也亟待提高。其次,分级读物的分级缺乏统一标准。(曹旸旸、张建,2021)不同读物标准各异,给汉语学习者的选择带来困难,也影响了课外阅读的连续性。统一的、针对文学读物的分级标准有待研究。最后,部分分级读物存在内容选择不合理、词汇量较大、语言偏难等问题,(周小兵、钱彬,2013;王鸿滨、樊月美子,2016)科学合理的改编方案是解决这些问题的重要支持。

分级阅读理念源于欧美国家,其理论完善,读物丰富。分级阅读在中国台湾、香港等地区也已经开展了十余年;而在中国大陆,无论在母语教学,还是国际中文教学中,分级阅读都刚刚起步,呈现出读物数量较少、质量良莠不齐、没有统一的分级标准等特点。学习者虽有阅读中国文学作品的愿望,但是中国文学分级读物的缺乏以及原文较难、译作翻译不到位等问题的存在,导致学习者的文学阅读需求无法被满足,所以跟学习者汉语水平相匹配的中国文学分级读物亟待开发。

二、外向型文学分级读物的出版需求

党的十九大以来,我国正努力推进国际传播能力建设,在讲好中国故事,展现真实、立体、全面的中国,提高国家文化软实力等方面用力颇多。文学和语言是中国文化的重要载体。在中国文化走出去的道路上,文学传播和汉语教学是两大依托。目前,中国文学走出去主要以译

介为途径,很多中国经典文学已翻译成多种语言传播到海外。但是文学译介存在局限性,缺乏语言依托的文学作品失去了语言层面的文化意义。将文学与汉语传播相结合,是讲好中国故事、实施中国文化走出去的重要途径。

(一) 外向型文学分级读物的编写出版符合时代要求

首先,阅读原汁原味的中国文学作品可帮助外国人深入理解中国文化。世界范围内的汉语学习人数多,需求量大。截至2020年底,世界上已有70多个国家将汉语纳入其国民教育体系,180多个国家和地区开展中文教育,外国正在学习中文的人数超过2 000万。[①] 汉语学习者在日常生活与国际往来中接触、了解中国文化,是中国文学、文化传播的有生力量,他们如果能大量阅读用汉语书写的中国文学作品,既可以帮助其提升汉语水平,也有助于其了解中国文化。

其次,后疫情时代国际形势发生重大变化,线上教育的快速革新给线下面授带来巨大冲击,各国的语言教育都出现了自主化、虚拟化、碎片化的发展趋势。分级读物可由读者自主选择并设置进度,是泛在学习(ubiquitous learning)的重要资源。

(二) 外向型文学分级读物的编写出版符合学习者需求

第一,学习者最好的泛读方式是阅读分级读物。(Bamford,1984)分级阅读作为泛读的一种,可以解决学生输入量不足的问题,大量课外阅读使学生获益匪浅,可以帮助学习者从"学习阅读"过渡到"为学习而阅读"。(王鸿滨,2016)选择合适的阅读材料,进行分级阅读也是提高学习动机、促进第二语言学习的重要手段。

第二,文学阅读能够有效促进语言学习。文学作品生动自然、故事性强,具有真实、易读、易记等适合二语学习者的特性,还可以激发学生的学习兴趣,降低学习焦虑,在轻松的阅读氛围中获得文学和语言输入,这也是文学作品的最大优势。文学阅读符合中高级学生的水平,也符合中高级汉语教学目标的要求。同时,文学作品中丰富生动的表达,可以帮助学生丰富词汇量,掌握复杂的结构,有利于提高学生的语言能力。此外,文学阅读可以锻炼学生的阅读和写作能力,提升学生的思维水平和审美能力。而且,文学阅读也符合主流二语习得理论和教学法的要求。文学作品具有一定的难度和高度,通过"互动协同""拉平效应",读者可在与作者的互动中提升自己的阅读和语言水平,这样的互动会促进读者语言的发展和对文化的理解。

第三,文学阅读能够帮助语言学习者缩短与目的语的文化距离。以京味儿文学为例,其语言具有浓烈的地方色彩,如儿化音多、词汇有地域特色。如果汉语学习者能够直接阅读京味儿文学文本,通过文本他们可以了解到北京的地方特色文化,加速融入汉语社区,减少与汉语社区之间的心理距离和社会距离,克服异国"孤独感",增强对当地的身份、文化认同。

---

① 教育部政府门户网站:http://www.moe.gov.cn/fbh/live/2021/53486/。

（三）外向型文学分级读物是课本的有益补充

从对外汉语教材发展史来看，文学阅读是汉语教学的重要组成部分。回顾对外汉语发展历程，文学阅读很早就受到了汉语教育者的关注。法国耶稣会传教士戴遂良1892年编纂的汉语教材《汉语入门》中选取了中国古代小说集《今古奇观》《聊斋志异》和《家宝二集》中的文章。20世纪70年代后期至80年代中期，文学作品是中高级对外汉语教材的主体内容。此后，文学作品进入教材的情况有所减少。时至今日，文学作品多以节选的方式零星出现在中高级对外汉语教材之中。但是，节选的作品由于情节缺失，容易给学生带来理解困难；而太长的文学作品又不适宜直接进入课本，因此，文学作品如能以课外读物的形式提供给学习者，将成为课堂教学的重要延伸，与课内学习形成良性互动。

三、外向型文学分级读物的编写与出版策略

（一）考察读者需求，注重选文质量

读者需求是文学分级读物编写的重要因素。对于汉语学习者来说，可懂易懂的文学作品更容易吸引注意、引发共鸣，从而促进语言和文学的输入。总的来说，在分级读物选材时，既要选择有代表性的、典型的、公认的作家作品，又要考虑作品的时代性。经典文章往往历久弥新、引人入胜；先锋作品与当下生活结合紧密，与读者的日常生活有共通之处，两者都是分级读物选文的重要来源。以"京味儿文学"分级读物为例，典型的京味儿文学使用地道北京话，反映了北京的传统民俗与风土人情，蕴含着北京人的内在精神文化特征，同时也深刻反映着时代特征与中国文化精髓；当代的京味儿文学作品则描绘了现代北京人的日常，接近当代生活，反映现代化、国际化的北京，将传统文化与现代发展结合起来。因此，我们建议既要选择老舍、邓友梅等传统京味儿文学作家作品，又要兼顾"新京味儿"代表人物刘震云、王朔等作家作品。

在具体文章选取上，根据前期对留学生和一线教师的调查，我们认为分级阅读材料的选择既要考虑语言难度，又要兼顾文学理解深度，具体原则如下：

一是趣味性。有风格、有深度、有情节、哲理深邃的文章具有较高的趣味性和文学性，可以吸引读者，在选择文本时，需要考虑文本是否吸引读者，特别是要能激发留学生的兴趣，这也是外向型文学分级读物选文的首要原则。对于京味儿文学而言，除了要注重内容、情节的趣味性，也要兼顾语言的幽默特点。语言幽默是京味儿文学的重要特征，王朔的调侃小说、老舍的西式幽默作品等都是充满趣味性的京味儿文学典型作品。但语言幽默是学生的阅读难点，所以在选文时，应主要考虑内容的趣味性，兼顾语言幽默。

二是普适性。在选文过程中，要注意主题和内容的"普适性"。选材可以从与学生日常生

活息息相关的主题出发，选择介绍饮食、日常起居、课堂内外等内容的文章。这些文章易于理解，也容易引起学生共鸣，从而让学生获得良好的阅读体验和实用性的知识。(张文联，2011)在京味儿文学分级读物的选文中，可以选择北京特色饮食文化相关散文，如肖复兴写北京小吃的散文《冬日四食》《北京小吃》等。这类关于饮食的文章与来华学生的生活相关，他们在课余可以实际体验到文中提及的内容。同时，这类文章的趣味性也往往较高，引人入胜。

三是多样性。 选文需做到多样，兼顾文化多样、题材多样、体裁多样：既要蕴含中国文化特点，又要体现地方特色；既要关注自然风光，也要涉及人文情怀；同时要全面选取写人、叙事、抒情等体裁。以京味儿文学为例，这一流派的作品写人记事的较多，通过北京人、北京事展示了北京风、北京情。在选文时也可以拓宽思路，选择一些写景、写物的文章，给读者更多的阅读选择。也可以同时构建分级读物的备选文本库，给文章做详细的标注，标记话题、体裁、关键词等，以备后用。

（二）探究分级因素，科学分级

在高质量选文的基础上，应全面考察读者的阅读难点，探究分级的影响因素，构建科学的分级体系，为京味儿文学的分级、改编与出版做好基础工作。前期研究发现，京味儿文学分级的影响因素主要有：学习者的汉语水平、学习者的语言文化背景以及文学的文本特点。(朱勇、胡琬莹、田嘉欣，2020：82—116)

首先是学习者的汉语水平。 文学阅读不同于一般作品的阅读，难度较高，需要学习者有一定的汉语水平和认知能力才能够读懂。所以，文学阅读分级读物的对象主要是中高级的成人汉语学习者。同时，中高级汉语学习群体内部的文化知识储备、阅读能力等也有较大差异，在针对文本分级的同时，也可以构建以学习者学习能力为基础的对应标准，对标学生水平与分级标准。

其次是学习者的语言、文化背景。 学习者的母语主要影响注释语言的选择，最好的方法是采用学习者的母语注释。在外向型文学分级读物的编写与出版中，可以根据读者人群和出版对象国，编写相应语种的读物。文化背景则影响学习者对文本中文化内容的理解。针对不同文化背景的学习者，可以采用不同的文化解释方式。如对于来自汉字文化圈（韩国、日本、越南等中国周边国家）和非汉字文化圈的学习者，文化的注释方式可以有所区别。对于汉字文化圈的学习者来说，其本国文化与中国文化具有很大的相似性，注释的时候要关注文化差异，可使用文化比较的注释方法；而对于非汉字文化圈的学习者来说，其本国文化与中国文化差异较大，所以他们更需要的是对文化的直接介绍，加入"文化小贴士"等介绍板块更为合适。

最后是文学的文本特点。 中国的现当代文学作品有着鲜明的特征，每个流派的作品也都有其特点，这些特点在分级改编时需要纳入分级体系。前期研究发现，京味儿文学的分级标准中包含字词认知（"汉语文本指难针"指数、长难句）、篇章结构（写作方式、体裁、专家评分）、文化背景（共性/个性、京味儿词语）三个主要维度。(朱勇、胡琬莹、田嘉欣，2020：144—150)

其中，文化背景维度就涉及了京味儿文学的文化特征以及京味儿词语的语言特征。

（三）提倡国别化、数字化出版

在科学选文、编写的基础上，外向型文学分级读物的出版也需讲求策略。

首先，出版应具有国别化意识。在选文普适性原则的基础上，出版方需根据对象国汉语使用者的需求和水平对文本进行再次筛选，按照对象国的语言文化特点组织专家力量，参照通用分级标准和改编策略，实施国别化改编，构建"区域化表达"。具体策略有：在普适性文本的基础上，针对性地加入涉及当地文化的文章，如中国作家撰写的当地游记等；用当地语言作为读物的媒介语；出版与推广时重视国别特征与中国文学读物的契合，定向宣传。

其次，注重配套数字媒体与线上服务。随着数字化阅读的崛起，在纸质书出版的同时，外向型文学读物也可提供数字媒体，为读者提供多元服务。针对外向型文学分级读物的数字媒体可以包括线上分级选文体系、配套有声书以及阅读测试题。分级选文体系帮助读者定位语言水平，根据兴趣选择适宜的分级读物，并提供背景知识介绍；有声书可以辅助阅读，提供多模态输入，促进语言发展；读后测试题帮助读者复习巩固，也为编写者提供动态数据，为书籍更新改版提供参考。

四、结语

中国文化走出去工程实施以来，中国文学的大量译本在海外发行。然而，通过翻译作品去认识、阐释一种文化不如通过目的语阅读直接、透彻。所以，改编后的外向型文学读物对于文化传播意义更大。同时，分级读物是增加学习者有效输入、提高他们语言学习效率的重要手段。因此，应尽早对文学文本分级的标准和改编方法进行研究，尽快编写出外向型中国现当代文学分级读物。这样既可以促进外国学生汉语水平的提升，也可以推进中国文学、文化走出去进程。

参考文献

曹旸旸、张　建（2021）汉语分级读物的出版探究，《出版广角》第 3 期。

崔希亮（2012）汉语国际教育与中国文化走出去，《语言文字应用》第 2 期。

王鸿滨（2016）留学生课外汉语分级阅读框架体系建设构想——以经贸类材料为例，《语言教学与研究》第 4 期。

王鸿滨、樊月美子（2016）北京国际学校少儿汉语分级读物考察，《云南师范大学学报》（对外汉语教学与研究版）第 4 期。

王一川（2006）京味文学的含义、要素和特征，《当代文坛》第 2 期。

习近平（2014）习近平在中共中央政治局第十二次集体学习时强调　建设社会主义文化强国　着力提高国家文化软实力，《人民日报》1 月 1 日。

习近平(2021)习近平在中共中央政治局第三十次集体学习时强调 加强和改进国际传播工作,展示真实立体全面的中国,《人民日报》6月2日。
翟　汛(2010)汉语教学资源体系所要求的新一代对外汉语教材,《长江学术》第1期。
张文联(2011)中高级对外汉语教学中的文学教学研究,《黑龙江高教研究》第5期。
周小兵、钱　彬(2013)汉语作为二语的分级读物考察——兼谈与其他语种分级读物的对比,《语言文字应用》第2期。
朱　勇、胡琬莹、田嘉欣(2020)《面向欧美汉语学习者的京味儿文学分级研究》,北京:外语教学与研究出版社。
Bamford, J. (1984) Extensive reading by means of graded readers. *Reading in a Foreign Language,* 2.2, 218-260.
Hill, D.R. (2008) Survey review: Graded readers in English. *ELT Journal,* 62.2,184-204.

周小兵等《汉语教材词汇研究》出版

周小兵等《汉语教材词汇研究》由商务印书馆出版。该书是国家社科基金项目"基于语料库的汉语教材多角度研究"(14BYY089)的成果。

该书基于大规模汉语教材语料库的实证研究,聚焦汉语教材词汇编写,切实推动国际中文教材建设和发展,助推中文国际传播与共享。该书系统考察了30多个国家和地区、16种媒介语的上千册汉语教材,对汉语教材的词汇选取、难度、重现率、译释、多义词和难词处理、国别化适龄化等进行了系统的研究,基于语料库,就词语解释、呈现、讲解、练习、话题与文化点等进行了深入探讨。全书基于全球汉语教材语料库的大数据考察,描述事实,统计数据,提出问题,总结规律,得出创新性结论,为优化汉语教材编写提供了具体的建议,为国际中文教育专业的研究生、教材编写者和研究者提供参考。

南非国际中文教育资源建设发展报告

陈 宏 李佳悦

提 要 南非是非洲大陆中文教育发展最好的国家之一,为了全面展示南非中文教育以及中文教育资源的发展情况,运用文献研究法、调查法等,总结了南非中文教育发展历史及各个阶段的特点;全面呈现南非中文教学现状,分析南非外语教育政策等对中文教学资源的影响;从国民教育体系、华文学校、专门用途、数字化等层面展现南非中文教学资源建设及使用情况;分析南非的中文教学大纲、本土教材建设、本土教师及本土教材研究、数字化教学资源开发等方面存在的问题,提出相应的对策。

关键词 南非;中文;教学;资源;发展

A Report on the Construction and Development of International Chinese Language Education Resources in South Africa

Chen Hong, Li Jiayue

Abstract South Africa is flourishing in Chinese language education in Africa. In order to fully showcase the development of Chinese language education and Chinese teaching resources in South Africa, this article first summarizes the history of Chinese education in South Africa and analyzes the characteristics of each stage, and then presents the current situation of Chinese teaching and analyzes the influence of foreign language education policy on Chinese teaching resources in South Africa. The construction and use of Chinese teaching resources in South Africa are presented from the aspects of national education system, Chinese schools, special purposes and digitalization. This article further analyzes the

---

【作者简介】陈宏,女,天津大学国际教育学院副教授,研究方向为汉语国际教育。
李佳悦,女,天津大学国际教育学院硕士研究生,研究方向为汉语国际教育。

problems in the Chinese syllabus, the construction of local textbooks, the research of local teachers and local textbooks, and the development of digital teaching resources in South Africa, and puts forward corresponding countermeasures.

Key words　South Africa, Chinese, teaching, resources, development

一、南非国际中文教育概况

南非位于非洲大陆的最南端,是非洲经济最发达的国家。作为非洲大陆拥有华侨华人最多的国家,南非也是非洲中文教育中历史最长、发展最快、规模最大的国家。南非中文教育的历史可追溯到 20 世纪 20 年代,已有百年历史,1920—1997 年属于华人自发办学阶段,自 17 世纪开始华工参与到南非殖民地开发中,(李安山,2000)20 世纪 20 年代开始,华工陆续定居,开始对子女进行华文教育,华人社区私筹资金陆续建立华文学校,(周南京,1997;麦礼谦,1999)为后来中文在南非的推广提供了良好的基础。新中国改革开放以后,中国大陆新移民也加入到华文教育的行列,1990 年南非比勒陀利亚的华侨公学建起了新校舍,约翰内斯堡的国定学校则承担了中国与南非文化交流的重担,也在南非开办了一所华文学校。(林蒲田,2008) 1992 年,南非大学中文部也开始了中文教学。

1998—2012 年属于南非中文教育加速发展阶段,中南两国于 1998 年正式建交,中文教育在南非越来越受重视。南非斯坦陵布什大学是南非最早进行正规中文面授教学的高等院校,其中文教育始于 2000 年。(冯雷,2008) 2003 年中南两国签署高等教育合作协议,开启两国教育合作新篇章,也为两国之间中文教学的交流提供了一条新的路径。2004 年 6 月中国政府与南非政府共同签署协议建立南非斯坦陵布什中国研究中心,2005 年国家汉办在南非开设了中国语言文化中心,此后开普敦大学孔子学院(2007 年 12 月)、罗德斯大学孔子学院(2007 年 12 月)、斯坦陵布什大学孔子学院(2008 年 1 月)、开普数学科技学院孔子课堂(2009 年 11 月)先后建立。其中南非斯坦陵布什大学与厦门大学合作共建的孔子学院,在南非规模最大,包括 2 个孔子课堂、19 个教学点,每年有近 2 000 名南非学生学习中文。(王颖,2020) 2012 年 6 月,南非华人华侨成立南非华文教育基金会(现改名为"非洲华文教育基金会")。此阶段中文教育在南非的发展速度明显加快。

2013 年至今属于南非中文教育高速发展阶段,自 2013 年 9 月、10 月习近平主席提出"一带一路"倡议以来,南非的中文教育迎来了迅猛发展。在原有 3 所孔子学院和 1 个孔子课堂的基础上,又先后设立了德班理工大学孔子学院(2013 年 3 月)、约翰内斯堡大学孔子学院(2014 年 7 月)、西开普大学中医孔子学院(2018 年 12 月)3 所孔子学院和威斯福中学孔子课堂(2013

年 11 月)、中国文化和国际教育交流中心孔子课堂(2014 年 7 月)2 个孔子课堂。中文教育也开始走入中小学课堂,2014 年,中南签订《中国与南非基础教育合作框架协议》,成立了南非中小学校推广中文小组,[1] 成立了南非—中国文化艺术交流协会。2015 年南非基础教育部组织中南两国专家完成中文教学大纲的编写工作,并宣布 2016 年 1 月起,中文将作为第二附加语言正式纳入国民教育体系。2015 年南非政府将中文作为选修语言纳入国民教育体系,[2] 2016 年中文成为南非政府正式认可的第二外语。2018 年中文作为南非高考第二附加语言进入考试科目,计入高考成绩。华文教学方面,2015 年南非华文教育基金会中文学校成立,主要为南非华侨华人和中资企业子女提供中文教育。2013—2018 年,南非先后成立了 5 所华文学校:开普敦中国国际学校、德班树德书院、非洲华文教育基金会中文学校、南非中国文化和国际教育交流中心中文学校以及新堡阳光中文学校。(林蒲田,2008)2019 年 1 月,南非中文教师协会成立,南非中文教师的各种诉求得到保障,中文教育体系更加规范。截至 2019 年 8 月,南非已经设有 6 所孔子学院和 3 个孔子课堂,数量居非洲之首。45 所当地中小学开设了中文课程,在读中小学生 7 100 余名,大学生学员 1 300 余名,社会学员 450 余名,并开始研究和思索"中文本土化""中文+"等中文发展新模式,开办"特色孔院",提供特色汉语教学。南非政府决定将 9 月 17 日定为南非中文日,[3] 对于南非汉语及中国文化推广具有里程碑意义。2021 年 11 月 25 日,"汉语桥"俱乐部开普敦站举行成立仪式,[4] 进一步拓展了南非中文交流平台。

由于独特的历史背景,南非共有 11 种官方语言,此外还有 14 种非官方语言。南非教育体系中设置三个层次的语言课程:英语作为学生学习和老师教学过程中使用的语言;第一附加语言作为学生必修的外语课;第二附加语言作为选修课。[5] 多语政策造成了语言资源间的相互竞争,在这种形式下,南非更加注重将有限的资源投入到本土语言的开发和使用上。

因为语言种类多样,人员构成多样,南非重视语言教育。南非国家课程和评估政策(CAPS)在语言教学方面对教师的教学内容和时间安排、教学计划都给出建议。[6] 2015 年南非基础教育部公布将中文作为第 16 种第二附加语言添加到原有的非官方语言的外语中,并公布若干中国政府承诺帮助中文进入南非国民教育体系的措施。目前南非仅有德语、塞尔维亚语和中文作为学生 3—12 年级可以学习的非官方语言的第二附加语言,(Maria de Man,2007)而且仅有德语和中文配有教学大纲,其他非官方语言的第二附加语言仅在 10—12 年级开设。南非 2014

---

[1] 南非政府将推广汉语教学 有望进入中小学课程,http://news.hnr.cn/gjxw/201406/t20140607_1254508.html。
[2] 南非政府将每年的 9 月 17 日定为"南非中文日",https://baijiahao.baidu.com/s?id=1641252237614354995&wfr=spider&for=pc。
[3] 南非设立中文日,https://baijiahao.baidu.com/s?id=1641117083060172041&wfr=spider&for=pc。
[4] 参阅:http://za.china-embassy.org/tpxw/202111/t20211128_10454431.htm。
[5] 数据来源:北语"全球中文教学线上交流平台"的第七场直播——南非中文教学的现状,包括问题、挑战和机遇。
[6] 数据来源:English Generic Second Additional Language,2011:17-81;Mandarin Second Additional Language,2014a:35-74。

年发表政府公告规定中文纳入第二附加语言，基础教育部在2016年正式开始实施中小学中文教学大纲，大纲明确从4年级开始，学生可以选择中文作为第二附加语言进行学习。

二、南非中文教学资源建设及使用现状

（一）南非基础教育体系中文教学资源使用现状

1. 南非已有体系完备的4—12年级中文教学大纲

南非2014年发布政府公告，将中文纳入第二辅助语言。2015年7月16日，南非基础教育部正式将中文纳为非官方语言，作为南非课程体系中的中高年级的第二辅助语言选修课程。南非基础教育部发布贯彻落实中文作为非官方语言的三年（2016—2018）计划，自2016年1月起，在全国范围内的地方公立学校中，中文正式作为一门外语进入到南非课程大纲体系中。同时由南非基础教育部与国家汉办专家组共同编纂的教学大纲也一并颁布，共分为中年级（4—6年级）、高年级（7—9年级）和继续教育（10—12年级）三个学段。大纲制订得非常详细，包括各学段的教学内容、教学计划、要求达到的语言技能、教学方法、课程时间分配、课程评估，甚至罗列出具体的语言点、功能项目、推荐的学习和教学材料以及每两周的教学安排。南非中文教学大纲不同阶段的教学重点和课程周课时分配都随着学生年级的增长呈现出逐渐的发展性，每学年最终分数由平时分数和期中、期末考试分数共同构成，不同阶段各语言技能所占分数比例不同。[①]

2. 南非中文高考教学材料的选择

2018年中文科目开始纳入南非的高考体系，由专门的机构"独立考试委员会"（Independent Examination Board，IEB）来进行高考命题、阅卷以及成绩评定等工作。南非的中文科目高考有试卷一和试卷二，为了让学习者掌握典范的汉语表达，试卷一中40%的题目会在高考指定篇目范围之内命题，指定篇目均选自中国的经典文学作品、名家名篇，2018—2022年的11篇高考指定篇目包括6首诗歌：《小小的船》（叶圣陶）、《礁石》（艾青）、《乡愁》（余光中）、《我们去看海》（金波）、《地球，我的母亲》（节选1—3节）（郭沫若）和《繁星·嫩绿的芽儿》（冰心），以及选自小学语文课本中的5篇短文：《农夫和蛇》（寓言）、《乌鸦喝水》（寓言）、《狐狸和乌鸦》（寓言）、《黄山奇石》（于永正）、《卖木雕的少年》（删去3，4，6，10段）（王晴），IEB每3—5年会对指定篇目进行更换。

3. 南非基础教育阶段教学材料的选择

南非中小学的中文师资大多是孔子学院派出的教师，南非基础教育阶段包括中小学阶段，

[①] 南非基础教育部网站：http://www.education.gov.za/Curriculum/NCSGradesR12/CAPS/tabid/420/Default.aspx。

可以细分为基础、中级和高级阶段，分别对应中国的小学、初中、高中阶段，不同学段的学生处于不同的发育阶段，有着不同的心理和认知特征，中文教育资源使用情况也体现出这一差异。通过访谈当地的中文教师以及从南非孔子学院的官网查阅材料，我们了解到不同的中小学在选用教材方面体现出一定的差异性。在4—6年级的小学阶段，学习者接受能力处于较低水平，中文课程都是利用放学以后的时间（after school class），以文化课和交际对话为主，教学内容非常有限，难以系统地学习一种特定的中文教材，教师会根据学生的情况酌情自编教材；也有些小学会从适合少儿学习的教材中选取部分内容进行教学，如开普敦大学孔子学院教学点选用针对外国小学生的中文教材《美猴王中文》《新儿童中文》。[①] 在7—12年级的中学阶段，学习者的接受能力有了一定的提高，中文教师一般会选用适合少儿学习的教材进行教学，如罗德斯大学孔子学院教学点选用《跟我学中文》，斯坦陵布什大学孔子学院教学点选用《快乐中文》《汉语会话301句》，开普敦大学孔子学院教学点选用《快乐中文》，约翰内斯堡大学孔子学院教学点选用《YCT标准教程》。也有的教学点将小学、中学的教材统筹考虑，选用一整套系列教材，如德班理工大学孔子学院教学点从小学到中学都采用《轻松学中文》系列教材，方便教师教学和学习者学习的衔接。[②]

（二）南非高校中文教材选用情况

南非高校中文教育主要分为两大部分，一部分是中文专业教育，一部分是孔子学院的中文教育。一般来说，针对中文专业学生，高校大多选用《新实用汉语课本》（1—6），（刘瑞欣，2020）每个学年完成两册教材的学习，至第三学年完成完整六册的学习。学习者的汉语水平基本可以达到HSK的4—5级。

孔子学院是南非中文教育的重要力量，南非现有6所孔子学院和3个孔子课堂，不同孔子学院根据学生特点、学习需求等选择不同的中文教材。选用《新实用汉语课本》的有4所孔子学院：罗德斯大学孔子学院、斯坦陵布什大学孔子学院、约翰内斯堡大学孔子学院、开普敦大学孔子学院；选用《HSK标准教程》的有3所孔子学院：德班理工大学孔子学院、约翰内斯堡大学孔子学院、开普数学科技学院孔子学院。开普数学科技学院还选用了《轻松学中文》，中国文化和国际教育交流中心孔子课堂选用《中文》以及人教版小学语文教材。

孔子学院及孔子课堂基本上采用中国编写的教材，这些教材基本上都是孔子学院总部重点规划面向来华留学生使用的教材，是通用型中文教材。

（三）南非华文学校中文教学资源

南非的华文教育历史悠久，当地华校是中文教育的另一支重要力量，华校的教学对象主要

[①] 开普敦大学网站：http://www.confucius.uct.ac.za。
[②] 德班理工大学网站：http://dut.za.chinesecio.com。

是华人华侨的子女。南非的华人华侨分为老移民和新移民两种情况，根据学习者家庭背景和中文基础的不同，南非新华人移民的子女往往有较好的中文基础，对这些学习者，华校采用同国内中小学的部编本《语文》系列教材。南非更多的是没有中文基础或者中文基础非常薄弱的华人子女，面对这样的学习者，大多数华文学校采用的是暨南大学编写的《中文》系列教材，主要面向华裔学生。2018年开始，中文纳入南非高考，中学阶段主要体现实用性和应试性，根据对南非任教的中文教师的调查：《HSK标准教程》可以更好地实现与新HSK的"考教结合"，是使用率最高的教材；华校选择的其他主要教材有《长城汉语》《快乐中文》《中文》；其他南非中文高考的主要参考用书还有《我的中文》《轻松学中文》《中文教程》《体验中文·文化篇》《体验中文·写作教程（初级）》《轻松学中文》《中文阅读教程》《中国文化常识》《阶梯中文·听力》《新标准中文（初级）》以及《我爱学中文》中学用书1—2册、《跟我学中文》1—4册等。

（四）南非职业中文教学资源

近年来，随着南非和中国的经贸合作越来越频繁，文化交流也随之越来越多，南非的中文教育需求量逐年增大，这也体现在南非外交部等政府部门人员和警察等公务人员身上。由于外交需求，一些外交部官员需要到当地的孔子学院和孔子课堂学习中文。南非其他教育层次中文教学资源主要对象是职业教育和社会人士、政府人员，他们所使用的教材大多数为《HSK标准教程》。

在南非的专门用途中文教学中值得一提的是警察中文培训。目前南非社会存在诸多方面的问题，社会治安状况每况愈下，南非拥有30万华人，华人社区的安全问题也很受关注。2013年中国驻南非大使馆、中国公安部和南非警察总局共同举办南非警官中文培训班，东开省伊丽莎白港第一期警察中文培训采用的教材是《HSK标准教程1》和《跟迈克学中文》（*Learn Chinese With Mike*）。之后又开办了初级、中级、高级各层次的培训班，一般是为期5—8个月的短期强化培训项目。在约翰内斯堡、开普敦、德班、纳尔逊·曼德拉湾等城市也都陆续定期开展警察中文培训，警察培训越来越受到重视。参加警察培训班的学员希望教学内容有针对性地设计关于警察办案场景的教学。张凤编写的《南非警察中文教材》，全书共有基础中文、接触犯罪、财务类犯罪、其他犯罪、社区服务五章内容，每章10课，整本教材共50课，从第二期培训班开始使用，推进了南非中文专门用途教材的本土化发展。但该教材属于自编教材，没有公开出版。（张凤，2017）

（五）南非数字化中文教学资源

南非中文教育相关的网站网址、视频影像也越来越多，成为传统课堂教学的补充。目前南非数字化中文教学资源主要存在五种形式：电视电台节目、社交平台、中文学习网络资源、数字图书馆及网络媒体资源。

表 1　南非数字化中文教学资源

类型	名称及网址	主要内容	特色
电视电台节目	中国全景（在南非 MultiChoice 有线电视台播出）	呈现中国文化和国情知识等教育内容。	大型系列对外中文电视教学节目。
	易捷中文（在南非 MultiChoice 有线电视台播出）	主要提供人们日常交往中的实用会话内容。	面向社会受众的短期速成中文教学节目。
	欢乐时光（在南非 MultiChoice 有线电视台播出）	通过轻松活泼的生活题材创造了一个适合家庭学中文的氛围。	家庭学中文系列教学节目。
	华夏之声	播放中国电视剧和电影，也可以收听中央四台节目。	南非地区唯一的华语广播电台，用普通话播报。
社交平台	Facebook "Learning Chinese in South Africa 在南非学习中文"，https://m.facebook.com	在平台上出售 1-1 课程，介绍中国文化和语言知识，推荐一些留学、奖学金项目等。	在社交平台创立中文学习账号，可供学习者进行讨论和评论，为学习者提供一些即时消息。
中文学习网络资源	约翰内斯堡大学网络孔子学院，http://confucius-institute.joburg	提供的是有偿的系统的网络 HSK1—6 级考前培训课程，针对具体的语言和文化点进行解析。	网站中点击进入学习的是第三方网站"全球孔子学院慕课平台"，学习网站：mooc.chinesecio.com，名校老师任教。
	德班理工大学孔子学院，http://dut.za.chinesecio.com	提供在线学习课件和资源下载，其中包括上课所用课件以及考试等信息。	主要针对在学院学习的学习者，可以根据课件进行预习和复习。
数字图书馆	孔子学院数字图书馆，http://elibrary.chinesecio.com	提供丰富的语言文化、人文社科数字资源，帮助中文学习者了解真实的中国，学习地道的中文。	分为大众、儿童、学习者、汉学家 4 个频道，提供不同的资源类型，共 20 万左右数量的资源。
网络媒体资源	南非中文网，http://www.sa-cnet.com	24 小时全天候为读者提供新闻阅读。	纸质版报纸《华侨新闻报》的电子版。
	华人头条，https://nf.52hrtt.com	向用户传递新闻时事信息。	2016 年 5 月上线，由非洲时报传媒集团约翰内斯堡启动。
	南非侨网，https://www.sa2cn.com	为南非华人提供更多国内的消息。	
	南非华人网，https://www.nanfei8.com	提供南非华人华侨生活有关信息。	

总体上来讲，南非的中文教育网络资源发展缓慢，还在探索阶段，数字化中文教学资源零散分布于不同的媒体形式中，总体资源数量非常少，没有形成完备的教学体系，学生的学习方式和资源来源都非常有限。

三、南非中文教育资源发展的问题

南非有 6 所孔子学院和 3 个孔子课堂，总数位居非洲之首，中文学习者数量已达近万人，已经设立"中文日"，45 所中小学开设中文课程，这些都说明中文教育在南非发展情况良好。但南非至今还没有公开出版的本土中文教材和教学资源，这与南非中文教育的发展状况是非常不匹配的。南非目前中文教学资源的发展主要存在以下三方面问题：

（一）欠缺有针对性、系统性的中文教学大纲

南非的中文教学大纲基本上是由其他语言的大纲翻译而来，通用于多数语言教学，大部分内容是由南非的英语教学大纲翻译过来，只是将其中英语拼写换成了汉字书写，用"Characters"替换了"Spelling"，只增加了"Basic characters writing with correct strokes and stroke order"。[①] 中文教学大纲并没有体现出中文的认知和教学特点，有些地方欠缺合理性，且中文高考缺乏明确、合适的考试大纲指引等。根据这样的教学大纲，难以编写出合理适用的中文教材。此外中文教学大纲没有随着学段的增长体现出语言能力的发展性，例如，7—9 年级关于语言结构的大纲内容在 10—12 年级的大纲中仍然重复出现，只是部分内容的顺序发生了变化。

（二）亟待填补空白的本土教材

第一，南非中文教学缺乏本土教材。这与南非百年的中文教学历史以及目前中文教学的规模和发展状况是非常不匹配的。一直以来，南非中文教学主要采用中国编写的通用普适性教材，教材内容和话题大多以中国为主，缺乏以南非作为背景的本土教材，学生缺乏真实的体验，学习起来难以形成代入感，因此导致教学效果不理想。第二，南非的教材中缺乏对文化内容的编排。由于学生有通过学习中文留学或找工作的动机，中文教材侧重实用性，缺少对中国文化介绍的中文教学资料。第三，有些教材内容有些过时，不适用于现阶段的中文教学，教学内容与实际生活不符甚至脱节，这不利于学习者中文交际能力等的掌握。第四，与中文教育相关的课外读物、绘本、教学用具等教辅材料不够充足，一定程度上影响了中文教育的本土化发展。

---

① 南非基础教育部网：http://www.education.gov.za/Curriculum/NCSGradesR12/CAPS/tabid/420/Default.aspx。

（三）缺乏配套的数字化教育资源

目前南非可查询到的数字化教育资源主要可以分为电视电台节目、社交平台、中文学习网络资源、数字图书馆及网络媒体资源五种。这些资源零散分布于不同的媒体形式中，缺乏专门的中文数字化教育资源。南非的中文教育网络资源发展缓慢，还在探索阶段，总体资源数量非常少，没有形成完备的教学体系，学生的学习方式和资源来源都非常有限，尤其不利于线上中文学习。

四、南非中文教育资源建设的对策

（一）完善针对性、系统性中文教学大纲

由于中文具有自身的独特性，中文教育应根据中文的认知特点来制定合理的教学大纲。此外，为避免授课教师在教学内容和进度上的随意性，对不同学段课程目标、课时、进度进行总体安排，同时加强大纲和高考的衔接性，明确规定合理的词汇表以及语法项目表，加强中文教学的系统性，从而促进中文与当地教育体系深度融合，促进中文教育在南非的长远发展。

（二）加强本土教材建设

针对本土教材仍然空缺的问题，编写适合南非本土学生使用的教材是南非中文教学的首要任务。需要在了解学生需求和南非风土人情的基础上，加强教材的针对性和教学资源的时代性。其次，教师在选用教材、使用教材方面也要对教材进行甄别，选择适合所教学生年龄段的教材，激发学生的学习兴趣和积极性。南非2020年度中文作为南非高考第二附加语科目考试工作会议提出，南非中文教材需要符合南非的学生生活，实现本土化，考试内容也应该相应地选取符合南非语境的真实语料。[①]

（三）推进配套的数字化教学资源开发

随着教育领域数字化转型与教育科技的兴起，教学过程正在发生着史无前例的巨大变化，教学资源和教材设计都呈现出立体化的趋势，便于教师灵活多样地组织课堂教学活动和课外学习活动，更有效地发挥教师以及学习者的学习潜能。在当今"互联网+"的时代，MOOC、微课、翻转课堂、混合学习等新的教学形式不断涌现，学习者对个性化的学习需求大大增加，碎片化

---

① 南非独立考试委员会召开2020年度高考汉语考试工作会议，https://baijiahao.baidu.com/s?id=1658291563271951925&wfr=spider&for=pc。

学习、游戏化学习等丰富的学习形式也对国际中文教育资源提出了更高的要求。南非在加强传统的纸质中文教学资源建设的同时,也应顺应当今教学资源立体化的发展趋势,同时推进配套的数字化教学资源建设。

参考文献

冯　雷(2008)南非的汉语推广概况,载《国际汉语教学动态与研究》(2008年第3辑),北京:外语教学与研究出版社。

李安山(2000)《非洲华侨华人史》,北京:华侨出版社。

林蒲田(2008)《华侨教育和华文教育的史和论》上册,泉州:新春印刷公司。

刘瑞欣(2020)南非孔子学院中文教学"三教"情况调查与分析,哈尔滨师范大学硕士学位论文。

麦礼谦(1999)传承中华传统:在美国大陆和夏威夷的中文学校,《华侨华人历史研究》第4期。

王　颖(2020)南非中小学汉语教学最新发展情况与问题分析,《海外华文教育》第5期。

张　凤(2017)南非警察中文教材编写设计与实践应用,暨南大学硕士学位论文。

周南京(1997)南非华侨华人教育概述,《八桂侨史》第3期。

Maria de Man (2007) The Mandarin Chinese Second Additional Language Curriculum for South African Schools: Considerations and Possibilities.Ph.D. Thesis at Stellenbosch University.

国际中文教育领域大纲出版历程及热点趋势研究*

何洪霞　邵　滨

提　要　大纲标准建设是国际中文传播领域的研究议题之一，对推动中文走向世界具有重要意义。文章通过对我国所颁布的国际中文通用类大纲和标准的历时回顾，运用 CiteSpace 软件对该领域研究文献进行统计分析，发现该领域发文量呈现曲折发展态势，其与大纲和标准的颁布时间具有明显正相关性；载文期刊和研究机构相对集中；该领域研究作者暂未形成严格的核心作者群，各学者之间的合作交流有待加强；研究热点集中在大纲和标准研究、测试研究、汉语／华语传播及"三教"问题等方面，未来研究可重点关注上述方向，以促进国际中文教育可持续发展。

关键词　国际中文教育；等级标准；知识图谱

Hot Topics and Trends of Standards Research in International Chinese Language Education

He Hongxia, Shao Bin

Abstract　The construction of standards and relevant research in international Chinese language education is of great significance in promoting Chinese to the world. This paper makes a diachronic review of the standards promulgated in China, and makes a statistical analysis of the research literature in this field by using CiteSpace. It is found that the number of articles published in this field shows a tortuous development trend, which shows an obvious positive correlation with the promulgation time of the outline and standards; the published journals and research institutions are relatively concentrated; the authors in this

---

*　本文系重庆市社会科学规划项目"新加坡华语继承语与华人身份认同研究"（项目编号：2019BS024）阶段性研究成果。

【作者简介】何洪霞，女，博士，重庆交通大学讲师，教育部国别与区域研究中心·贝宁研究中心副主任，研究方向为国际中文教育。

邵滨，男，北京第二外国语学院汉语学院讲师，研究方向为国际中文教育。

field have not yet formed a strict core research group. The research focuses on criteria or syllabus research, Chinese language test, Chinese language dissemination, Chinese teachers /methods/textbooks. Future research is advised to focus on the above directions in order to promote the long-term sustainable development of international Chinese language education.

Key words　TCSOL, grading standards, knowledge mapping

〇、引言

目前全球已有70多个国家将中文纳入国民教育体系，4 000多所国外大学开设中文课程，2 500万人将汉语作为第二语言进行学习；参加汉语水平考试的人数累计超过560万，参加各类中文测试的人数累计达3 800万，学习和使用中文的人数接近2亿。（马箭飞，2021）面对如此庞大规模的中文学习者，如何保证中文教学质量，如何有效测试评估他们的语言水平，是国际中文传播领域重要的研究议题。

我国国际中文教育与传播工作已经开展70余年，相关大纲和标准也历经数次更新。2021年3月31日教育部、国家语言文字工作委员会发布最新的《国际中文教育中文水平等级标准》并于7月1日正式实施。鉴于此，系统回顾国际中文传播领域关于大纲标准建设所做工作及研究具有十分重要的现实意义。文献计量分析法作为一种被广泛认可的研究方法，可以对一个学科的总体发展状况进行梳理。（李昶颖、徐锦芬，2018）本文拟通过运用国际学界广泛认可的知识图谱分析软件CiteSpace，结合国内CSSCI期刊关于国际中文传播领域相关大纲标准研究的历时文献，全面考察该领域研究的客观状况，以期为国际中文传播长期可持续发展提供情报依据，为相关领域研究者提供学术参考。

一、文献来源与研究方法

本文研究选取学界认可度较高、影响力较大、编辑出版较规范的中文社会科学引文索引数据库（CSSCI）作为文献数据的来源。首先，在CNKI数据库平台上，在"高级检索"中选择"期刊"，以"中文"*"标准"OR"中文"*"大纲"OR"汉语"*"标准"OR"汉语"*"大纲"OR"华语"*"标准"OR"华语"*"大纲"OR"华文"*"标准"OR"华文"*"大纲"为检索主题，期刊来源限定为"CSSCI"，检索得到文献606篇。其次，将会议纪要、访谈、书序等非学术文献逐一剔除；同时人工排除语文教育、少数民族语文教育、汉语本体研究等其他非国际中文教育领域研究文献,最终得到有效文献186篇,时间跨度为1998—2020年。由于CSSCI(网络版)于1998年开始应用,而国际中文传播相关标准的研发、使用最早可追溯至20世纪80年代,这导致相关研究文献无法全部纳入。为此本文依据上述检索标准再次检索"出版时间"为不限起始日期而"截止日期"为1997年12月31日的全部文献,并通过人工核查再次纳入48篇文献。至此,本文定量分析得到最终样本为234篇,时间跨度为1987—2020年。

二、总体研究趋势

(一)专题研究与标准建设同频发展

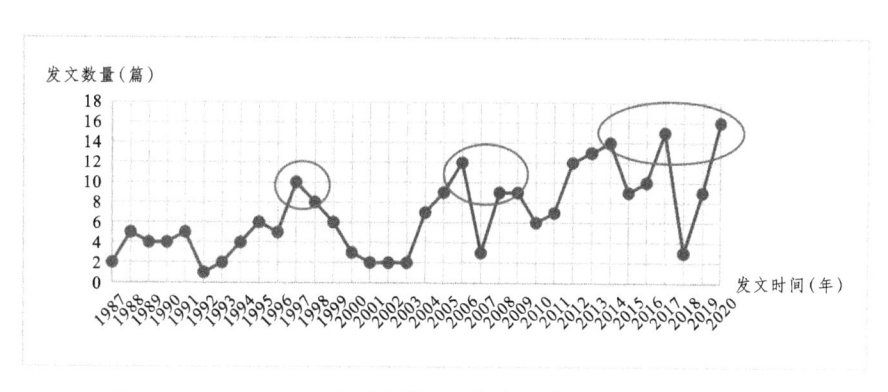

图1 1987—2020年我国国际中文标准研究发文数量统计

根据图1,结合我国大纲和标准的颁布时间,可以发现国际中文标准领域研究发文数量总体呈现曲折向上的发展特征,大致存在三个发文波峰。

我国自开展国际中文教育以来,共计颁布过17个通用中文教学大纲和标准(详见表1)。大致可划分为三个阶段:(1)初创阶段(1988—2002),颁布了我国国际中文教学领域的第一个大纲《汉语水平等级标准和等级大纲》及对应的考试标准《汉语水平考试大纲》,后陆续修订并针对汉字、词汇和语法分别制定大纲和标准;(2)建设阶段(2003—2010),陆续出台《国际汉语教师标准》《新汉语水平考试大纲》《汉语国际教育用音节汉字词汇等级划分》等,涵盖教师、考试、教学诸多方面;(3)发展阶段(2015年至今),颁布了《国际汉语教师证书考试大纲》和《国际中文教育中文水平等级标准》,其中后者针对汉语特征提出音节、汉字、词汇、语法并行的"四维基准",并在听、说、读、写之外增加"译"。

该领域研究的发文的波峰期总是略微滞后于大纲和标准的集中颁布期,二者保持共振发展态势。国际中文教学领域的相关大纲和标准为研究提供丰富资料,大纲和标准在使用过程中不断得到专家学者的重视,相关理论与实践也对大纲修正和创新起到重要的反拨作用。此外,2020年发表的文献数量最多,高达16篇。随着全新的《国际中文教育中文水平等级标准》的颁布,相信该领域的研究会再次得到学界关注,成为国际中文教育领域新的研究热点。

表1 国际中文教育大纲出版历程(1988—2021)

阶段	名称	出版时间
初创期	《汉语水平等级标准和等级大纲》	1988年
	《汉语水平考试大纲(初中等)》	1989年
	《语法等级大纲(试行)》	1989年
	《汉语水平词汇与汉字等级大纲》	1992年
	《高等汉语水平考试大纲》	1994年
	《对外汉语教学语法大纲》	1995年
	《汉语水平等级标准与语法等级大纲》	1996年
	《高等学校外国留学生汉语言专业教学大纲》	2002年
	《高等学校外国留学生汉语教学大纲(短期强化)》	2002年
	《高等学校外国留学生汉语教学大纲(长期进修)》	2002年
建设期	《国际汉语教师标准》	2007年
	《国际汉语能力标准》	2007年
	《国际汉语教学通用课程大纲》	2008年
	《新汉语水平考试大纲》	2009年
	《汉语国际教育用音节汉字词汇等级划分》	2010年
发展期	《国际汉语教师证书考试大纲》	2015年
	《国际中文教育中文水平等级标准》	2021年

(二)发文期刊较为集中

发文期刊的分布统计可以揭示该领域文献的空间分布特点及期刊的学术取向,确定该研究领域的核心区期刊,并为相关研究者进一步深化研究提供有效情报依据。经过统计分析,国际中文教育大纲与标准研究领域的234篇论文发表在50种期刊上,平均载文密度为4.68篇/刊,共计6种期刊载文量超过载文均值。其中,《世界汉语教学》(47篇)发文量排名第一,紧随其后的是《语言文字应用》(43篇)和《语言教学与研究》(41篇)。该领域发文量排名前8的期刊如表 2 所示。

表 2 载文期刊分析（TOP10）

序号	期刊名称	发文量	文献所占总量比例
1	世界汉语教学	47 篇	20.09%
2	语言文字应用	43 篇	18.38%
3	语言教学与研究	41 篇	17.52%
4	华文教学与研究（暨南大学华文学院学报）	24 篇	10.26%
5	汉语学习	23 篇	9.83%
6	民族教育研究	6 篇	2.56%
7	语言科学	3 篇	1.28%
8	东北师大学报（哲学社会科学版）	2 篇	0.85%
8	语文研究	2 篇	0.85%
8	语言与翻译	2 篇	0.85%
8	中国考试	2 篇	0.85%
8	中国语文	2 篇	0.85%

上述期刊所载的论文量占所有文献的 84.19%，其中《世界汉语教学》《语言文字应用》《语言教学与研究》为本领域发文期刊的第一梯队，发文量占总文量的 55.99%；第二梯队为《华文教学与研究》（包括《暨南大学华文学院学报》）和《汉语学习》，二者发文量总和占比达 20.09%；《民族教育研究》载文 6 篇，《语言科学》载文 3 篇，其他期刊载文均为 2 篇，合占比达 8.09%。这表明上述期刊在国际中文教育大纲和标准研究领域具有十分明显的优势地位。

（三）研究机构以京广两地为主

本文涉及的 234 篇文章的作者分布于 64 个机构，发文量前 10 的机构见表 3。其中发文 10 篇以上的机构有 4 家，包括北京语言大学、北京大学、北京师范大学、暨南大学。上述机构大多位于北京、广东两地，其中北京语言大学是国际中文传播的领军高校，而暨南大学是华文教育的排头兵，师范类大学长于教学和测试研究，相关数据从侧面证明此类高校对国际中文教育大纲和标准研究的高度关注。此外，上述 4 家机构文献产出量共计 88 篇，占文献总量的 37.61%，这说明该领域的高水平研究成果相对集中，上述高校学者的相关研究具有比较优势。

表3 发文机构分析(TOP10)

序号	机构名称	发文量	文献所占总量比例
1	北京语言大学	47篇	20.09%
2	北京大学	18篇	7.69%
3	北京师范大学	12篇	5.13%
4	暨南大学	11篇	4.70%
5	中国人民大学	9篇	3.85%
6	中山大学	8篇	3.42%
6	中央民族大学	8篇	3.42%
7	国家对外汉语教学领导小组办公室	6篇	2.56%
8	北京华文学院	5篇	2.14%
9	江苏师范大学	3篇	1.28%
9	教育部语言文字应用研究所	3篇	1.28%
9	南京大学	3篇	1.28%
9	上海交通大学	3篇	1.28%
9	上海外国语大学	3篇	1.28%
9	首都师范大学	3篇	1.28%
9	香港理工大学	3篇	1.28%

三、作者分析

(一)暂未形成核心作者群

根据普莱斯定律,高产作者计算公式为 $N=0.749\times\sqrt{N\max}$。在国际中文标准与大纲研究领域中,发文最多者的发文量为20篇,根据公式计算N值为3.35,四舍五入后取值为3。因此,在国际中文标准与大纲研究领域发文量在3篇以上的为高产作者,统计显示共有10人。具体如下:刘英林(20篇)、周小兵(6篇)、李泉(5篇)、刘镰力(4篇)、李宇明(4篇)、李亚男(3篇)、王汉卫(3篇)、李晓琪(3篇)、王佶旻(3篇)、张江丽(3篇)。普莱斯定律指出核心作者应撰写该领域全部论文总数的50%。(李宝贵、李慧,2019)上述作者发文量共计54篇,占发文总量的23.08%。由此可见，国际中文教育大纲和标准领域的相关研究暂未形成比较稳定的核心作者群。

（二）高被引作者与核心作者具有不一致性

高产作者是某一领域或学科学术成果的主要生产者，一般具有较大影响力。通过高被引作者列表，我们可以发现该领域研究成果比较有说服力和权威性的专家，并可据此了解他们的知识结构和主攻方向，从而有效指导该领域未来研究的学术情报收集和分析。借助CiteSpace软件统计分析，前10名高被引作者及其发表文章如表4所示。

表4 高被引作者（TOP10）及其文章被引量

序号	作者	篇名	出处	被引次数
1	马箭飞	任务式大纲与汉语交际任务	语言教学与研究	443次
2	李泉、金允贞	论对外汉语教材的科学性	语言文字应用	419次
3	杨德峰	试论对外汉语教材的规范化	语言教学与研究	398次
4	杨德峰	初级汉语教材语法点确定、编排中存在的问题——兼议语法点确定、编排的原则	世界汉语教学	293次
5	林国立	构建对外汉语教学的文化体系——研制文化大纲之我见	语言教学与研究	265次
6	杨寄洲	对外汉语教学初级阶段语法项目的排序问题	语言教学与研究	262次
7	陈珺、周小兵	比较句语法项目的选取和排序	语言教学与研究	256次
8	邢红兵	《〈汉语水平〉汉字等级大纲》汉字部件统计分析	世界汉语教学	248次
9	汤志祥	汉语新词语和对外汉语教学	语言教学与研究	245次
10	王若江	由法国"字本位"汉语教材引发的思考	世界汉语教学	243次

本文发现高被引作者与核心作者群具有不一致性。原因可能在于之前学界关注较少，相关研究也较少，从而导致引用率较低；后期关注虽多，但是大纲和标准的时限性导致旧版大纲和标准相关研究发文受到关注度不及新出的大纲和标准。

（三）作者合作有待加强

根据国际中文大纲和标准研究领域的作者合作图谱（详见图2），可以看出该领域研究作者比较集中，各个聚类群体之间存在比较密切的合作关系，其中尤以刘英林为代表的学者圈内部联系最为密切。但是发文量较多的学者之间联系不够紧密，缺乏大规模的合作交流行为，主要学者之间的合作有待加强。

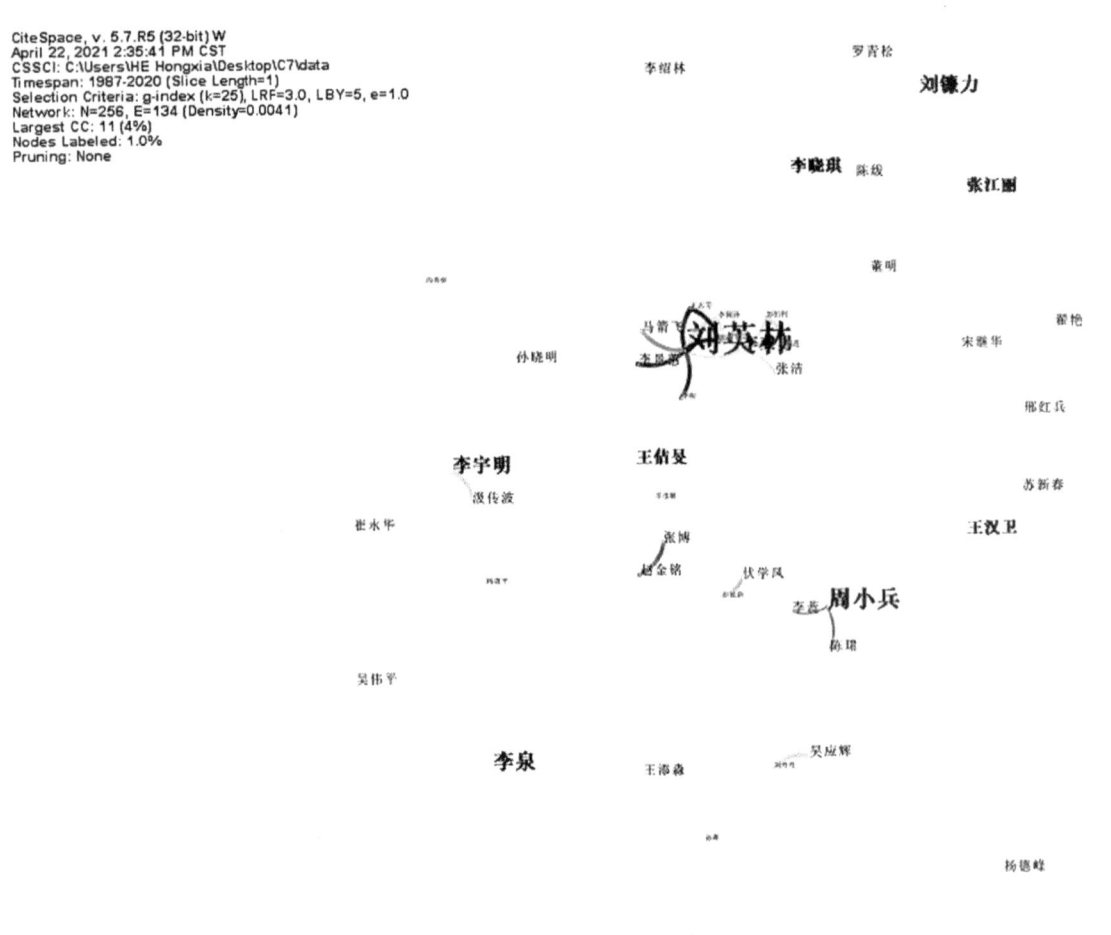

图 2　文献作者合作图谱

四、关键词分析

关键词聚类的共词分析能体现某知识领域中的主题分布、热点内容及学科结构。通过关键词频次分析和中心性分析可以探测某一知识领域的研究热点。（沈索超，2020）本文通过 CiteSpace 软件的关键词聚类的功能，将时间切片设为 1 年，节点类型选择"关键词"，数据标准为 TOP50，使用寻径网络分析得到 528 个关键词，通过 LLR 方法聚类生成 13 个国际中文传播领域大纲和标准研究的热点知识图谱。模块值 Modularity Q 值为 0.7998＞0.3，说明划分出的社团机构显著；加权平均轮廓值 S 为 0.9295＞0.5，说明聚类合理。具体如图 3 所示。

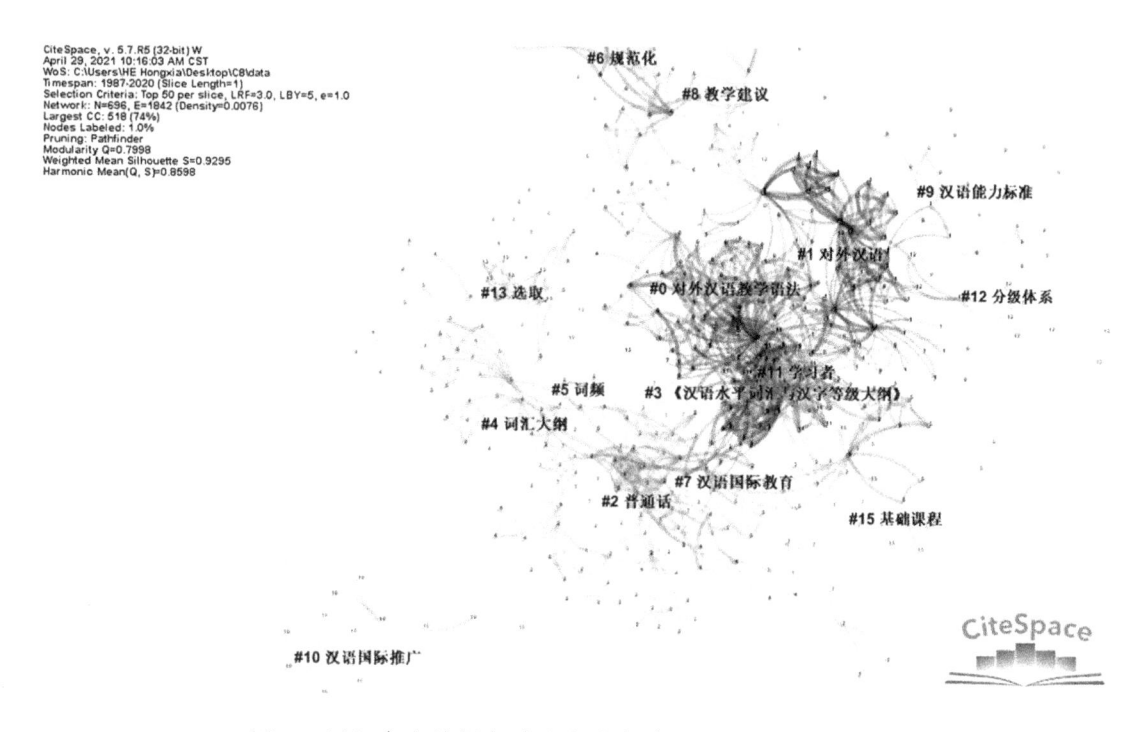

图 3　国际中文传播领域大纲和标准研究的热点知识图谱

（一）研究热点把握

研究主题是文献内容方向的高度概括，通过分析研究主题可清晰地了解过去某一时间段的学者关注和研究的焦点、厘清现阶段的研究热点并预测未来一段时间的研究趋势变化。本文基于二次文献阅读，对高频关键词与高中心性关键词进行节点合并，归纳出该领域研究的热点主题主要集中在以下四大方面：

1. 大纲及相关标准建设

此类研究主要集中于以下两个方面：一是大纲及相关标准解读与思考；二是我国相关标准与其他国家或区域标准的比较对接问题。其中，大纲创建及相关标准解读多见于相关大纲及标准甫一发布之时，在使用过程中，学界不断发现问题并提出针对性的修订建议，这体现了大纲发布与学界科研的良性互动关系。而标准的比较和对接多集中于我国标准同美国《21世纪外语学习标准》（SFLL）和《欧洲语言共同参考框架：学习、教学、评估》（CEFR）的相关研究。

2. 语言能力测评

此类研究主要关注汉语水平测试和华文水平测试工具的开发和应用，如《大型对外汉语口语成绩测试的探索》《华文水平测试汉字大纲研制的理念与程序》等。其中汉语水平测试（HSK）开发使用较早，相关研究也较多；而华语水平测试（HSC）是基于海外华裔与一般汉语二语者的异质性开发的标准化语言水平考试系统,配套大纲有汉字大纲、词汇大纲、语法大纲、任务大纲、文化大纲,(郑锦丹,2019)相关研究起步较晚,且以暨南大学华文学院为研究重镇。

3. 汉语/华语教学与传播

在该研究主题下,一类研究关注相关标准建立与国际中文传播与推广的互动关系;另一类研究关注华语测评标准创立与华语保持传承的互动关系。《国家中长期教育改革和发展规划纲要(2010—2020年)》明确提出"树立以提高质量为核心的教育发展观……制定教育质量国家标准"。上述两类研究均关注到大纲及相关标准建设与语言传播之间的双向关系,具有重要的战略价值和意义。

4. "三教"问题研究

此类研究主要涉及以下三个方面:一是教材编写相关问题,内容涉及语法、汉字、词汇等诸多方面;二是教师问题研究,相关研究或引介国外教师标准,或通过其他国家的标准比较提出国际中文教师应当具备的基本素质;三是教学方法研究问题,其中既涉及不同技能课型,也涉及具体教法。如《汉语口语分级教学存在的问题及对策》重点关注口语课的分级词汇;《美国一个沉浸式中文项目的需求分析及课程大纲改革》则对"沉浸式"教学所涉及的课程大纲现状及问题进行深入讨论。

(二)研究趋势展望

关键词是体现学术文献主题和研究重点的核心术语。CiteSpace可通过统计分析突现词强度发现某一阶段所发表的文献中增长率较高的关键词,进而揭示研究前沿信息。本文以所纳入样本的文献关键词为节点类型,以半年为分析阶段,以突现开始时间为序,绘制该研究领域的突现词图表。

Keywords	Year	Strength	Begin	End	1987—2020
对外汉语教学	1987	6.99	**1987**	1996	
汉语水平考试	1987	9.17	**1988**	1999	
等级标准	1987	3.74	**1988**	1995	
《汉语水平等级标准和等级大纲》	1987	3.43	**1988**	1998	
刘英林	1987	4.32	**1994**	1996	
北京语言学院出版社	1987	4.08	**1995**	1999	
《汉语水平词汇与汉字等级大纲》	1987	3.19	**1995**	1999	
《汉语水平等级标准与语法等级大纲》	1987	2.61	**1995**	2004	
外国学生	1987	2.14	**1995**	1998	
国际汉语教学	1987	2.65	**2014**	2016	

图4 国际中文传播大纲和标准领域突现词列表

由图4可见,"汉语水平考试"的相关研究强度最高(9.17)且持续时间最长(1988—1999),"对外汉语教学"研究强度次之(6.99),"等级标准"再次(3.74)。此外,本领域研究还需要重点关注刘英林所发表的相关文献，以及北京语言大学出版社（原北京语言学院出版社）所出版发行的相关标准及解读文本。值得注意的是，"国际汉语教学"作为新兴突现词，其前身实为"对外汉语教学"。这体现了学界研究理念的与时俱进，但就所颁布的各种大纲及相关标准来说，该研究主题尚未得到足够重视和突显。2019年12月，国际中文教育大会在湖南长沙举行，标志着国际中文教学迈入全新历史时期。该领域也完成了从"对外汉语教学""国际汉语教学/汉语国际教育"到"国际中文教育"的转变。赵杨（2021）指出，从"对外汉语教学"到"汉语国际教育"是改变方向及规模的扩大，而由"汉语国际教育"到"国际中文教育"则是由点到面的扩散、从低到高的提高，是质量的提升。因此，未来研究可关注"国际中文教育"视角下的"等级标准""大纲出版"相关研究，通过"以点带面"的方式促进国际中文教育学科与事业的并行发展。

五、结语

1988—2021年，我国在国际中文教育领域共出版17个通用型大纲。1987—2020年学界共计在CSSCI收录期刊发表234篇研究文献。本研究通过CiteSpace软件进行统计分析及文本分析，发现该领域发文量总体呈现曲折发展态势，其发文量与大纲和标准的颁布时间具有较大正相关性；研究机构相对比较集中；研究作者暂未形成严格的核心作者群，各位学者之间的合作交流有待加强。已有研究热点集中于大纲及相关标准建设、语言能力测评、汉语/华语传播和教师、教材、教法研究。未来研究在上述研究热点的基础上，可关注国际中文教育视域下的等级标准、大纲出版等研究方向，以期进一步推动国际中文教育学科发展与中华文化的世界传播。

参考文献

李宝贵、李　慧（2019）2007—2018年汉语国际传播研究的文献计量分析，《沈阳师范大学学报》（社会科学版）第1期。

李宝贵、尚笑可（2019）我国汉语国际教育研究现状分析(2008—2018)——基于文献计量学视角，《辽宁师范大学学报》（社会科学版）第3期。

李昶颖、徐锦芬（2018）我国语言学研究国际发表状况及未来趋势——基于2000—2017年SSCI论文的分析，《外语电化教学》第4期。

马箭飞（2021）强化标准建设，提高教育质量——国际中文教育标准与考试研讨会大会致辞，《国际汉语教学研究》第1期。

沈索超（2020）2000—2018年中国对非洲汉语国际传播研究热点概述——基于CiteSpace可视化软件分析，《国际汉语教育（中英文）》第1期。

赵　杨（2021）汉语国际教育的"变"与"不变"，《天津师范大学学报》（社会科学版）第1期。

郑锦丹（2019）华文水平测试简介，《华文教学与研究》第3期。

后疫情时代美国大学中文学习者的留学需求

肖 峰

提 要 文章利用调查问卷研究了80名美国大学生赴华留学的需求,结果显示:美国有更多女性中文学习者打算在疫情之后赴华留学。大一的学生更积极地计划自己的留学。具备了中级汉语水平的学习者更愿意留学。随着疫苗接种的普及以及美国和中国旅行政策的放宽,美国大学生对疫情的焦虑度在慢慢降低,因而疫情对美国中文学习者赴华留学的影响在逐渐减弱,所以赴华留学的人数很可能很快触底反弹。在后疫情时代留学项目的恢复中,和美国大学的合作项目可能会恢复得更快。如果需要吸引美国大学生留学,留学项目应该意识到理科留学生数量的增加,并为他们开设更多的理科课程来满足他们留学的需求。此外,增设专门的留学奖学金可能是一个能有效吸引美国学生赴华留学的方法,特别是针对美国社区大学的学生。

关键词 后疫情时代;中文学习者;来华留学

Post-COVID Study Abroad Needs of US College Learners of Chinese

Xiao Feng

Abstract This paper uses a survey to investigate 80 US college learners' needs of study abroad in China. Findings indicate that more female than male learners plan to study abroad in China after the COVID pandemic. Compared to learners in other school years, freshmen are more active in planning for study abroad. Moreover, those with an intermediate level of Chinese proficiency may be more willing to study abroad after the pandemic. As the vaccination rate increases and the lessening of travel restrictions in China and America, US college students' COVID-related anxiety has been gradually decreasing. Therefore, the number of US students who want to study abroad in China may bounce back from the bottom in the spring of 2022. Among all Chinese study abroad programs, those with a US partnership

---

【作者简介】肖峰,男,美国波莫纳学院(Pomona College)亚洲语言文学副教授,该校中文项目负责人、亚洲研究执行委员会委员及教育技术指导委员会联合主席,研究方向为语用学、第二语言习得、数字人文。

may recover faster than those without such a partnership. If a study abroad program would like to attract US college students, it should be aware of the increasing number of students with a STEM background and create more STEM courses to meet their needs. In addition, increasing scholarships may be effective to attract more US students, especially for those at a community college.

Key words　post-COVID, Chinese language learner, study abroad in China

自2020年3月世界卫生组织宣布新冠病毒的全球大流行以来，美国的高等教育为了应对本国和国际疫情的变化，在政策和执行层面不断进行着尝试。在2020年秋季，很多大学转为线上教学，并将此延长至2021年春季学期。从2021年春季末开始，由于美国疫苗接种人年龄的不断放宽，大部分美国大学能在2021年秋季允许学生返校，努力恢复到疫情前的面对面教学。尽管2021年秋季的线下教学还是受到疫情的限制，比如室内上课需要戴口罩，学生不管有没有完全接种疫苗都需要定期做新冠病毒的测试，比如每周必须检测一次，但是教学工作可以正常进行，然而大学的留学项目还是没有恢复。事实上，此次疫情对美国大学的留学项目的冲击是巨大的，甚至一些学者认为此次疫情可能是留学项目逐渐消失的一个开端。（Huish，2021）另一方面，一些线上留学的项目得到了应用，（Duffy, Stone, Townsend et al., 2020；Hilliker, 2020）这也会给真正意义上的实地留学项目的恢复带来新的挑战。尽管有学者的怀疑和替代项目的影响，但是这并不代表留学项目不能在后疫情时代得以恢复。事实上，找到问题答案的最重要途径就是了解学生的需求，这也是本研究的动机。

一、留学的定义

本文最重要的关键词是留学。不少文献都对此下过定义。（Collentine, 2009；Freed, 1995；Kinginger, 2009；Xiao, 2015）不同的学者给出的定义有所不同，但是都包括如下的组成部分：在另一个国家，有明确的学习目的，目标语言在当地被广泛使用。所以在本文中，留学被定义为提前计划好的在另一个国家的以教育为目的的短暂停留。留学者如果有学习语言的目标，那么目标语言通常是在目的地广泛使用的语言。那些没有明确学习目的的旅行不在本文讨论范围之内。

二、美国留学项目的发展

普遍认为由美国大学组织的第一个留学项目开始于1923年，也就是特拉华大学

（University of Delaware）的法国留学项目。(Chieffo & Griffiths，2004)尽管此次留学规模很小，但这个不到10人的项目开启了美国大学近一个世纪的可以算学分的留学项目。早期美国大学的留学项目以赴欧洲国家为主。然而在过去30年，越来越多的美国大学生选择去欧洲以外的地区，而留学人数从21世纪开始至本次疫情以前整体处于上升趋势，只有在2008年金融危机时有小幅下降。(IIE，Institute of International Education，2021)尽管出国留学的美国学生比到美国留学的学生少很多，但是美国政府对交流项目的推广和各大基金会提供的奖学金还是让很多美国学生有机会出国留学。

根据IIE(2021)的数据，赴中国留学的美国大学生人数在2000年仅有1 839人，2010年增长到9 179人，2019年为16 304人，而2020年因为疫情降至9 136人，回到了10年前的水平。这些数据显示了疫情对美国大学生赴华留学的重大影响，也说明了解美国大学生在后疫情时代留学需求的意义。后疫情时代，大学和留学项目如何抓住时机快速恢复是另一个重要任务。因为纵观美国高等教育，US News这个机构排出的前100名的大学和前100名的文理学院都有中文留学的项目，而疫情期间大部分项目都停了，能否或者何时能恢复到疫情前的水平是一个亟待回答的问题。

三、留学的教育意义

留学的教育意义主要有文化的学习，跨文化交际能力(Taguchi, Xiao & Li et al.，2016a)和语言能力的提高。(Isabelli-García et al.，2018；Taguchi, Xiao & Li et al.，2016b)比如，Taguchi, Xiao & Li et al.(2016a)发现在留学过程中，跨文化交际能力、学生在留学时的社会交际和语言水平之间有关系，这样的互动造成了学生不同的学习成果。总体来说，跨文化交际能力和社会接触的发展之间有互动，能影响到目的语语言水平发展的结果。这里的社会接触是指学习者在留学期间课外和当地人的接触，这样的接触是发生在自然的生活中的交际，比如去餐厅吃饭、去商店买东西、和室友聊天等。这样的面对面的交际，不是提前准备好的。这正是到目的地留学的一个不可替代的教育意义，即学生以个体的形式体验真实的目标文化，学习地道的目的语，而这样的机会是在本国的外语课堂和线上留学不能完全模拟或者替代的。正如Stewart & Lowenthal(2021)对15名在韩国留学的国际学生的访谈研究所发现的，尽管这些学生在疫情期间没有回国，但是因为大学校园的关闭，还有他们的课程突然改为了网课，所以他们失去了正常留学应该有的社会接触的机会。因此，他们整个留学的效果不如预期。这些研究都表明了实地留学的教育意义并说明线上留学的局限性。Tseng, Liu, Hsu et al.(2021)对1995—2019年发表的42篇有关留学效果的量化研究文章进行的元分析也表明留学项目总体是中等到高等的有效，而长期留学的效果总体好于短期。这也充分说明留学的教育意义是重大的。其实，留学可以看成是传统校园教学的一个重要延伸。

尽管此次疫情给美国大学的留学项目带来了前所未有的冲击，特别是到了2021年秋季学期，大部分美国大学也没有把留学项目的恢复放在优先解决的位置，但是希望出国留学的美国大学生，特别是那些因为疫情暂时停止了留学计划的学生的需求应该得到重视并进行分析。因为这样的研究可以让国际教育的研究者、大学和留学项目的管理层了解后疫情时代如何逐步恢复留学项目，如何满足美国大学生，特别是学中文的大学生的留学需求。这就是本研究的初衷。具体来说，本研究有两个研究问题。第一，后疫情时代美国大学生对中文留学有什么需要？第二，大学和留学项目的管理层应该如何调整来满足这些需求？

四、研究方法

本文采用问卷的形式来收集数据。问卷的题目涉及被试的中文学习情况，他们的留学计划，哪些因素会影响他们的计划。问卷中题目的开发是基于本文作者和几名美国大学生的讨论而设计的。问卷的主体分为两大部分。第一部分是被试的背景调查，这一部分的目的是更好地了解后疫情时代美国大学生赴华留学的人员构成情况，这有助于留学项目了解留学生群体的特点。第二部分是关于后疫情时代影响这些学生做留学决定的因素。这一部分的问题以Likert量表出现，希望了解这些学生做留学决定时的倾向性，因为影响留学决定的因素很多，所以我们需要分析不同因素的主次关系，以便更好地分配教育资源来设计或调整留学项目。问卷以邮件的方式发出，一共收集到来自美国17所大学的83份问卷，其中3份为重复提交的问卷，所以最终获得有效问卷80份。这80名学生都是打算赴华留学的学生。

五、结果和讨论

首先我们看这些学生的背景。他们的男女比例为3:7，也就是说女性远远多于男性，这与IIE(2021)疫情前的数据吻合。一直以来，美国想留学的女大学生比男大学生多，而疫情并没有改变这个性别比例的构成。从专业来看，42.5%的学生是文科生，40%的学生是理科生，双专业的有5%，没有决定专业的有12.5%。因为在美国，学生通常会在上过一段大学后再决定自己的专业，所以没有决定专业的人占一定比例并不奇怪。而文科专业和理科专业的学生比例接近，这是新的发现，因为根据IIE(2021)的调查，在美国大学生中，文科专业的学生留学的比例明显高于理科专业，而本研究发现疫情后打算赴华留学的学生中，文科和理科的人数差别并不明显。从年级来看，57.5%的学生为大一，17.5%的学生为大二，11.25%的学生为大三，13.75%的学生为大四。一般来说，美国大三的学生出国留学比较常见，这就是1923年特拉华大学的留学项目所建立的那个范例，而本研究发现希望赴华留学的大一的学生最多，但这并非与美国主流的大三留学的模式相悖，因为这些想留学的大一的学生可能大部分会在三年级的时候才留学。其实美国很多学校都要求学生至少有两年学习目的语的经历才可以留学，也就是说这些希望留学的大一学生绝大部分不可能在一年级或者二年级的时候去留学。从语言水平看，初级中文水平的占27.5%，中级水平的占47.5%，高级水平的占25%，这说明有中级汉语水平的学生会是后疫情时代赴华留学的主力军。这个结果并不难理解，因为这些学生更多可能是大学二年级或者更高年级的学生，他们符合美国大多数大学留学的语言要求：学过两年或者达到中级水平。此外，在所有的80个被试中，85%的人在疫情前就计划留学，8.75%在2020年秋季或者2021年春季休了学，另外有1.25%打算在2022年春季休学。由此看来，疫情对美国大学生赴华留学的影响在逐渐减弱。这一结果与被试对疫情的焦虑度一致。本研究发现，被试目前对疫情的焦虑度为3.125/5，可以认为是中度。这说明随着美国大学生对疫情焦虑度的降低，疫情对赴华留学的影响会不断减弱，很可能很快有一个触底反弹的趋势，所以美国和中国的大学以及赴华留学项目的管理层应该从现在开始着手准备吸引疫情后的第一批美国留学生。具体而言，根据上述研究结果，留学项目应该要满足传统文科学生的需求，同时也要积极拓展已有项目以此来接纳更多理科留学生。从美国大学的留学前的准备来看，学校需要注意到大一学生留学的强烈动机，并为大一学生提供充分的语言和文化训练以便他们能尽快实现自己留学的计划。

第二个研究问题是关于影响美国中文学习者留学的决定因素。结果发现，美国大学生更愿意去他们所在大学办的合作项目(4.5/5)，而不是去和自己学校没有关系的留学项目(2.6/5)。这个结果说明合作项目对吸引美国大学生赴华留学的重要性，也可以认为疫情前那些有好的口碑的合作项目可能会首先恢复或者更有效地恢复。因为当这些学生有选择时，他们可能会首先选择自己所在大学提供的留学合作项目。至于选择去哪儿留学，学生们觉得美国的旅行政策(3.78/5)和目的地的旅行政策(4.07/5)会直接影响他们留学的决定，而目的地的旅行政策对是否去留学的影响最大。其次是目的地疫苗接种的进程(3.52/5)和留学目的地的新冠病毒的感染人数(3.63/5)。这三个因素比较容易理解。美国和目的地的旅行政策直接影响着能否进行国际旅行，所以即使自己有很强的留学意愿，但是政策不允许也就无法去留学了。比如说，美国在2021年11月8日开放边境，所以在此之前，和加拿大、墨西哥的陆路边境也是不开放的，这就直接影响到边境地区居民的生活。相比于旅行政策，留学目的地的新冠病毒的感染人数和疫苗接种率的平均得分略低，这是因为大部分打过疫苗的美国人认为打了疫苗后，在周围环境中被感染的概率大幅降低，所以只要有了疫苗的保护，留学的风险等级就变得没有那么高了。更重要的，中国在疫情控制方面的快速而高效的措施，加之疫苗接种的有序进行，这些都已经大大降低了美国大学生对赴华留学的担心程度。除了旅行政策和疫情的发展情况对留学意愿的影响以外，被试们也都指出了奖学金对做留学决定的重要影响(4.16/5)，这和疫情前的情况一致。奖学金的支持当然可以鼓励学生留学，这或许也能成为后疫情时代吸引美国留学生赴华留学的一种方式。由于疫情的影响，留学的开支显得比之前更难应对，所以奖学金的作用会更为重要。如果能提供更多的奖学金，留学的人数必然可以得到较快的恢复。这或许是大学和留学项目的管理层需要考虑的鼓励方式之一。除了这些主要的影响因素以外，被试还提到了留学是不是专业要求的以及父母的建议等。因为很多理科学生的专业并不要求有留学的经历，并且越来越多的理科生想留学，所以是不是专业的要求对留学的意愿整体影响可能不会很大。当然，如果是专业要求的，学生的留学意愿自然会更强烈。父母的建议也可能影响一些学生的留学决定，但是相比于其他决定因素来说，这只是零星被提及，可能需要针对具体学生进行具体分析。

本研究还发现在完成问卷的80个被试所在学校中，并没有美国的社区大学。美国的社区大学也有很多的学生，可是因为教育资源有限，很多的社区大学无法给他们的学生提供留学的机会。这从另一方面说明了奖学金的重要性，如果美国和中国的教育机构能够有针对性地给社区大学的学生提供奖学金，那么后疫情时代的留学人数和规模的恢复会更快、更好。

本文的主要局限性有两个。第一是被试人数还偏少，这可能影响文章结果的可推广性，今后的研究可以用更大的样本来检验本文的结果和建议是否能应用于更广的范围。第二是本文没有对一些被试进行问卷后的访谈。如果能够对一些被试进行访谈，那么这些质性数据可以和量的数据进行相互验证，以便能从宏观和微观的角度来全面地研究这些问题。

六、总结

综上所述，本研究发现美国有更多女性中文学习者打算在疫情之后赴华留学。大一的学生更积极地计划自己的留学。有了中级汉语水平的学习者更愿意留学。随着疫苗接种的普及以及美国和中国旅行政策的放宽，美国大学生对疫情的焦虑度在慢慢降低，因而疫情对美国中文学习者留学的影响在逐渐减弱，所以赴华留学的人数很可能很快触底反弹。在后疫情时代留学项目的恢复中，和美国大学的合作项目可能会恢复得更快。

如果需要吸引美国大学生留学，留学项目应该意识到理科留学生数量的增加，并为他们开设更多的理科课程来满足他们留学的需要。此外，增设专门的留学奖学金可能是一个能有效吸引美国学生赴华留学的办法，特别是针对美国社区大学的学生。

参考文献

Chieffo, L. & Griffiths, L. (2004) Large-scale assessment of student attitudes after a short-term study abroad program. *Frontiers: The Interdisciplinary Journal of Study Abroad*, 10(1), 165-177.

Collentine, J. (2009) Study Abroad Research: Findings, Implications, and Future Directions. In C. Doughty & M. Long (Eds.), *The Handbook of Language Teaching*. Malden, MA: Blackwell, 218-233.

Duffy, L. N., Stone, G. A., Townsend, J. & Cathey, J. (2020). Rethinking curriculum internationalization:

virtual exchange as a means to attaining global competencies, developing critical thinking, and experiencing transformative learning. *SCHOLE: A Journal of Leisure Studies and Recreation Education*. Retrieved from https://www.tandfonline.com/doi/full/10.1080/1937156X.2020.1760749.

Freed, B. (1995) *Second Language Acquisition in A Study Abroad Context*. Amsterdam/Philadelphia: John Benjamins.

Hilliker, S. (2020) Virtual exchange as a study abroad alternative to foster language and culture exchange in TESOL teacher education. *TESL-EJ*, 23(4), 1–13.

Huish, R. (2021) Global citizenship amid COVID-19: why climate change and a pandemic spell the end of international experiential learning. *Canadian Journal of Development Studies/Revue Canadienne D'études du Développement*, 1–18.

Institute of International Education (2021) *IIE Open Doors*. https://opendoorsdata.org/.

Isabelli-García, C., Bown, J., Plews, J. L. & Dewey, D. P. (2018) Language learning and study abroad. *Language Teaching*, 51(4), 439–484.

Kinginger, C. (2009) *Language Learning and Study Abroad: A Critical Reading of Research*. Basingstoke, UK: Palgrave Macmillan.

Stewart, W. H. & Lowenthal, P. R. (2021) Distance education under duress: a case study of exchange students' experience with online learning during the COVID-19 pandemic in the Republic of Korea. *Journal of Research on Technology in Education*, 1–15.

Taguchi, N., Xiao, F. & Li, S. (2016a) Effects of intercultural competence and social contact on speech act production in a Chinese study abroad context. *The Modern Language Journal*, 100(4), 775–796.

Taguchi, N., Xiao, F. & Li, S. (2016b) Assessment of study abroad outcomes in Chinese as a second language: gains in cross-cultural adaptability, language contact and proficiency. *Intercultural Education*, 27(6), 600–614.

Tseng, W. T., Liu, Y. T., Hsu, Y. T. & Chu, H. C. (2021) Revisiting the effectiveness of study abroad language programs: A multi-level meta-analysis. *Language Teaching Research*, DOI:1362168820988423.

Xiao, F. (2015) Adult second language learners' pragmatic development in the study-abroad context: a review. *Frontiers: The Interdisciplinary Journal of Study Abroad*, 25, 132–149.

非目的语环境下伊朗学生汉语学习策略使用研究*

何 枫 萨 拉

提 要 文章运用Oxford语言学习策略量表考察非目的语环境下伊朗学生汉语学习策略的使用情况。调查结果表明,伊朗学生为一般策略使用者,使用频率最高的策略为元认知策略,频率最低的策略为补偿策略。伊朗学生的策略使用的某些方面具有年龄、学习时间和学习方式上的差异。文章基于这些特点提出如教师应该引导学生对生词的意义进行猜测并提升学生对内容模糊性的容忍、在课堂上增加学生的互动和交际机会。另外,文章提出加强教师对学习策略使用的意识以及编写更加有互动性的教材的有效途径。

关键词 伊朗;汉语;学习策略;非目的语环境

A Study on the Use of Chinese Language Learning Strategies among Iranian Students in Non-Target Language Environment

Kharkanghamsari Nasim, Almasieh Sara

Abstract This paper used the Oxford Language Learning Strategy Scale to examine the use of Chinese learning strategies among Iranian CSL learners in non-target language environments. The results indicated that Iranian learners were medium strategy users, the most frequently used strategy was meta-cognitive strategy, and the compensation strategies were the least used strategy type. Some types of strategy used by Iranian students significantly differed in terms of age, study length and learning institutions. Based on these findings, this paper proposes that teachers should guide students to guess the meaning of new words, improve students' tolerance for content ambiguity, and increase students' interaction and communication opportunities in the classroom. In addition, this paper puts forward effective ways to increase teachers' awareness of the use of learning strategies and to create

---

【作者简介】何枫(Kharkanghamsari Nasim),女,伊朗籍,曲阜师范大学教师,博士,研究方向为国际汉语教学。
萨拉(Almasieh Sara),女,伊朗籍,Allameh Tabataba'i University 副教授,北京语言大学比较文学与世界文学专业博士研究生,研究方向为比较文学。

more interactive teaching materials.

Key words　Iran, Chinese language, learning strategies, non-target language environment

〇、引言

语言学习策略是影响语言学习效果的重要因素。(Oxford, 2003)第二语言学习策略是指学习者用来使语言学习更加成功、自主和愉快的行为或行动。(Oxford, 1989)如果某个学习策略与学习任务以及学生的学习风格偏好匹配，且学生有效地运用该策略，并将其与其他相关策略联系起来，这样学习策略可以提高学习的效率和学习者的自主性。(Oxford, 1990: 8)正是因为它对学习具有重要影响，学习策略受到了研究界的广泛关注。(Green & Oxford, 1995; Cohen, 1998; Chamot, 2004; 江新, 2000; 吴勇毅, 2001)最初的研究主要集中在描述第二语言学习策略的性质与分类，比如O'Malley, Chamot, Stwener-Manzanares *et al*. (1985)把学习策略分为元认知策略、认知策略以及情感—交际策略三类。Oxford(1990)把学习策略划分为直接和间接两个主要类型，而其中直接策略又分为记忆、认知和元认知策略，间接策略包括元认知、情感以及交际策略。Stern(1992)的学习策略分类包括管理和规划策略、认知策略、交际体验策略、人际关系策略与情感策略。可见，这些分类有很多共同点，其中Stern(1992)的管理和规划策略包括学习者为自己的语言学习设定合理的目标、适当的学习方法，选择适当的学习资源，监测自己的学习进度，并根据先前确定的目标和期望评估自己的成就，与Oxford(1990)的元认知策略基本是一个概念。

中国专家也对汉语学习策略进行了界定与分类，比如根据杨翼(1998)，可以把汉语学习策略分为功能操练策略，也就是通过看电影或听广播，注意句子的使用条件；形式操练策略包括造句练习、分析句子语法、背诵课文、记汉语句型；利用母语策略以及自我管理策略。另外，徐子亮(1999)总结了有选择的注意策略、有效记忆的策略、利用或创造学习环境的策略、补偿策略、回避策略、借用母语的策略、摆脱母语习惯再建的策略等外国学生学习汉语时经常使用的七种学习策略。这些策略类型与国外专家的分类也有许多共同点。例如，形式操练策略与Oxford(1990)的认知策略与记忆策略比较匹配。

虽然中国有不少研究者探讨汉语学习策略的性质，但有更多的研究关注了汉语学习者学习策略的特点以及影响因素。这些研究发现学习者的汉语学习策略使用受到各种个体因素包括性别、年龄、汉语学习时间、国别、母语背景等因素的影响。(江新, 2000; 李强、姚怡如、刘乃仲, 2011; 张利蕊、万莹, 2019)专注学习者的文化背景的差异，很多研究者开展了国别化研究，针对不同国家和地区的学习者的策略使用进行有针对性的调查和研究，涉及对欧美国家汉语学习者策略使用的调查和研究，(张婧, 2011)对东南亚国家汉语学习者策略使用的调查和研究，

(林佳心,2016)对非洲国家汉语学习者策略使用的调查和研究,(吴琼,2018)对中亚国家汉语学习者策略使用的调查和研究,(张利蕊、万莹,2019)但至今尚未见到关于中东地区汉语学习者学习策略使用方面的调查和研究。此外,以上研究更多地考察在华汉语学习者或同时考察在华和非在华汉语学习者,很少有研究针对性地考察非目的语环境下学习者的汉语学习策略使用。鉴于此,本文以伊朗本地汉语学习者为研究对象,考察其汉语学习策略使用及其分组差异,以便提出针对性的教学建议与对策。

一、研究设计

(一)研究问题

1. 伊朗学生的汉语学习策略使用的整体情况如何?
2. 伊朗学生的汉语学习策略使用是否具有性别、年龄、汉语学习时间、学习方式上的差异?

(二)调查对象

本研究的调查对象为在伊朗本土学习汉语的不同类型的学生,包括高校的汉语专业本科生、在培训机构学习汉语的学生以及以自学方式学习汉语的人员。表1显示样本的人口特征、汉语学习时间以及汉语学习的渠道。样本中女性多(77.34%),男性少(22.66%);接近一半的学生(49.64%)的年龄段在21—25岁;汉语学习时间偏短,39.21%的学生汉语学习时间在一年以内,28.78%的学生学习时间在1—3年,32.01%的学生学习时间在3年以上;汉语学习渠道以大学为主(73.38%),其次为培训机构(16.19%),而学习方式为自学的学生的人数非常少(10.43%)。

表1 样本的基本信息

性别		年龄			汉语学习时间			汉语学习的渠道		
男	女	≤20岁	21—25岁	≥26岁	<1年	1—3年	>3年	大学	培训机构	自学
63人	215人	98人	138人	42人	109人	80人	89人	204人	45人	29人

(三)调查工具

本文的调查工具分两部分,第一部分为学生的基本信息,包括性别、年龄、汉语学习时间和汉语学习渠道。为了考察伊朗学生的汉语学习策略使用情况,本文运用Oxford(1990)第二语言学习策略六维度量表(SILL)。该量表包括记忆策略(9项);认知策略,如推理、分析、总结(14项);补偿策略,如在阅读和听力中从上下文中猜测生词或内容的含义,并在不知道精确表达方式时使用同义词和手势来传达意义(9项);元认知策略,如有意识地寻找练习机会、规划自己的语言学习任务、对自我学习进度进行评估并且监控自我语言偏误(6项);情感策略,如降低自我焦虑和自我鼓励(6项);社交策略,如向别人请教、与以目的语为母语的人合作并提高文化意识(6项),六个分量表,总共50道题。问卷的答案设为李克特五度量表,包括:1=从来不或极少这样做,2=偶尔会这样做,3=一般会这样做,4=经常这样做,5=总是这样做。由于该量表原来针对英语作为第二语言学习者,所以本文首先对量表的问题进行了修改,项目中把所有"英语"改成"汉语",使量表的项目内容更加适合汉语学习者;其次,考虑到学生的汉语水平和学生对问卷内容的理解,将问卷翻译成学生母语——波斯语。

(四)调查实施

2021年3月至2021年4月以线上的方式进行。设计线上问卷后,一部分通过伊朗当地普遍使用的社交网络把问卷直接发给学生填写,另一部分研究者与各高校的有关老师联系,请老师转给不同班级的学生填写。本次调查总共收回了278份有效问卷。对数据进行整理后,运用SPSS.19软件对数据进行统计分析。

二、研究结果

(一)量表的信效度检验

首先对量表的信效度进行检验。在信度方面主要考察量表的内在一致性。结果显示总量表的内在一致性很强,Alpha系数为0.91 > 0.7,但某些分量表的Alpha系数较低。所以我们在各个维度上删去了校正项总计相关性值较低的项目,包括记忆策略中的Q5(CITC=0.28)"我用汉语的节奏来记生词"和Q6(CITC=0.19)"我将生词写在卡片上以便更好地记忆单词",认知策略中的Q22(CITC=-0.03)"我尽量不字对字地直译",补偿策略中的Q27(CITC=-0.01)"在阅读汉语文章时,我不会去查每个生词的意思",情感策略Q42(CITC=0.18)"我尽力去注意在学习或运用汉语时自己是否情绪紧张"。删题后各分量表的Alpha系数有了改善,而除了补偿策略和情感策略的Alpha值较低之外,其他分量表的内在一致性系数都达到了0.07以上,说明量表的信度较好。表3显示删题前和删题后各分量表的内在一致性情况。

表2 删题前和删题后各分量表的内在一致性

	记忆策略	认知策略	补偿策略	元认知策略	情感策略	社交策略	总体策略
删题前	0.691	0.753	0.563	0.870	0.620	0.723	0.914
删题后	0.703	0.780	0.640	0.870	0.649	0.723	0.921

在效度方面,运用主成分分析法得出的 KMO 值为 0.88＞0.8,Bartlett 的球形度检验结果为显著($p<0.001$),意味着样本适合进行因子分析。另外,六个量表的因子分析中的共同度均大于 0.4,说明量表具有较好的结构效度。

(二)策略使用现状

表3 各策略类型使用情况的描述性分析

	均值	标准差	极小值	极大值	偏度	峰度
记忆策略	3.24	0.67	1.57	5.00	−0.08	−0.34
认知策略	3.13	0.57	1.38	4.69	0.04	0.09
补偿策略	2.86	0.72	1.00	5.00	−0.05	−0.06
元认知策略	4.13	0.66	1.00	5.00	−1.14	2.43
情感策略	3.06	0.78	1.00	5.00	−0.16	−0.35
社交策略	3.40	0.77	1.00	5.00	−0.36	−0.10
总体策略	3.35	0.52	1.42	4.47	−0.38	0.21

根据表3,学生总体策略的均值得分为 M=3.346,说明根据 Oxford 的划分(1.0—1.4 表示"从来不或极少这样做";1.5—2.4 表示"偶尔这样做";2.5—3.4 表示"一般这样做";3.5—4.4 表示"经常这样做";4.4—5.0 表示"总是这样做"),伊朗学生为一般策略使用者。在各分量表的均值得分上能看出学生唯一经常使用的学习策略为元认知策略(M=4.13),而使用频率最低的策略类型包括补偿策略(M=2.86),其他策略的使用频率均值在 3—4。对学生的策略使用均值得分进行方差分析之前,先检查数据是否符合正态分布条件。通过表3可看出,除了元认知策略量表的偏度和峰度超出正常范围(＞1)之外,其他分量表的偏度和峰度都接近0,说明属于正态分布,可以进行方差分析。对学生在各分量表上的均值得分进行方差分析的结果显示,策略的主效应为显著:$F(5,1662)=111.40$,$p<0.05$。事后多重比较显示,除了认知策略与记忆策略($p=0.08>0.05$)和认知策略与情感策略($p=0.21>0.05$)外,其他分量之间的差异显著($p<0.05$)。

(三)群体差异

1. 性别

通过不同性别的均值得分的比较能看出女生在总体策略以及各策略类型的使用频率上都大于男生,但单因素方差分析结果显示,不同性别的学生的总体策略以及各策略类型的使用频率之间不存在显著差异($p>0.05$)。说明不同性别的伊朗学生的策略使用情况基本一致。然而，从具体策略来看，伊朗学生在认知策略Q10"我通过重复读写来记忆单词"和Q15"我经常看一些汉语电视节目或电影"、元认知策略Q34"我会好好规划时间，以便有足够的时间学汉语"以及情感策略Q42"我尽力去注意在学习或运用汉语时自己是否情绪紧张"和Q43"我会把我的感觉记录在语言学习日记里"呈现性别上的显著差异（$p<0.05$），而在这些方面女生都优于男生。

表4 汉语学习策略的性别差异的方差分析

	性别	人数	均值	标准差	t值	显著性
记忆策略	男	63人	3.24	0.75	0.00	0.97
	女	215人	3.24	0.65		
认知策略	男	63人	3.06	0.58	1.32	0.25
	女	215人	3.16	0.57		
补偿策略	男	63人	2.84	0.75	0.10	0.75
	女	215人	2.87	0.71		
元认知策略	男	63人	4.10	0.75	0.12	0.73
	女	215人	4.14	0.63		
情感策略	男	63人	3.01	0.75	0.33	0.56
	女	215人	3.07	0.79		
社交策略	男	63人	3.31	0.82	1.06	0.30
	女	215人	3.42	0.75		
总体策略	男	63人	3.30	0.56	0.66	0.42
	女	215人	3.36	0.51		

2. 年龄

将学生的年龄分为20岁以下、21—25岁和26岁以上三个年龄段进行单因素方差分析。结果发现学生的总体策略使用不存在年龄上的显著差异：$F(2,275)=0.437$，$p=0.65>0.05$。然而，在补偿、元认知和社交策略上学生的均值得分呈现了一些差异。就补偿策略而言，单因素分析结果为：$F(2,275)=7.99$，$p=0.00<0.05$，而其中年龄段在21—25岁的学生的均值得分显著高于其他两组，但20岁以下和26岁以上的学生之间的补偿策略使用未观察到显著差异（$p>0.05$）。在元认知策略方面，单因素方差分析结果为：$F(2,275)=3.06$，$p=0.05\leqslant0.05$，其中年龄段在26岁以上的学生的策略使用显著高于其他两组，但第一组和第二组之间的差异不显著（$p>0.05$）。由于元认知策略方面的数据不符合正态分布，所以本文进行非参数Kruskal-Wallis检验，结果显示：$\chi^2=5.829$，$df=2$，$p=0.05\leqslant0.05$，基本达到显著水平。在社交策略上,单因素方差分析结果为:f(2,275)=2.05,p=0.13＞0.05,年龄段在26岁以上的学生的策略使用显著地低于年龄段在21—25岁的学生,但26岁以上组和20岁以下组的社交策略使用未显示显著差异。

表5　汉语学习策略的年龄差异的方差分析

	年龄	人数	均值	标准差	F值	显著性
记忆策略	≤20岁	98人	3.29	0.66	1.81	0.17
	21—25岁	138人	3.17	0.66		
	≥26岁	42人	3.36	0.72		
认知策略	≤20岁	98人	3.09	0.54	0.45	0.64
	21—25岁	138人	3.16	0.60		
	≥26岁	42人	3.15	0.56		
补偿策略	≤20岁	98人	2.72	0.70	7.99	0.00
	21—25岁	138人	3.03	0.68		
	≥26岁	42人	2.65	0.74		
元认知策略	≤20岁	98人	4.06	0.69	3.06	0.05
	21—25岁	138人	4.12	0.66		
	≥26岁	42人	4.35	0.51		
情感策略	≤20岁	98人	3.05	0.84	0.10	0.91
	21—25岁	138人	3.05	0.78		
	≥26岁	42人	3.11	0.67		
社交策略	≤20岁	98人	3.38	0.76	2.05	0.13
	21—25岁	138人	3.47	0.74		
	≥26岁	42人	3.20	0.88		
总体策略	≤20岁	98人	3.31	0.53	0.44	0.65
	21—25岁	138人	3.37	0.51		
	≥26岁	42人	3.37	0.51		

3. 学习时间

表6表示不同学习时间的学生的汉语学习策略使用情况。根据单因素方差分析结果,学生的总体学习策略使用不具备显著的差异:F(2,275)=1.475,p=0.23＞0.05。从分量表看,不同学习时间的学生在补偿策略、元认知策略、情感策略和社交策略上呈现显著的差异。对于

补偿策略而言,单因素分析结果为:F(2,275)=10.234,p=0.00＜0.05,而其中第一组显著低于其他两组(p＜0.001),但第二组和第三组之间的差异不显著(p＞0.05)。在情感策略上,单因素方差分析结果为:F(2,275)=4.10,p=0.02＜0.05,而学习时间在3年以上的学生的均值得分显著地低于其他两组,其他两组之间的差异不显著(p＞0.05)。在社交策略方面,单因素方差分析结果显示存在显著差异:F(2,275)=7.77,p=0.00＜0.05,而其中学习时间在一年以内的学生的均值得分显著低于其他两组,但其他两组之间的差异不显著(p＞0.05)。

表6 汉语学习策略的学习时间差异的方差分析

	学习时间	人数	均值	标准差	F值	显著性
记忆策略	＜1年	109人	3.32	0.69	1.29	0.28
	1—3年	80人	3.16	0.63		
	＞3年	89人	3.21	0.68		
认知策略	＜1年	109人	3.09	0.58	0.51	0.60
	1—3年	80人	3.17	0.54		
	＞3年	89人	3.15	0.60		
补偿策略	＜1年	109人	2.63	0.70	10.23	0.00
	1—3年	80人	3.01	0.73		
	＞3年	89人	3.02	0.65		
元认知策略	＜1年	109人	4.15	0.64	2.07	0.13
	1—3年	80人	4.22	0.59		
	＞3年	89人	4.02	0.72		
情感策略	＜1年	109人	3.10	0.81	4.10	0.02
	1—3年	80人	3.21	0.78		
	＞3年	89人	2.88	0.73		
社交策略	＜1年	109人	3.20	0.76	7.77	0.00
	1—3年	80人	3.63	0.73		
	＞3年	89人	3.43	0.77		
总体策略	＜1年	109人	3.30	0.53	1.48	0.23
	1—3年	80人	3.43	0.47		
	＞3年	89人	3.33	0.55		

4. 学习方式

在学习方式方面,单因素方差分析结果表明伊朗学生的总体策略使用不存在显著的差异: $F(2, 275)=0.42$, $p=0.66 > 0.05$。从分量表看,结果显示伊朗学生在元认知策略和社交策略上呈现显著差异。就元认知策略而言,单因素方差分析结果为: $F(2, 275)=3.50$, $p=0.03 < 0.05$,说明三组之间的差异显著。由于元认知策略方面的数据不符合正态分布,本文另外进行非参数 Kruskal-Wallis 检验,结果显示: $\chi^2=6.92$, $df=2$, $p=0.03 \leqslant 0.05$,达到显著水平。根据事后多重比较,在培训机构学习汉语的学生的元认知策略使用显著高于在大学里学汉语的学生。就社交策略而言,单因素方差分析结果为: $F(2, 2752)=4.53$, $p=0.01 < 0.05$,意味着三组之间的均值差异为显著,而其中学习方式为自学的学生的社交策略使用显著低于其他两组。在补偿策略上,虽然单因素方差分析结果为非显著,但事后多重比较显示在大学里学习汉语的学生的均值得分显著高于学习方式为自学的学生。

表7 汉语学习策略的学习方式差异的方差分析

	学习方式	人数	均值	标准差	F值	显著性
记忆策略	大学	204人	3.18	0.66	2.71	0.07
	培训机构	45人	3.37	0.56		
	自学	29人	3.42	0.84		
认知策略	大学	204人	3.13	0.56	0.01	0.99
	培训机构	45人	3.13	0.58		
	自学	29人	3.15	0.67		
补偿策略	大学	204人	2.92	0.73	2.65	0.07
	培训机构	45人	2.76	0.69		
	自学	29人	2.63	0.61		
元认知策略	大学	204人	4.07	0.68	3.50	0.03
	培训机构	45人	4.31	0.54		
	自学	29人	4.29	0.60		
情感策略	大学	204人	3.02	0.81	1.78	0.17
	培训机构	45人	3.26	0.70		
	自学	29人	3.07	0.71		
社交策略	大学	204人	3.45	0.74	4.53	0.01
	培训机构	45人	3.40	0.85		
	自学	29人	3.00	0.75		
总体策略	大学	204人	3.33	0.52	0.42	0.66
	培训机构	45人	3.41	0.47		
	自学	29人	3.33	0.56		

三、讨论与启示

（一）主要研究结论

1. 伊朗学生的汉语学习策略使用特点

伊朗学生的策略使用频率从高到低依次为：元认知策略＞社交策略＞记忆策略＞认知策略＞情感策略＞补偿策略。总体策略均值属于中等水平，大部分策略类型的均值也都在一般水平，其中元认知策略为唯一经常使用的学习策略。

（1）擅长使用元认知策略。伊朗学生擅长使用元认知策略可以归因于伊朗的二语教学对元认知策略的重视以及学习者的动机。根据伊朗教育部印发的汉语课程大纲，所有高校都应该设置六门"学习技能"课程。在该门课程中，教师根据汉语的特点向学生介绍学习汉语的一些方法并鼓励学生有意识地对待语言学习，为自己的语言学习做好安排，并定期对自己的语言发展和完成任务做出评价。此外，伊朗是一个移民较多的国家，2019年住在境外的伊朗人为310万，占整个国家人口的3.8%。（Azadi, Mirramezani & Mohsen et al., 2020）学习汉语的伊朗学生也不例外，很多学生有在中国和其他国家深造的意愿，使得学生学习语言的动机变高。所以伊朗学生对他们的学习实施强有力的监控，并不断地寻找学习语言的有效方法或策略。

（2）使用补偿策略较低。基于本文的调查结果，伊朗学生对模糊性的容忍度较差，当他们遇到生词时，为了更快地、更容易地得到答案就会向老师询问生词的含义，或在词典找该生词的意思，而猜测这种策略很少被他们使用。他们的这种学习态度能表明伊朗学生在学习语言时一般急于学习，没有耐心，想很快学会该语言。他们急于学习的原因也可以说跟学生之间的竞争力有很大的关系。基于笔者作为本土汉语教师的观察，不少伊朗学生希望毕业之后申请到奖学金赴中国留学，因此他们之间形成了较强的竞争力。伊朗学生补偿策略使用较低的另外一个原因在于学生对自己已有的语言能力的无知。由于伊朗的外语教学的传统风格，伊朗学生往往认为自己的词汇量必须达到一定的数量才能运用那门语言进行交际，而很少试图运用已学会的词汇向别人表达他们的意思。这方面，学生对语言学习目的的感知也可以发挥重要作用，很多学生非常看重汉语表达中的准确性而不是交际性。此外，学习者对自己的语言能力的缺乏信心也会对补偿策略的使用产生影响。当学生有信心可以用汉语进行交际时，他们在输出的过程中不知不觉地会用到一些补偿策略。然而，那些自信心不足的学习者很少会用上补偿策略。

（3）情感学习策略使用偏低。本文的统计分析结果表明伊朗学生的情感策略使用较低。这与江新（2000）的研究结果一致。江新（2000）认为这是一种非常遗憾的现象，因为情感因素对语言学习产生重大的影响，而学生对情感的管理可以很大程度上促进他们的学习。对于伊朗学生而言，该策略使用率低的原因可能与伊朗的经济情况有关。伊朗近期受到美国制裁，面临着经济危机，（马玉婷、马润，2021）加上较高的失业率，（Salehi-Isfahani, 2013）使得学生前景黯淡，影响着学生的汉语学习动机。从汉语在伊朗的传播来看，伊朗属于汉语传播较差的国家，汉语学习人数很少。从伊朗汉语学习者的就业特点来看，虽然经济问题导致伊朗学生难以在社会上找到全职的稳定的工作，但对这批学生来讲，找兼职工作的机会较容易。因此，大部分大学生从二年级就开始从事教学或翻译工作。而这样同时工作和学习，增加了学生的压力。再说，二年级学生的汉语水平还不太高，这又加大了他们的工作压力和挑战水平。从汉语本身的特点以及与学生母语的差异来看，伊朗学生刚开始学习汉语时，缺乏对汉语的最基本的认识，而汉语的汉字和声调对伊朗学生来说是难点。这些语言特点使伊朗汉语学习者对选择这种语言抱着犹豫的心态，在学习过程中总是担心汉语既然有这么多汉字，那需要多长时间才能掌握这门语言。这些都导致伊朗汉语学习者无法有效地使用情感策略。

（4）社交策略使用偏高。伊朗学生性格外向，很有兴趣提问并且希望老师纠正他们的问题。学生之间也有良好的关系，他们一般会彼此对正在学习汉语的人表示同情并分享自己的学习策略等。学生平时会使用一些网络平台寻找语言伙伴，这是他们与汉语母语者直接沟通的一个很好的机会。另外，伊朗是一个封闭的国家，定居在伊朗或到伊朗旅游的外国人包括中国人较少，所以伊朗人对外国人很有新鲜感，很希望与他们进行交流。因此，伊朗学生找中国人跟他们用汉语交流是很普遍的现象，而与讲汉语的人交往在伊朗学生的眼里是一种很宝贵的机会。

2. 伊朗学生策略使用的群体差异

（1）性别上的差异。本文通过方差分析发现，不同性别的伊朗学生的总体策略和各策略类型的使用频率不存在显著的差异。但从描述性分析来看，女生的策略使用，包括总体策略以及各策略类型都优于男生。另外，在认知、元认知和情感策略上的一些具体策略上，女生的使用频率显著地高于男生。Oxford（2000）的研究显示留学生学习策略的使用没有性别上的差异，李强、姚怡如、刘乃仲（2011）认为考察汉语学习策略性别上的差异一定要考察到具体策略才能看到性别上的一些差异。本文与李强、姚怡如、刘乃仲（2011）的观点一样，认为虽然性别不是学习策略使用的主要影响因素，但不同性别的学生的策略使用还是存在一些不同。

（2）年龄上的差异。根据本文的统计分析结果，伊朗学生策略使用的年龄上的差异主要体现在补偿、元认知和社交策略上。20岁以下学生的补偿策略低，可能与伊朗学生的教育背景有关。伊朗的教育以传统的授课方式为主，老师在台上讲，学生记笔记，学生很少有思考或生产知识的机会，也不习惯处理任何的模糊性，因为所有的考试题目和答案都很明确。这还影响了学生的语言学习方式，他们对待语言学习也很被动，不懂的部分也不去摸索和研究，面临生词直接查词典或找老师询问，一般不使用猜测方式处理生词。除了对生词的处理方式外，传统的教育方式还使得学生很少关注语言的输出，而只是停在语言的被动的输入。当学生不生产任何语言输出时，他也不需要用很多的补偿策略。然而，年龄在21—25岁的学生已经通过本科阶段，他们的学习方式从被动转换成更加主动。所以在这个年龄段学生的补偿策略使用最高，他们已经体会到学习一种语言离不开各种补偿策略的使用。不过，年龄超过26岁的学生又显示较低的补偿策略使用。这一方面是因为这个年龄段的学习者一般属于自学或在培训班学习的成年人，学习时间非常有限，课堂上一般缺乏互动和交际环节，从而他们的补偿策略使用较低。在元认知策略方面，本文发现年龄为26岁以上的学生的策略使用显著高于年龄在26岁以下的学生。该结果与Lee & Oxford(2008)关于年龄与元认知策略关系的结果完全一致，显示年龄成熟的学习者一般更加自主，并更有效地使用元认知策略，而且他们一般更好地规划、组织和评估自己的语言学习。另外，本文在社交策略上的发现也与Lee & Oxford(2008)的研究一致，显示年龄较高的学生运用的社交策略更少。

（3）学习时间上的差异。本文发现，学习时间在一年以内的学生的补偿策略使用显著低于其他组。初级学习者在非目的语环境很少具有与别人进行交际的需求，而在初级阶段由于波斯语和汉语的巨大差异，学习者刚开始学习汉语时需要更多的时间来认识并理解汉语的特点，一般不具备与别人交流，或者看和听各种中文材料的基本技能，所以很少有机会用上补偿策略。在元认知策略上学习时间在三年以上的学生的均值得分显著低于学习时间为1—3年的学生。当语言学习者处于高水平时，由于他们的语言能力也较高，语言学习的方法自然而然也会有改变。他们在这个水平时不太需要计划和设定目标，因为这个阶段的学习者在一定的程度上几乎已经达到了他们学习语言的目标，从而他们的元认知策略使用频率也自然地下降。在情感策略上，结果显示学习时间超过3年的学习者的策略使用显著地下降。这是因为到了那个阶段学习者已经不需要使用太多的情感策略了，他们的汉语已经达到了一定的水平，不需要再鼓励自己。而且学习时间超过了3年的学生说明他们本身学习动机强才会坚持那么长时间。在社交策略方面，结果发现学习时间在一年以内的学生的策略使用显著地低于其学习时间在一年以上的学生。学习时间还不到一年的学习者还不具备用中文交际的能力，显然社交策略使用低一些。该结果与Oxford & Nyikos(1989)的研究结果一致，显示更有经验的语言学习者使用的社交策略频率更高。可见，学习策略的使用一般随着学习时间的增长而提高。Oxford(1989)对这现象的解释包括三个方面：首先，学习者随着语言水平的发展还会发展自己的学习策略；其次，语言学习任务的性质的变化，因为在高级阶段，任务通常更加具有交际性；另外，策略较差的学生可能比策略较好的学生表现更差，因此在达到更高水平的课程之前就会退出语言学习，所以学习时间较长的学生一般为策略使用较好的学生。

（4）学习方式上的差异。对于学习方式对策略使用的影响，我们发现在培训机构学习汉语的学生的元认知策略使用显著地高于在大学里学习汉语的学生。大学生，由于已经有固定的课程安排，不需要自己重新规划自己的学习。另外，在大学里，教员严格要求学生认真学习。但是在培训机构里，教师可能不会像大学那样严格地对待学生。此外，培训机构的上课时间也达不到大学的课时，所以学生需要自己课下有另外的学习安排与计划。在社交策略上学习方式为自学的学生的社交策略使用显著低于在大学或培训机构上课的学生。因为自学的学生不在上课的环境,也没有同学和教师能够跟他们进行交流。在补偿策略上,在大学里学习汉语的学生的均值得分显著高于学习方式为自学的学生。大学生在老师的指导下学习语言,并且他们需要在课堂上用汉语沟通。再说,他们还有整整4年的学习机会,所以他们在课堂上在老师的指导下尝试用自己已有的知识进行交际。但自学者因为不在课堂环境就没有任何的需求和压力在交际中使用学到的内容。另外,在大学教师给学生一些挑战,比如让学生阅读比自己当前的语言水平更难的内容,这样学生需要挑战自己,并用一些补偿策略如猜测生词的意思。但自学的学生,他们一般不给自己很多的压力和挑战,尽量阅读简单的或与自己的水平接近的内容,因而补偿策略使用较低。

(二)提升汉语学习策略的建议

根据本研究的发现,伊朗学生属于一般策略使用者,而除了元认知策略属于较频繁使用之外,其他策略的使用有改善的空间。基于调查研究出来的伊朗学生的汉语学习策略特点,结合作者在伊朗的汉语教学经验,提出以下三点建议:

1. 促进学生的策略使用

根据这项研究,伊朗汉语学习者使用补偿策略明显少于其他策略。因此,教师要加强学生补偿策略的使用。比如,指导学生如何运用上下文猜测生词的意义,而不是每次都查词典或询问老师。另外,为了促进学生对生词的猜测,教师可以让学习者在课堂上多阅读高于当前水平的文本,这样学生没有时间查词典,只好靠猜测来回答阅读理解问题,这样还可以提升学习者对模糊性的容忍,让学生更勇敢地面对挑战。此外,教师要在课堂上增加学生的互动和交际机会,引导和鼓励学习者尽量去使用他们已经学会的词汇和手势表达他们的意思。

对于情感策略,教师要鼓励学生多关注自己的情感,多自我鼓励和奖励。引导学生如何有效地管理自己的焦虑,如何对待挫折和失望等情况。教师还能用上课的几分钟的时间与学生交谈,并说出一些同情他们的话,这样教师已经让学生使用该策略。对于记忆与认知策略,教师可以在教学的过程中多使用各种认知和记忆策略,当教师的教学方式多种多样,学生就能自然而然地学会各种记忆和认知策略。在社交策略上,教师要加大课堂的互动环节,让学生之间多交流,鼓励学生多找中国朋友,给学生介绍线上和线下找中国朋友或语言伙伴的有效途径。

2. 加强教师对学习策略使用的意识

不仅语言学习者可以使用语言学习策略来提高语言水平,教师也必须充分了解这些策略才能在课堂上与学生一起实施。当大学或培训机构的教师对语言学习策略有意识时,就可以有意识地引导学生多使用各种学习策略,同时可以分析学生策略使用的情况,针对自己学生的学习特点,让他们运用对他们最有效的学习策略。因此,第二语言学习策略应该成为国际汉语教学教师培训大纲的一部分,提升汉语教师对学生策略使用的重要性的认识,并培训他们如何提升学生的策略使用。

3. 编写更具互动性的教材

与其他外语相比,在伊朗学习汉语的人数极少,导致伊朗的当地出版社很少出版有关汉语学习的本土教材。所以,汉语学习者一般遇到的最大问题就是教材和练习册的不足。不同水平的汉语学习者应该能够运用相关的练习册,并做大量的练习。这样,学生自然会提高认知策略的使用频率。目前,教材的不足使得伊朗学生的语言学习主要停止在语言的输入环节,而因为缺乏足够的练习机会,学生的学习很少进入输出环节。做题是一种积极的学习,而不是被动的输入,通过做练习学生逐渐开始寻找适合自己的学习策略。虽然很多从中国引进的教材有配套的练习册,但练习量不能满足学生对练习的需求,再说在伊朗很难找到针对不同汉语水平的独立的练习册,学生并没有充分练习的机会。因此,教材和练习册的多样性可以帮助学生更好地了解很多有效的认知和记忆策略,同时给学生提供运用这些策略的机会并促进他们的记忆和认知策略使用。

四、结 语

本文运用调查问卷描述了伊朗学生在非目的语环境汉语学习策略的使用情况,同时还考察了策略使用的各种群体差异,并提出了改善伊朗学生策略使用的有效途径和对策。当然,本文还有一些局限和不足。本文所采用的数据主要来源为调查问卷,数据搜集的途径比较有限。虽然这些数据可以较好地反映伊朗学生的策略使用的整体情况,但未能详细地解释一些现象背后的原因和道理。另外,SILL量表是一种自我报告的测量工具,主观性较高。该量表只能反映学生的不同类型的策略使用频率,并且对策略使用的过程不提供任何的信息和描述。进一步的研究可以通过定性研究更加深入地描述伊朗学生的策略使用的过程,并探讨影响策略使用的一些因素。

参考文献

江　新(2000)汉语作为第二语言学习策略初探,《语言教学与研究》第1期。
李　强、姚怡如、刘乃仲(2011)汉语学习策略与个体因素的相关性研究,《语言教学与研究》第1期。
林佳心(2016)泰国学生汉语学习策略研究,中央民族大学博士学位论文。
马玉婷、马　润(2021)伊核危机、国际制裁背景下的伊朗国防经济,《云大地区研究》第1期。
吴　琼(2018)基于非洲来华留学生汉语学习策略的口语教学研究,《语文教学通讯》第6期。
吴勇毅(2001)汉语"学习策略"的描述性研究与介入性研究,《世界汉语教学》第4期。
徐子亮(1999)外国学生汉语学习策略的认知心理分析,《世界汉语教学》第4期。
杨　翼(1998)高级汉语学习者的学习策略与学习效果的关系,《世界汉语教学》第1期。
张　婧(2011)美国汉语学习者汉语学习策略初探,《开封大学学报》第3期。
张利蕊、万　莹(2019)中亚五国留学生汉语学习策略的调查与分析,《汉语学习》第2期。
Azadi, P., Mirramezani, M. & Mohsen, B. M. (2020) Migration and Brain Drain from Iran, Stanford Iran 2040

Project, Working Paper No. 9.

Chamot, A. U.(2004) Issues in Language Learning Strategy Research and Teaching. *Electronic Journal of Foreign Language Teaching,* 1.1,14–26.

Cohen, A. D. (1998) *Strategies in Learning and Using a Second Language.* London: Longman.

Green, J. M. & Oxford, R. L.(1995) A Closer Look at Learning Strategies, L2 Proficiency, and Gender. *TESOL Quarterly,* 29.2, 261–97.

Lee, K. R. & Oxford, R. (2008). Understanding EFL learners' strategy use and strategy awareness. *Asian EFL Journal,* 10.1, 7–32.

O'Malley, J. M., Chamot, A. U., Stwener-Manzanares, G., Küpper, L. & Russo, R. (1985) Learning Strategy Applications with Students of English as a Second Language. *TESOL Quarterly,* 19.3, 557–584.

Oxford, R. L. (1989) Use of Language Learning Strategies: A Synthesis of Studies with Implications for Strategy Training. *System,* 17.2, 235–247.

Oxford, R. L. (1990) *Language Learning Strategies: What Every Teacher Should Know.* New York: Newbury House.

Oxford, R. L. (2003) Language Learning Styles and Strategies: An Overview. *GALA,* 41, 271–278.

Oxford, R. & Nyikos, M. (1989) Variables Affecting Choice of Language Learning Strategies by University Students. *Modern Language Journal,* 73.3, 291–300.

Salehi-Isfahani, D. (2013) The Future of the Iranian Labor Market: Demography and Education. *Global Transitions (Future of Iran Series),* Legatum Institute's workshop on Economic Reform, 2013.

Stern, H. H. (1992) *Issues and Options in Language Teaching.* Oxford: Oxford University Press.

图书在版编目(CIP)数据

汉语国际传播研究.总第13辑/刘玉屏主编.—北京：商务印书馆,2023
ISBN 978-7-100-22271-6

Ⅰ.①汉… Ⅱ.①刘… Ⅲ.①汉语—对外汉语教学—教学研究—文集 Ⅳ.①H195.3-53

中国国家版本馆CIP数据核字(2023)第058536号

权利保留,侵权必究。

汉语国际传播研究
(总第13辑)
刘玉屏 主编

商 务 印 书 馆 出 版
(北京王府井大街36号 邮政编码100710)
商 务 印 书 馆 发 行
北京虎彩文化传播有限公司印刷
ISBN 978-7-100-22271-6

2023年9月第1版　　开本787×1092 1/16
2023年9月北京第1次印刷　印张10¾
定价:78.00元